政府管制与公共政策研究系列

中国粮食国际贸易政府管制研究

（第二版）

尤利群 / 著

ZhongguoLiangshi GuojiMaoyi
ZhengfuGuanzhiYanjiu

经济管理出版社
ECONOMY & MANAGEMENT PUBLISHING HOUSE

图书在版编目（CIP）数据

中国粮食国际贸易政府管制研究/尤利群著. —2 版. —北京：经济管理出版社，2016.5
ISBN 978-7-5096-4379-2

Ⅰ. ①中…　Ⅱ. ①尤…　Ⅲ. ①粮食—国际贸易—政府管制—研究—中国　Ⅳ. ①F752.652.1

中国版本图书馆 CIP 数据核字（2016）第 102515 号

组稿编辑：张　艳
责任编辑：张　艳　丁慧敏
责任印制：黄章平
责任校对：新　雨

出版发行：经济管理出版社
　　　　　（北京市海淀区北蜂窝 8 号中雅大厦 A 座 11 层　100038）
网　　址：www. E-mp. com. cn
电　　话：(010) 51915602
印　　刷：三河市延风印装有限公司
经　　销：新华书店
开　　本：720mm×1000mm/16
印　　张：17
字　　数：251 千字
版　　次：2016 年 7 月第 1 版　2016 年 7 月第 1 次印刷
书　　号：ISBN 978-7-5096-4379-2
定　　价：56.00 元

目　录

1 导　言

1.1　研究背景

国以民为本，民以食为天，食以粮为源。国以民为本，表示政府行为应以民众利益最大化为目标；民以食为天，表示民众生活以食物资源为保障；食以粮为源，表示食物安全又以粮食供给为基础。粮食是人类生存的基础，关系着人民生活健康、国家经济发展、社会安全稳定，粮食政策关乎国计民生。中国最突出的基本国情是用占世界 7% 左右的耕地养活占世界 21% 左右的人口。中国人口现有 13 亿多，并且这个数量仍呈现上升的趋势，在高峰期将达 16 亿，这决定了中国必将是粮食消费大国，也决定了政府必须高度重视粮食问题。回顾历史，新中国成立后，国家致力于发展粮食生产，使绝大多数人很快摆脱了贫穷和饥饿。虽然如此，但中国粮食市场需求大于供给的基本格局还将持续很长一段时间。21 世纪，中国人口过多与农业自然资源短缺的矛盾将更为尖锐。人口高峰时期可能出现粮食的总量短缺、结构性短缺等问题。如何解决十几亿人口的吃饭问题，始终是今后中国各届政府首要的、基本的任务，中国政府也必须以其独特的战略解决粮食问题。

粮食产业具有资源依赖性、弱质性与公益性特点，加之中国粮食产业基础薄弱，决定了中国必须以其独特的战略解决粮食问题，也决定了政府对粮食产业实施管制的必要性。由于粮食安全具有公共产品特征，政府必须清醒地认识到有责任与义务保障国家粮食安全和国民基本生存需要，政府对粮食产业实施必要的管制也就势在必然。

　　21 世纪，国际贸易日趋自由化并更为频繁。在农产品贸易中，粮食贸易历来十分重要也最为敏感，粮食国际贸易势必成为农产品贸易的重中之重。在新的国际形势下，中国对粮食市场已不可能实行严格保护政策，国内粮价必然受国际市场的影响，粮食生产的高成本和低效率将严重影响中国粮食产业的国际竞争力。有统计与预测数据表明，中国粮食生产成本近年呈上升趋势，每吨粮食所消耗的劳动工日和化肥、农药等生产资料数量高于世界上许多粮食出口国，预计 2020 年前后粮食生产成本将比国际市场高 1 倍左右（中国科学院国情分析研究小组，1997），这意味着中国粮食在国际市场中缺乏比较优势。另外，粮食是耕地密集型产品，是典型的资源性产品，中国的粮食生产由于受水土资源限制，供给总量提升将受到越来越强的制约，粮食生产的边际成本将递增，国际竞争力将进一步减弱。从资源禀赋特点考察，根据国土资源部的统计，截至 2008 年底，我国耕地面积为 18.2574 亿亩，人均 1.39 亩（国土资源部报告，2008），仅占世界平均水平的 40% 左右。而且现有耕地总体质量不高，高产田仅占 28%，低产田占 32%。相比之下，发展中国家中印度、泰国、巴基斯坦、缅甸等国人均耕地面积大于中国，发达国家中美国、加拿大和澳大利亚等国在耕地资源与粮食生产力水平上均优于中国。许多粮食生产资源丰富且供大于求的国家及其粮食生产经营企业，早已对中国的市场虎视眈眈，有意渗透中国粮食市场，依据其国际竞争力蚕食与占领中国市场，最终达到影响与操控市场的目的。若中国国内出现粮食严重供给不足或市场完全开放而中国粮价又大大高于国际粮价的情形，加之中国粮食进口具有大国效应的特点，国家粮食安全将面临严重的挑战。因此，政府未雨绸缪地管制粮食国际贸易是必要的。

　　从国际经验来看，粮食不仅是人类生活的必需品，也是重要的外交资源。在国际农产品贸易中，粮食扮演着重要的角色，是国际贸易争端的主要焦点之一。在国际政治关系中，粮食常被当作达到政治目的的手段，对国际关系具有独特的影响力，甚至在外交活动中被称为"粮食武器"。因此，世界各国政府对粮食生产、需求与外贸问题都十分重视，不论发达国家还是发展中国家均将粮食视作国家安全的战略要素。可以说，所有的国家政府均对粮食的国内市场与国际贸易状况保持相当的警觉，都有一系列的管制政策。如日本 1942 年订立了《粮食管理法》，对粮食产业实施强管制政策；1995 年为适应《农业协议》订立了《新粮食法》，为日本的粮食生产与贸易提供了法律依据。又如加拿大《加拿大谷物法》和《加拿大小麦局法》包含了对粮食国际贸易的管制政策。美国虽然是世界粮食生产大国，粮食总产量和人均产量居世界前列，粮食出口量在世界粮食出口总量中居主要地位，政府仍采取多种措施保护粮食产业，如采用支持价格政策、直接支付制度、差额补贴政策、耕地保护措施、农业保险和灾害补贴、"委托代储"的粮食储备制度等保护性管制政策，尽力提高粮食综合生产能力、出口量和出口竞争力。欧洲联盟（European Union，简称"欧盟"）则实行共同农业政策，其粮食管制是在共同农业政策框架下构建的，通过建立统一的农产品市场，制定共同对外贸易政策等措施，加强对各成员国粮食安全及粮食市场的保护。世界各国的管制经验进一步证明了粮食政府管制的重要性与必要性。

随着中国社会主义市场经济体制的不断完善，特别是加入世界贸易组织后，粮食产业逐步实行了生产商品化、经营市场化，实现了国内价格体系与国际价格体系的逐步对接。从中国国情、国家粮食安全、粮食产业发展、粮食供求关系、国际市场格局以及经济利益来看，中国粮食战略会选择"适度进口"方案，谨慎地利用国际市场调节国内粮食的供求平衡。因此，如何在保障国家粮食安全前提下有效利用国际市场资源，如何科学地利用国际粮食市场和合理地保护本国粮食产业有序健康发展，以及如何在粮食国际贸易政策上平衡贸易自由与贸易保护，平衡多方利益，始终是值得研究的课题。

中国长期以来对粮食进出口贸易实行统一代理制，实行传统计划管理体制的模式。加入世界贸易组织后，中国粮食外贸环境发生了较大变化，一方面，多边的（如世界贸易组织）、区域的（如 APEC）以及双边的经贸关系不断促进中国加快适应市场导向、自由开放、规则约束的国际贸易体制，促使中国粮食贸易开放国际市场，走上贸易自由化之路；另一方面，基于中国粮食产业的基础、国家粮食安全、农民收入等因素考虑，政府必须采用贸易保护政策，适度保护本国粮食产业，相对隔离国际与国内市场，避免过多受国际市场的冲击。因此，制定科学的粮食国际贸易管制战略和政策非常重要。

由此可见，粮食国际贸易政府管制问题是政府解决中国粮食问题过程中必须解决的一个重要课题，其中包含的子课题有：确定什么样的管制目标；管制体系中包含哪些主要内容；如何针对管制内容设计管制方法和管制策略；国际上有哪些经验值得我国借鉴；如何兼顾国际规则与中国实际情况制定管制政策等。课题研究将为中国粮食国际贸易管制体系建立与完善、确保国家粮食安全、促进粮食产业发展、充分利用国际资源、争取国家利益最大化、确立国家国际政治经济地位、摆脱其他国家的贸易制裁而服务。

虽然粮食问题一直是学术界的重点研究课题，倍受关注与重视，拥有大量的研究成果，但至今尚没有学者对我国粮食国际贸易政府管制问题作过系统研究，人们更多地被中国的粮食安全问题所吸引或仅从中国加入世界贸易组织后粮食产业应遵循的国际准则角度来研究如何扶持国内粮食产业。笔者认为，将粮食产业理论、国际贸易理论与产业管制理论相结合，对中国粮食国际贸易政府管制问题进行系统研究，将有利于政府制定科学合理的产业政策与贸易政策，有利于政府在协调国内外利益的基础上发展中国粮食产业，保障粮食安全。

1.2　研究的目的和意义

1.2.1　研究的目的

本书基于粮食产业的经济特征和国际贸易的新环境，运用管制经济学理论，从战略性、经济性、公共性和安全性的视角研究粮食国际贸易管制问题，剖析国际贸易管制作用机理和决策选择机制，力图解决粮食国际贸易的两个难点问题，即如何在保障国家粮食安全前提下有效利用国际市场资源，如何在粮食国际贸易政策上平衡贸易自由与贸易保护，平衡利益相关者利益。

本书将研究粮食国际贸易政府管制的相关理论，在分析管制环境基础上，制定中国粮食国际贸易管制战略，研究粮食国际贸易管制方法，确定中国粮食国际贸易管制策略，探索既能够符合国际规范，又能确保粮食安全、协调国际国内多方利益关系、提高国民福利的中国粮食国际贸易政府管制的政策，拓展政府管制研究领域，丰富管制经济学研究内容，为中国政府制定粮食国际贸易管制政策提供政策建议。

1.2.2 研究的意义

针对目前新的国际环境，研究中国粮食国际贸易管制问题的理论与现实意义在于：拓展管制理论的研究视角，丰富管制理论与国际贸易理论，从多个方面提供中国粮食国际贸易管制政策建议。

（1）将管制经济学理论应用于粮食产业及国际贸易领域，拓宽了管制经济学的研究领域，丰富了管制经济学的研究内容。

（2）以管制环境分析为基础，以战略思维为指导，确定了中国粮食国际贸易管制战略目标和框架体系，理顺了各种相关战略之间的关系，有利于国家制定系统的管制政策，避免顾此失彼。

（3）利用经济学分析模型，分析得出各种粮食国际贸易管制方法内涵、福利影响及适用性，从理论机制上研究了粮食国际贸易管制的方法，丰富了国际贸易的政策理论。

（4）在借鉴各国粮食国际贸易管制经验基础上，提出相机而择的管制策略选择原则，并对中国粮食国际贸易的数量、价格与品质管制提出具有针对性的政策建议，为政府制定和完善相关政策提供参考。

1.3　国内外研究动态

1.3.1　国外研究动态

1.3.1.1　国外政府管制理论研究动态

管制（Regulation，又译为规制，其反义词 Deregulation 译为放松管制或放松规章限制），主要是指政府管制（Government Regulation）。其含义在理论界中颇有争议，不同的学者选择不同的角度进行论述，如英国学者维斯卡西等（Viscusi W. K. et al.，1995）认为管制是政府的权力与制裁手段，目的是限制经济主体的决策。日本学者金泽良雄（1961）认为管制是"广义地使用了'国家干预'这一用语"。经济合作与发展组织（OECD）将管制定义为政府或政府立法授权的非政府机构颁布的法律、规章、规则与命令（谢永江，2003）。日本学者丹宗昭信等（1981）认为管制是政府利用法律对企业经营决策的干预。美国学者丹尼尔·F. 史普博（Daniel F. Spulber，1989）认为管制是"行政机构制定并执行干预市场分配机制或间接改变企业和消费者的供需决策的一般规则或特殊行动"。日本学者植草益（1990）认为管制是政府依照一定规则对企业活动进行限制的行为。谢泼德和威尔科克斯（Shepherd and Wilcox，1997）同样认为"管制只是管制者们的所作所为"。梅尔（Meier，1985）认为管制是"政治家寻求政治目的有关的政治过程"。卡因（Kahn，1970）认为管制的实质是政府为维护良好的经济绩效对企业行业的制度安排。密特尼克（Mitinick，1980）认为，管制是从公共利益出发而制定的针对私人行为的公共行政政策。

（1）管制公共利益理论。管制公共利益理论（Public Interest Theory of Regulation）的产生是社会经济发展的必然结果。该理论认为政府管制的目的是为了保护社会公众利益，在存在公共物品、外部性、自然垄断、不完全竞争、不确定性、信息不对称等市场失灵的情况下，为了纠正市场失灵的缺陷，政府实施管制行为将有利于保护社会公众利益。

在 18 世纪和 19 世纪，受亚当·斯密（Adam Smith，1904）自由放任经济思想影响，政府扮演"守夜人"角色，采取自由放任的管理模式，充分利用"无形之手"，尽可能少地干预市场。但市场机制配置资源具有明显的不可控性，首先，由竞争导致的资本与生产集中进一步产生了垄断价格与垄断利润问题，也进一步导致了资源过度浪费；其次，由市场信息不对称问题导致了假冒伪劣产品销售和销售暴利，致使消费者利益受损；最后，由管理制度缺乏导致了环境污染和资源掠夺性使用等，致使公共利益受损。综上所述，在缺乏宏观战略调控的情况下，众多分散化的微观个体经济主体行为并不能使社会资源配置绩效达到预期的效果，其日益暴露出的固有弊端促使人们逐渐反思市场机制的功效，并重新思考管制的必要性。

19 世纪末，"新古典理论"代表人物马歇尔（Alfred Marshall，1890）在其《经济学原理》（Principles of Economics，1890）一书中提出了"外部效应"（Externality）概念，认为除自然垄断外还存在着基于成本与收益不当分配形成的市场失灵，表现在个体经济主体的活动所产生的影响不在他自身的成本和收益上体现，而是带给其他的经济主体损益。"外部效应"可能导致个体经济主体决策偏向于采取自身获益而他人受损的投资行为，放弃那些自身无益或收益较少而他人受益的投资行为。这一概念给出了微观经济主体采用"损人利己"或放弃"利人不利己"经济决策的经济学解释，为管制公共利益理论提供了一定的经济学依据。之后，阿瑟·赛斯尔·庇古（Arthur Cecil Pigou，1920）补充了"外部经济"（External Economy）与"外部不经济"（External Diseconomy）的概念，进一步分析了外部性存在导致市场价格扭曲缘由，认为政府应利用税收与贴补手段纠正这种扭曲，迫使微观主体考虑外部成本或外部利益。他认为增加对外部不经济性行为的征税与处罚和对外部经济性的补贴与奖励可引导资源配置状态倾向于公共利益偏好。这种观点为管制公共利益理论提供了策略依据，在实践中也收到了一定的成效，如 19 世纪 80 年代，英、美政府为发展本国的铁路运输业，成立了管制部门以帮助铁路运输业筹资，促进了新技术的推广。但这一时期，管制公共利益理论的观点还没有引起人们很大的关注。

1929 年开始的经济危机使西方发达国家进一步认识到市场机制对经济衰退的无能为力，政府急需寻找新的理论与政策来引导经济走出危机。经济危机使学术界与政府官员均对管制的必要性有了更深刻的认识，使管制理论的推行有了现实的土壤。如美国从 1933 年开始实施以凯恩斯主义与制度学派观点为基础的"罗斯福新政"，对具有自然垄断特征的公用事业部门加强管制，以促进经济复苏。之后，学者们对管制相关问题有了更深入的研究，如 1938 年詹姆斯·兰迪斯（James Landis）在其《行政过程》（The Administrative Process）一书中提出，政府需要的是效率，聘用专家以提高政府管制过程的效率。

到 20 世纪 60 年代，经济学家们已普遍接受政府需要主动修正"市场失灵"的观点，赞同实施管制已成为理论主流。如欧文和布劳第根（Owen and Braentigam，1978）提出管制是服从公共需要而提供的一种减弱市场运作风险的方式。虽然管制政策实效并非如人所愿，但多数学者坚持认为管制是必要的，政府应提高管制的方法与手段以改善管制绩效，而非放松管制或放弃管制。

基于政府"保护公共利益"的立场，就有了政府管制的主要目的是为了"保护公共利益"的假设，人们将这类管制理论归结为"管制公共利益理论"。该理论认为，市场失灵时自由市场在有效配置资源和满足消费者需求方面绩效不佳，政府是公众利益代言人，可利用政府行政权力制定管制政策纠正市场问题，从而提高社会福利水平。一些相关学科也对价格管制、投资管制、进入管制、食品与药品管制、反托拉斯管制等管制问题做了大量研究，从不同的侧面提出了各自的观点。管制公共利益理论到目前为止仍是管制理论的主流学派。

（2）管制俘虏理论。与管制公共利益理论不同，管制俘虏理论（Public Interest Theory of Regulation）认为政府及其委托的立法者等制定管制政策是迎合产业内企业对管制的需求，产业内企业形成的利益集团通过一定手段俘虏和控制管制机构使政府决策为其利益服务，管制最终提高了产业利润而不是社会福利。

　　尽管到 20 世纪 60 年代管制的必要性已成共识，但由于其实施效果不佳，少数学者对管制的有效性提出了质疑，并对因管制出现的政府制度僵化、高成本、腐败严重等问题作实证研究。如芝加哥大学教授、经济学家乔治·J. 施蒂格勒（George J. Stigler）1962 年发表的《管制者能管制什么？电力部门的案例》（What Can Regulators Regulate? The Case of Electricity）一文认为，管制导致电力价格下降的效应微弱，并不像管制公共利益理论所宣称的那样有效。他的观点引发了学者们对管制效果的更多关注。一些研究也表明管制并不能弥补市场失灵，如 1887 年美国州际商业委会员（ICC）对铁路运价管制等揭示出管制是趋向于有利于生产者而非公众，20 世纪初美国对货车业和出租车产业的管制是允许定价高于成本并阻止新的进入者，形成了对产业内企业的保护，使管制提高了产业内企业的利润。类似的证据也证明管制有利于产业内企业获得支持，使该产业内企业能赚取正常利润之上的利润，这些研究结论促使了管制俘虏理论的产生和发展（George J. Stigler and Claire Friedland，1962）。

　　管制俘虏理论的假设基础是，不管政府想代表什么利益或是以"他利"的公共利益最大化为目标者，作为政府代言人的政府机构或官员则是"自利者"，会追逐个体的私利目标而放弃公共利益最大化目标。因此，只要存在损失公共利益会带来产业利益的获得，则产业内企业（利益集团）就有可能会动足脑筋去劝说、收买相关政府机构或官员选择有利于自身利益获得的政策，把社会上其他成员的福利转向自己，甚至不惜损害公共利益。而相关政府机构或官员出于自身利益的考虑，则会放弃没有直接利益源的公共利益目标，选择有直接利益源的产业利益目标，通过被游说、说服或被收买等过程最终出台有利于产业的政策，甚至合谋政策。因此，管制俘虏理论认为，不管管制方案如何设计，管制机构对某个产业的管制实际是被这个产业"俘虏"（于立、肖兴志，2001）。管制俘虏理论的假设虽然现实上存在很大的可能性，但其管制目标的假设违背了政府设立的本意，这一理论并不能否定管制公共利益理论的推论，不能否定由于市场失灵从而存在政府管制必要性。政府管制由于政府官员的自利而失效导致"政府管制失灵"并不意味着必须放弃管制。就像政府依然存在一样，政府依然需要对一些经济问题、产业问题实施管制，只是需要深入研究管制的程度、管制的内容、管制的方法和管制效率等问题。

（3）管制经济理论。20 世纪 70 年代初，西方学者试图从经济学的角度系统地研究政府管制问题，从而逐步形成了管制经济理论（Economic Theory of Regulation），又被称为管制经济学。该理论主要研究管制者动机及管制过程对收入分配后果的影响（王俊豪、鲁桐、王永利，1998），并解释不同管制制度安排下的收益与损失，认为管制者的动机来源于政治的需求，而管制制度安排是政府与不同利益集团的谈判结果。

管制作为政府对产业的一种基本制度安排，施蒂格勒（1968）在《产业组织》（The Organization of Industry）一书中采用实证分析诠释了这种观点。美国康奈尔大学经济系教授卡恩（Alfred E. Kahn）1970 年出版的《管制经济学：原理与制度》（The Economics of Regulation：Principies and Institutions）一书也阐明了这一观点。卡恩指出，作为一种基本的制度安排，政府管制是对该种产业的结构及其经济绩效的主要方面所做的直接的政府规定，比如进入控制、价格决定、服务及质量的规定，以及在合理条件下服务所有客户时应尽义务的规定。管制并不反映市场的现实，相反，它阻碍了价格发挥其根本的职能。管制者似乎并不了解他所管制的行业的经济运行——或者他们自己的决定所导致的经济后果。在研究方法上，施蒂格勒（1971）在《经济管制论》（The Theory of Economic Regulation）中首次尝试运用经济学的基本范畴和标准分析方法来分析管制产生的缘由，由于产业内企业数量少于消费者，企业的平均收入高于强加给消费者的人均损失，因而生产者比消费者具有更强的行动激励，因此管制利益由产业谋取，并主要根据其利益来设计和运作，管制偏向于使组织良好的利益集团获益。他通过对电力部门、证券市场反垄断、寡占的研究提出逻辑推论。在管制影响因素研究上，1976 年，佩尔兹曼（Peltzman）[①] 发表了《迈向管制的更一般理论》（Toward A More General Theory of Regulation）一文，综合了经济与政治影响因素，并进一步丰富了管制

---

① 佩尔兹曼是施蒂格勒在芝加哥大学的同事。

实证分析。在管制者动机研究上，施蒂格勒和佩尔兹曼理论均采用了 M. 奥尔森（Mancur Olson, 1965）在所著的《集体行动的逻辑》（The Logic of Collective Action）一书中提出的假设，即管制者或立法者以实现政治支持最大化为管制政策前提，政府为获得更多的政治支持，管制政策会被用作一种利益交易的手段。在管制的目标和方式研究上，贝克尔（Becker, 1983）提出管制的实质在于利益集团之间的竞争，认为管制活动是由每个集团的相对影响来决定的，管制主要是用来提高更有势力（更有影响）的利益集团的福利。在管制的内容上，赫蒂克和万纳（Hettich and Winer, 1988）引入了税收理论，以解释谋求选票最大化的立法者可能决定的各种税收结构。

　　总体而言，管制经济理论是西方学者对管制问题基于经济研究的系统性成果，其基本假设是作为管制者是以其实现政治支持最大化为前提的，这与管制俘虏理论的假设不完全相同，两者可能均放弃了"公共利益最大化"目标，但前者强调的是管制者作为组织的"自利性"目的，政治性寻租目的更强，后者则可能还包括政府代言人个人的"自利性"目的，经济性寻租目的更强。这两种情况下，政府均可能被俘虏，当"公众利益"的损害会较大程度影响公众政治支持率时，前者被俘虏的可能性会减少。政府为实现政治支持最大化可能更需要平衡各种利益集团的利益，因此，政府、消费者、生产者之间的利益调节与均衡会成为政府管制政策的策略手段。

　　（4）放松管制理论。由于"管制失灵"的日益明显以及与管制有关理论研究的不断深入，20 世纪 70 年代，西方发达资本主义国家出现了"放松管制"或"管制缓和"的浪潮。之后，美国、日本、英国等国家尝试对电信、运输、金融、能源等产业实行部分的放松管制，目的在于引入竞争机制、减少管制成本、促使企业提高效率、改进服务（杨建文，2007）。支持管制放松政策的主要理论有可竞争市场理论、政府管制失灵理论和 X 效率理论等，人们将这一类理论归纳为放松管制理论（The Theory of Deregulation）。

　　可竞争市场理论（The Theory of Contestable Markets），是以鲍莫尔、威利格和潘扎（Baumol、Willig and Panzar, 1982）的《可竞争市场和产业结构理论》（Contestable Markets and the Theory of Industry Structure）一书出版为形成标志。该理论以潜在竞争的一系列假设为前提，指出由于存在潜在进入者的压力，市场在位者无须政府管制也不可能获得垄断超额利润，而只能将价格定在超额利润为零的水平，并实现资源配置的最优化。可竞争市场理论从理论上对由于市场垄断产生的政府管制必要性提出了挑战，认为即使是自然垄断产业，只要市场是可竞争的，政府管制就没有存在的必要，管制机构所要做的不是限制进入，而是应降低产业的进入壁垒，创造可竞争的市场环境。可竞争市场理论的假设是市场的进入与退出机制存在"无障碍进入"和"无损失退出"的理想状态，这种理想状态虽然有助于理论研究，但现实性不强，这在一定程度上使可竞争市场理论否定的管制必要性推论缺乏现实意义。

政府管制失灵理论（The Theory of Regulation Failure）认为政府管制失灵使管制往往得不偿失，管制政策的实际收益与期望收益相去甚远或无效。1970 年，鲍莫尔和克莱沃里克（Baumol and Klevorick）提出了管制滞后效应理论，认为在政府调整管制政策的间隔期内，被管制企业有可能获得超过正常利润的利润率，这种滞后也会使管制失效，使管制得不偿失。政府管制失灵理论是基于成本与收益的对比，因此并没有否定管制的必要性及其可能带来的效益，也就是说，问题不在于需不需要管制，而是如何提高管制效率。这一理论典型的著作有史普博（Daniel F. Spulber，1989）所著的《管制与市场》（Regulation and Markets）一书，该书通过对规模经济、沉淀成本等普遍适用的问题的分析，力图划清管制可能发生作用的领域和管制不适合介入的领域。他论证了管制失灵的存在，认为借助市场化配置机制或直接依赖竞争性市场，也许能实现政策的目标。

X 效率理论（The Theory of X-Efficiency）由莱宾斯坦（Harvey Leeibenstein，1966）最早提出。鲍莫尔和克莱沃里克（1970）说明了管制增加X 效率的理由：一是管制者会利用报酬率管制使低效率的企业留在行业内，因为管制者允许低效率企业通过以较高的价格这种形式把低效率转嫁给顾客以取得利润；二是管制者对利润设置了最高限额，往往严重地削弱了创新和效率的激励。弗朗茨（Franz，1998）在《X 效率：理论、论据和应用》（X-Efficiency：Theory，Evidence and Applications）一书中对 X 效率作了全面论述。X 效率理论从一个新的侧面论证了管制者的行为不当往往是可能造成的负面效应，但同样没有否定管制的必要性。

　　虽然放松管制理论列举了诸多管制的缺陷，但不可否定市场调节同样存有一定的缺陷。由于政府管制的"公共利益最大化"的本意是善的，政府管制的行为在一定程度上也确实能修正市场失灵造成的社会福祉损失，完全放弃管制并非是解决问题的良策。因此一些学者试图研究政府与市场的边界，如1998年美国学者丹尼尔·耶金和约瑟夫·斯坦尼斯罗（Daniel Yergin and Joseph Stanislaw）出版了《制高点——重建现代世界的政府与市场之争》（The Commanding Heights-The Battle Between Government and the Marketplace That Is Remaking the Modern World）对政府与市场间适宜的边界进行了阐述，这一研究事实上是基于效率的一种政府与市场选择机制，将有利于提高政府管制效率。

　　（5）激励性管制理论。激励性管制理论（Incentive Regulation Theory）是Martin Loeb and Wesley A. Magat（1979）、Vogelsang and Finsinger（1979）等人提出的。该理论认为政府管制的无效原因之一是政府与企业的信息不对称，这种信息的不对称会引发逆向选择、道德风险、竞争不足以及设租、寻租等问题，管制实际上是信息不对称下效率与租金之间的权衡，管制制度有效设计可提高管制效率。

　　激励性管制理论学者们针对不同类型政府与企业的信息不对称问题展开了研究，拜伦和罗杰（Baron and Roger，1982）将微观经济学的信息经济学、机制框架设计等研究方法引入管制理论，研究了逆向选择下的最优管制制度设计。Laffont and Tirole（1993）将激励理论和博弈论应用于管制理论分析，研究了逆向选择和道德风险双重信息不对称下的最优管制制度设计。在管制方式上，激励性管制理论主要研究了价格上限管制、特许投标制度、区域间比较竞争等多种方式，其中价格上限管制的应用最为普遍（减旭恒、王立平，2004）。价格管制模型的类型较多，也比较具体化，如Vogelsang（1988）将拉斯贝耶斯指数（Chained Laspeyres Price Index）与帕舍指数（Paasche Index）的简单平均数应用于价格上限之中，设计管制价格，并在2002年进一步分析了价格上限管制问题中的价格灵活性与竞争的关系。Diewert and Fox（2000）在多种产出和多种投入的情况下，利用费舍理想价格指数（Fisher Ideal Price Index）设计了管制价格上限。

激励性管制理论是管制经济理论的进一步发展，这一理论更深入地分析了管制者由于信息缺失导致的管制失效，但并未否认管制的必要性，而是试图通过管制制度设计来弥补管制的失效，更加倾向于利用引入适度竞争等合理的管制手段解决管制可能潜在的问题而并非放弃管制。

（6）社会性管制理论。社会性管制是政府为了消除由于负外部性和信息不对称引起的市场失灵而进行的管制，其目的在于避免社会活动对自然环境和交易行为可能产生的各种危害和风险，如环境污染、健康和安全问题、劣质产品的损害等（占飞燕，2007）。

对于社会性管制理论，目前已有的研究并不十分深入，与粮食有关的管制有食品安全管制、资格制度等更处于起步阶段，如植草益（2000）研究了安全标准规定、检查与鉴定（进入检查、定期检查及产品鉴定）、资格制度等食品安全管制手段。Feddersen and Gilligan（2001）分析了在消费者和厂商间不完全信息非合作博弈中，第三方的食品安全信息可避免市场萎缩，提高市场交易的社会福利（Djankov，2002），系统研究了资格制度的成因以及影响，并对资格制度的相关理论进行了检验。

近年来，随着经济发展水平的提高，人们对生活质量、社会福利等问题的关注程度日益加强，各国一方面逐步完善经济性管制；另一方面将关注点更多投向了社会性管制领域，社会性管制在政府管制中的地位与作用正逐步提高，管制的领域也不断扩展，管制的方法与手段也在不断改进。政府对社会性管制的重视体现了其对消费者利益的保护与对社会可持续发展问题的关注，是未来政府管制中一个日益重要的组成部分。但正如小贾尔斯·伯吉斯（1997）所言，无论社会管制带来什么好处及好处多大，都需付出一定代价。

总之，管制经济学的发展是随着政府管制活动的内容与形式变化而不断演变的，产生于19世纪中后期以查得威克、马歇尔、庇古、德姆塞茨、威廉姆森等人为代表的规范管制学派为管制理论发展打下了基础；萌芽于19世纪在20世纪60年代发展壮大的以施蒂格勒、卡恩、佩尔兹曼、贝克尔等人为代表的实证管制学派为管制实践发展打下了基础（谢地，2003）。理论研究证明，管制的主出发点是"公共利益"的维护，管制可克服市场经济诸多不利于公共利益行为，提高整体社会资源配置效率与社会整体福利水平。但管制由于各种过程性原因会影响本意的实现，产生越管越乱，越管效率越低下或只维护了部门产业阶层利益的现象，但这并没有否定管制的必需性，只是证明了管制需要研究方式、方法、内容与手段。从一定程度上讲，管制是政府存在的缘由，政府必然会对各类个人、人群、组织的行为等实现管制。当然，作为一门经济学分支及多学科交叉的学科，管制经济学即使在经济发达国家至今还称不上已是一门较为成熟的学科，表现为对政府管制经济学中的一些基本概念、基本理论还存在较大的分歧，管制在产业中的应用还需要拓展，与其他理论的交叉结合运用研究也较少。但值得庆幸的是，近年来，由于社会经济的发展，管制经济学已越来越吸引人们的关注，学术界的研究也越来越多。

1.3.1.2　国外国际贸易理论与管制研究动态

国际贸易理论经历了多个发展阶段，每一发展的过程都与现实经济的发展和国际贸易政策密切相关。从一个侧面来看，各国的国际贸易政策体现着各国政府国际贸易管制思想，体现了管制理论在国际贸易领域的应用。

（1）国际贸易古典理论与管制。国际贸易理论发展的史源可追溯到 15 世纪末 16 世纪初，英国经济学家托马斯·孟（Thomas Mun，1620）提出了重商主义（Mercantilism）学说，为当时资本主义生产方式的建立和发展作出了贡献。重商主义盛行于 16～17 世纪，到 18 世纪伴随着绝对成本理论的出现趋于衰落。重商主义认为一国积累的金银越多，就越富强，一国的国力基于通过贸易的顺差——即出口额大于进口额——所能获得的财富，主张由政府管制农业、商业和制造业，通过高关税率等管制手段干预经济，垄断对外贸易，奖进罚出，积累本国财富，保护本国利益。如 1815 年英国政府颁布的《谷物法》（Corn Law）即采用了重商主义思想的贸易保护主义政策（黄少安、郭艳茹，2006），政府对谷物国际贸易的管制是强调鼓励出口限制进口。重商主义的基本立场是本国的利益，但正如前面所述的，政府管制往往由于过程原因偏离原有目的，保护了少部分群体利益而使"公共利益"受损。《谷物法》的实施目的是维护了英国土地贵族的利益，实施后，由于国内谷物价格骤涨，工业资产阶级面临更高的工人工资压力和国外对英国工业品提高进口税的压力，随着英国政治、经济环境的变化，《谷物法》导致的社会各阶层和政府的成本—收益逐步发生着改变，边际上的积累导致 1846 年该法被废除。早期也有一部分学者对重商主义思想持有异议，如大卫·休谟（David Hume，1752，1778）主张自由贸易，反对政府对经济贸易实行干预政策。

17 世纪以后，以法国经济学家弗朗斯瓦·魁奈（Francois Quesnay）为代表的重农学派和以英国经济学家亚当·斯密为代表的古典经济学派学者们提出了自由贸易理论，在国际贸易政府管制问题上，主张"自由放任"的自由贸易（Free Trade）思想，认为国际贸易能使社会财富增加，会使国民受益。重农学派提出了以农产品为中心开展自由贸易，主张废除政府干预，反对重商主义的贸易保护观点。放弃管制的基本的缘由是自由贸易一方面可提高全球资源效率，增加社会总财富；另一方面也会增加贸易国双边利益。斯密（1776）在其所著《国富论》（Wealth of Nation：Library of Economics and Liberty）中提出绝对优势理论（Theory of Absolute Advantage），也称绝对成本理论（Theory of Absolute Cost），从理论上论证了国际贸易对贸易国的利益增长帮助，奠定了自由贸易政策主张的理论基础，使放松管制理论得以应用。大卫·李嘉图（David Ricardo，1817）在《政治经济学及赋税原理》（On the Principles of Political Economy and Taxation）一书中对自由贸易理论作了重要的补充，提出了按比较成本进行国际分工的学说，即比较优势理论（Compared with Advantage Theory），又称比较成本学说（Theory of Comparative Cost），进一步从理论上论证了即使只有相对比较优势，国际贸易也会增加贸易国双边利益，贸易国由于资源配置效率的提高而获益。因此，在国际贸易管制问题上，他反对政府对经济生活，特别是国际贸易的任何干预，认为政府干预经济生活是违反最大多数人的最大幸福原则的，同样主张解除国家对贸易的管制，包括关税征收和发放补贴。无论是绝对优势理论还是相对优势理论，只证明放松管制可能使国际贸易双边获益，但并未深入分析贸易双方获益的程度，放松管制说明虽然考虑了国际贸易参与国的本国立场，但更多的是立足于国际的立场。

19 世纪，约翰·穆勒（John Stuart Mill，1848）和阿尔弗雷德·马歇尔

（1890）等人提出了相互需求理论（Reciprocal Demand Theory）。相互需求理论从理论上证明了贸易水平取决于贸易双方之间的相对需求强度，国际贸易总利益分割是由贸易双方相对需求强度决定的，反映了国际贸易各方利益的不均衡性，使比较利益理论得到了补充和完善。这一时期，自由贸易思想成了国际贸易理论的主流思想，也成了一些国家政府制定贸易政策的依据。如英国19世纪20～40年代末，实施了由保护贸易转向自由贸易的过渡，到19世纪50年代初已确立了自由贸易政策，实行开放贸易，在1846年废除了《谷物法》之后又废除航运垄断的"航海条例"，1853年进口关税从1841年的1163种减少到4种。19世纪60年代，英国同法国、比利时、意大利、德国、奥地利、瑞士等欧洲国家以自由贸易精神签订了一系列商约，大大降低贸易关税，使欧洲出现了一个自由贸易时代（宋华，2006）。与比较利益理论相似的是，相互需求理论只分析了国际贸易改变资源配置后所获得的收益，并没有认证国际贸易对本国的其他因素的影响。从管制的角度来看，国际贸易中处于绝对优势的国家总是能从国际贸易中更多的获益，自由贸易将更有利于一些发达国家，这些国家的政府出于本国利益会更乐于采纳放松管制的政策，并竭力促进全球的贸易自由化。

　　18～19世纪，政界与学术界也有不同于上述的声音，如亚历山大·汉密尔顿（Alexander Hamilton，1791）认为，出于本国利益考虑，美国在工业化早期阶段，应实行保护关税制度等贸易保护主义政策，排除外来竞争，保护国内市场，以促使本国幼稚工业顺利发展。德国的弗里德里希·李斯特（Friedrich List，1841）的《政治经济学的国民体系》（The National System of Political Economy）一书继承了汉密尔顿的贸易保护思想，在生产力论基础上建立了贸易保护理论。虽然他的观点在当时并不为人们所重视，但可以肯定的是，各国国际贸易的政策是基于本国政府利益的立场，并非是他国的利益或全球的利益。也就是说，国际贸易的政府管制政策更能体现政府所代表的本国公民的公共利益，相比与国内产业政府管制政府而言，政府、产业利益集团与公众可能更容易达成目标的一致性，均可从国际贸易中共同获益。

　　（2）国际贸易的现代理论与管制。1919年，瑞典经济学家菲·赫克歇尔（Eli. F. Heckscher）发表了题为"对外贸易对收入分配的影响"的论文，使用生产要素密集度的方法分析国际贸易。之后，他的学生伯蒂尔·俄林（Bertil Ohlin，1933）在其基础上进行充实论证，出版了《地区间和国际间的贸易》（Interregional and International Trade）一书。之后，美国经济学家华西里·W. 里昂惕夫（Wassily W. Leontief）进一步对资源禀赋论进行验证，促使了"里昂惕夫之谜"及其各种理论解释的产生，从而出现贸易理论的动态化分析趋势（汪森军、冯晶，2003）。哈伯勒（Gottfried Haberler，1920）的比较机会成本理论以自由贸易为结论，并使自由贸易理论研究进入一个新阶段（Richard M. Ebeling，2000）。以英国经济学家哈罗德（R. F. Harrod，1939，1942）研究为基础的新要素学说，试图从更宽泛角度解释"里昂惕夫之谜"及国际贸易格局的新变化，提出国际贸易基于"新"要素（人力资本、研究与开发要素、技术要素和信息等）的指导思想，对一些新国际贸易变化趋势作了理论解释。人力资本说、研究与开发要素说、技术要素说、信息贸易理论等纷纷问世，对说明贸易格局的新变化起到了重要作用，使贸易理论的研究内容更接近现实，也为粮食国际贸易的一些新变化趋势提供了理论解释。这一阶段的理论研究主要关注的是生产要素对国际贸易动向的影响，利益的分析上扩大到更多的要素，在一定程度上更深入地分析了国际贸易各方获益原因。在政府管制的政策主张上，认为应放松管制，因为多要素的分析也证明了参与贸易的各国均可在国际贸易中获益。事实上，学者们只是单纯地分析了国际贸易的利益来源，并没有十分关注贸易可能带来的损失。

直到 1929 年大危机以前，西方经济学界在国际贸易中政府管制的思想上仍以自由贸易主义为主流，1929～1933 年的经济大危机迫使一些思想家和政治家反思自由贸易思想的适用性。具有标志性的是 1936 年约翰·梅纳德·凯恩斯（John Maynard Keynes）发表的《就业、利息和货币通论》（The General Theory of Employment，Interest and Money）一书，推崇重商主义思想，故被称为"新重商主义"，他论证了国家干预经济的必要性，并提出了以财政政策和货币政策为手段的政府干预思想，明确了干预目标。之后，弗里兹·马克卢普（Fritz Machlup，1943）等人发展了凯恩斯贸易保护主义理论，提出了国际贸易乘数理论（Foreign Trade Multiplier Theory），认为对外贸易与增加就业、提高国民收入存在倍数关系，出口对就业和国民收入有倍增作用；反之，进口有倍减作用，主张国家干预国际贸易，实行保护贸易政策。在实际政策中，各国垄断资产阶级为了垄断国内市场和争夺世界市场，纷纷实行侵略性保护贸易政策（胡代光，2003）。如美国 1922 年国会通过了"惠特尼—麦康伯关税法"（Fordney-McCumber Tariff Act）恢复 1909 年的高额关税，1930 年又通过美国历史上最高的关税法案——《霍利—斯穆特关税法》（Hawley-Smoot Tariff Act），加大关税（徐泉，2003）。第二次世界大战后，凯恩斯主义成为了占据支配地位的主流经济学。凯恩斯主义经济理论为政府干预经济找到了理论根据，也为政府干预国际贸易找到了理论依据。

此外，劳尔·普雷维什（Raúl Prebisch）1949 年在向联合国拉丁美洲和加勒比经济委员会递交的一份题为"拉丁美洲的经济发展及其主要问题"的报告中提出了"中心—外围"理论，之后他在理论与实践上深化了该思想。他认为，在传统的国际劳动分工下，世界经济被分成了大的工业"中心"和为大的工业中心生产粮食和原材料的"外围"两部分，且"中心"与"外围"之间的关系是不对称的、不平等的。虽然这种体系是伴随着资本主义生产技术和生产关系在整个世界的传播而形成的，但经济全球化的国际贸易规则基本上是按照"中心"国家的利益来确定的，因而成为最大受益者。处于"外围"的国家虽然也可利用经济全球化时机发展经济，上升为"半外围"国家或"中心"国家，但由于其经济全球化起步较晚，更容易使其落后的经济结构"永久化"，从而长期处于劣势（Raúl Prebisch，1962）。作为发展中国家的政府政策的制定者，普雷维什提出的发展中国家贸易保护性政策得到了社会的认可。

20 世纪 50~60 年代，凯恩斯主义形成分化为两大流派：一是流行于美国的将新古典微观经济学和凯恩斯宏观经济学综合起来的新古典综合派（Neo-Classical Synthesis）；二是流行于英国的新剑桥学派（Neo-Cambridge School）。以保罗·A. 萨缪尔森（Paul A. Samuelson）为代表的新古典综合派把凯恩斯的国民收入均衡方程纳入开放经济背景下进行分析，重视乘数效应，提出了政府应该而且能够通过政策措施控制相关变量，以保持本国经济的稳步增长。萨缪尔森认为市场经济会出现市场失灵的情况，为避免"看不见的手"机制中的缺陷，政府应承担效率、平等和稳定三个具体职能（辛向阳，

2009）。以琼·罗宾逊（Joan Robinson）为主要的新剑桥学派也主张政府在国际贸易上实行进出口管制政策，利用国内资源优势，发展出口产品生产，以便提供较多工作岗位，增加就业机会，降低失业率，提高劳动者收入（Joan Robinson and John Eatwell，1973）。

第二次世界大战后，国际经济严重萧条，国际贸易秩序混乱。1944 年 7 月，在美国布雷顿森林召开国际货币与金融会议（44 个国家参加），会议建议成立国际货币基金组织、国际复兴开发银行（世界银行）和国际贸易组织，作为支撑全球经济的三大支柱来调节世界经贸关系，推动全球经济的复苏和发展。1948 年，23 个国家和地区签署了《关税及贸易总协定》（General Agreement on Tariffs and Trade，GATT），逐步建立了世界新经济贸易体系，为贸易自由化的兴起和发展打下了良好的基础。20 世纪 50 年代以约翰·肯尼思·加尔布雷思（John Kelineth Galbraith，1958）为代表的新制度学派（Neo-Institutional School）主张政府对经济进行管制，认为传统的自由市场经济只能导致经济不和谐，因此政府管制经济甚至实行一定程度的计划都是十分必要的。20 世纪 50 ~ 60 年代，英国、法国、美国、西德、日本、意大利等主要资本主义国家将凯恩斯主义奉为国策，采用新重商主义贸易保护政策，保持国际贸易优势地位，利用对外贸易促进国内经济发展，保护国内先进工业，实现国内充分就业，增强国际市场垄断地位（张红霞、赵丽娜，2008）。而许多发展中国家（特别是拉美国家）则受以劳尔·普雷维什（Raúl Prebisch）为代表的结构主义（Structuralism）思想影响，主张政府应该对经济特别是国际贸易活动进行管制，以摆脱不合理的国际分工体系，打破国际经济旧秩序（董国辉，2003）。

在此期间，国际贸易主张政府管制与反对政府管制的争论几乎没有停止过。各国政府政策取向亦不相同，主要是由于不同思想家与不同政府的利益出发点不同，表现出多数是立足于本民族与本国利益立场。

（3）国际贸易新理论与管制。20 世纪 70 年代以来，以货币学派、理性预期学派、供给学派、伦敦学派、弗莱堡学派、公共选择学派等为代表的新自由主义（Neoliberalism）思潮主张经济自由发展，反对政府干预。认为政府对经济生活的管制，不仅不能消除经济发展中的不利因素，而且还会限制市场经济的自我完善和自我调节。在新自由主义思想影响下，发达资本主义国家的国际贸易政策中出现了贸易自由化倾向，但与自由竞争时期的贸易旧自由主义有所不同的是在强调贸易自由的同时也不排斥贸易保护政策的合理运用。

20 世纪 60 年代后，在国际贸易理论研究上还出现了产业内贸易（Intra-Industry Trade）理论。1975 年，格鲁贝尔和劳埃德（H. G. Grubel and P. J. Loyd）合著的《产业内贸易：差别化产品国际贸易的理论与度量》（Intra-Industry Trade：The Theory and Measurement of International Trade in Differentiated Products）是最早关于产业内贸易理论的专著，修正了 H-O 模型中的某些前提条件，把贸易有关费用引入模型，解释了部分产业内贸易现象。之后，迪克西特和斯蒂格里茨（Avinash K. Dixit and J. Stiglitz，1977）、保罗·克鲁格曼（Paul R. Krugman，1981）、兰开斯特（K. Lancester，1980）等经济学家先后发表论著，从不同角度阐述了产业内贸易理论的若干观点。赫尔普曼和克鲁格曼（Helpman and Krugman，1985）合著的《市场结构与对外贸易》（Market Structure and Foreign Trade：Increasing Returns，Imperfect Competition and the International Economy）一书对产业内贸易理论进行了全面总结，建立了一个比较系统化和理论化的新贸易理论分析框架（钟雪梅，2008）。国际贸易中的产业内贸易现象反映出跨国公司的投资行为对国际贸易的影响越来越大，由于跨国公司的兴起和快速发展，使国际贸易的很大一部分贸易是在跨国公司的子公司和子公司、子公司和母公司之间进行的。不同的产业内贸易对东道国而言是利弊不一的，因而，作为东道国政府进行国际贸易管制在政策设计上会更为复杂。跨国公司的发展对本国政府甚至对东道国政府的贸易政策产生影响，更容易出于跨国公司的利益开展"俘虏政府"的行为，从而使政府管制背离"公共利益"目的，而更多地体现个别产业或企业群体的利益。

20 世纪 70 年代后期，因产业内贸易和跨国直接投资的发展，进一步促进了国际贸易的发展，不少经济学家将产业组织理论和市场结构理论应用于国际贸易领域，形成了新国际贸易理论，并在 20 世纪 80 年代进一步提出了战略性贸易政策（Strategic Trade Policy Thory）。研究者主要有克鲁格曼（Paul R. Krugman，1979，1980，1986）、迪克西特和诺曼（Avinash K. Dixit and Victor Norman，1980）、赫尔普曼（Helpman，1981，1999）、布兰德和斯潘斯（Brander and Spencer，1985）、伊顿和格罗斯曼（Eaton and Grossman，1986）等经济学家，其中最有代表性的是克鲁格曼①。克鲁格曼（Paul R. Krugman，2000）研究了历史作用、要素流动、运输成本以及国内市场效应等因素对国际贸易的作用，建立了"中心—外围"模型。与早期的普雷维什"中心—外围"模型不同的是，克鲁格曼将 DS 模型应用于国际贸易理论研究，运用规模报酬递增、垄断竞争和产品差别等范畴来构筑新的国际贸易理论模型，研究了规模经济、收入增长和不完善竞争对国际贸易的影响，较好地解释了发达国家之间贸易的形成原因，研究成果得到了广泛的认可，这些研究成果深度揭示了国际贸易的成因与国际贸易的利益来源。可以说，国际贸易的利益来源、利益大小和利益享受者是影响政府管制态度与管制政策的主要因素。战略性贸易政策理论是指基于或者可以改变不同国家竞争企业之间战略性互动形成的均衡的贸易政策，在政府管制上倾向于对本国战略性产业②进行必要的管制，认为政府可以凭借生产补贴、出口补贴或保护国内市场，扩大这些产业本国企业在国际市场上所占的市场份额，把超额利润从外国转移给本国，以增加本国经济福利和加强在有外国竞争对手的国际市场上的战略地位。这种思想体现了政府作为本国公共利益代表，需要站在本国利益的角度，并从战略层面上维护本国的利益，出台国际贸易政策。

随着世界经济全球化的发展，一些西方国际经济学家将研究重点由战略性贸易政策转向了全球竞争政策（Global Competition Policy）。美国学者戴维·理查森和爱德华·格雷厄姆（J. David Richardson and Edward M. Grahm，1997）的《全球竞争政策》（Global Competition Policy）是代表作之一，书中的竞争政策规定了竞争强度、合作范围以及这两者之间的法律界限（王晓晔、陶正华，2003）。与战略性贸易政策观点相同，全球竞争政策强调了政府管制的必要性，出于国家利益的需要，作为一国政府应立足于通过制定一定的国际贸易竞争政策，规范竞争强度和合作范围，获得全球竞争优势，扩大本国企业及本国的国际竞争力，使本国企业能从全球经济增长中获得更多

---

① 克鲁格曼 2008 年因"在贸易模式和经济活动区位方面的分析"获得了年度诺贝尔经济学奖。
② 指在"不完全竞争"市场中存在有规模经济、外部经济或"租"（某种要素所得到的高于该要素用于其他用途所获得的收益）的产业。

利益。相比与战略性贸易政策而言，全球竞争政策的管制视野更为开阔，这可能使国际贸易管制政策涉及面更为广泛，管制的程度也更为深入。

总之，国际贸易的理论研究总是试图揭示贸易发展的规律，从科学的角度解释国际贸易出现的各种现象。事实上，不管是何种国际贸易类型的出现与发展，均与交易方的利益相关，利益的追逐是贸易发展的原动力，而利益的来源则是影响贸易趋势的根本原因，无论是绝对优势理论或是相对优势理论，无论是产业间贸易理论或是产业内贸易理论，均解释了国际贸易的交易各方利益来源及利益交换方式。无可非议，国际贸易的交易各方均试图从交易中获得效益的提高，通过资源配置效率的提高来提高各自获利水平。当然，作为国际贸易的主体贸易企业特别是跨国公司还可通过市场扩展、规模经济、国际贸易政策、贸易贴补和汇率等因素获利。国际贸易相对于国内贸易而言，在贸易管制政策制定上，各国政府扮演着特殊的角色，更可能出于国家利益的立场制定贸易政策保护本国产业利益与公众利益，这符合国家的本质。由于国际贸易过程中各国获得水平是不同的，因而对于不同国家的政府及处于不同发展阶段的政府，其政策上主张自由贸易或贸易保护是有所不同的。但几乎相同的是，各国政府均选择本国利益最大化作为决策标准。然而，由于国际贸易所带来的效应对产业利益与公众利益的损益会有所差异，这也会导致政府制定国际贸易管制政策时可能存在着"政府俘虏"现象，少数产业阶层获益而公共利益受损。但由于国际贸易更多是涉及国与国之间的利益关系，因此大多数政府更加侧重于选择保护本国的利益，并将国际贸易政策作为国家战略目标实现的手段，这也是往往"自由贸易"主张被一些可通过国际贸易更多获利的发达国家所采纳和推崇，而"贸易保护"主张则被一些在国际贸易中更多受损的发展中国家采纳和推崇的原因。而现代国际贸易发展的新理论也表明，各国政府均力图从国际贸易中更多地依赖于国际制度的设计来获得更多的本国利益。

1.3.1.3 国外粮食问题理论与管制研究动态

（1）粮食生产、价格和市场研究。各国政府与理论界对于提高粮食产量、粮食综合生产能力问题均非常重视。在政府管制实践上，各国政府均十分重视粮食生产，发达国家通过提高农业机械化和现代化水平来提高粮食产量，如美国1940年率先实现了粮食生产的机械化，是世界上最大的粮食生产国与出口国，出口量约占世界出口总量的40%（马文杰，2006），又如中国从古至今，历朝历代的政府均十分重视粮食生产与供给。

对粮食价格有关的研究最主要的理论成果是"蛛网模型"（Cobweb Theorem），由美国的舒尔茨（Schultz，1930）、荷兰的丁伯根（Tinbergen，1930）、意大利的里西（Ricci，1930）分别提出的。后来英国的卡尔多（Kaldor，1934）和美国的伊齐基尔（Ezekiel，1938）进一步扩展了该理论，解释了价格变动对一个周期产量的影响缘由，提出了递归模型，阐明了收敛、发散或持久摆动的条件。在粮食预期的研究上有不少的研究成果，具有代表性的有：Muth（1961）提出了幼稚价格预期模型（Naive Model），Nerlove（1956）提出了适应性价格预期模型（Adaptive Model），Robert E. Lucas Jr（1976）等提出的理性价格预期建立在更加广泛的信息基础上，假定生产者理性利用能够获得的一切信息，实现效用的最大化。Shikha Jha. and P. V. Srinivasan（1999）认为世界粮食价格受大国（印度）贸易的影响非常敏感，在此背景下保持粮食库存对于稳定国内价格来说是不经济的，各种贸易税收、补贴将更加有效，即使国际价格不稳定，全面开放贸易也能够进一步有效降低印度国内粮食价格。

粮食市场的经济学理论研究最主要的是市场的供求规律和供给函数的研究。研究者们除了将良种、化肥、农药、灌溉、地膜利用、复种指数等考虑在供给函数中外，还将人的预期方式、风险偏好、制度等因素也引入供给函数，从而增强了函数的解释力。如Fraser（1991）以数值分析方法衡量价格支持政策对农业生产者生产决策影响度，结论是生产决策与生产者风险态度有很大关联，随着生产者风险趋避程度增加，价格支持政策对生产者福利影响越大，生产者越愿意付钱来执行保价政策。

总之，一方面由于粮食与其他所有商品一样具有商品的共性经济特征，其生产、价格与市场规律也表现出一般商品的特性；另一方面由于粮食生产与消费的特殊性又在一定程度上使粮食的生产、价格和市场表现出不同于一般商品的特性。粮食产业生产与消费的特殊性决定了贸易的特殊性，也决定了粮食国际贸易的特殊性，使粮食贸易的质量、数量、价格均存在一定的敏感界限。大部分的研究是基于粮食的上述特点展开的。

（2）粮食安全研究。世界各国都十分重视粮食安全，但什么是"粮食安全"，至今尚无一个统一的概念，各种不同的定义至少有上百种，不同时代、不同国家、不同经济发展水平使学者从不同的角度赋予"粮食安全"不同的内涵（Maxwell et al.，1999）。国际上通用的粮食安全概念一般广泛指的是Food Security，即食物安全。这一概念首先是由联合国粮农组织（FAO）于1974年提出来的。1983年，联合国粮农组织又对粮食安全的概念进行了修正。1996年FAO在《粮食安全罗马宣言》中，对粮食安全作了新的表述。2001年在德国波恩召开的世界粮食大会又提出了持续粮食安全的概念，要求无污染、无公害，向消费者提供增强健康、保证延年益寿的粮食和其他食物（黎慧、黄群，2005）。世界各国对粮食安全的研究不仅在于拓展粮食安全的内涵，更主要的是，在对粮食安全的内涵拓展的同时，强化了对世界粮食供给质与量的要求。许多学者，如Bouis and Howarth（1994）、Maxwell（1996）、Chung and Kimberly（1997）、Savadogo and Kazianga（1999），还对粮食安全的标准、粮食安全状况、粮食安全的预警系统及保证粮食安全的措施上展开了大量的研究。对于一国而言，粮食安全是本国粮食可得能力满足本国消费需求的状况，针对不同国家粮食安全的研究成果较多，如Vyas（1990）、Anderson，Jock R. and James A. Roumasset（1996）等人的文献。

从世界范围分析，粮食安全是全球粮食产量满足人类消费需求的状况。联合国粮农组织（FAO）自1996年世界粮食首脑会议（WFS）以来连续11年关于世界饥饿问题的进展报告，在《2009世界粮食不安全状况》报告中指出，世界饥饿人口的数量近年来一直在缓慢而稳步地增长，然而，随着粮食和经济危机的到来，世界饥饿人口的数量急剧增长，目前全世界有10亿人挨饿。在《2010世界粮食不安全状况》报告中指出："改善持续危机中的粮食安全状况要求我们采取比短期应对措施更全面的行动，为人们的生计提供长期的保护和促进。"[①] 由于全球粮食生产与消费地区的不均匀，使一些国家成为粮食出口国，而另一些国家成为粮食进口国；由于全球国家贫富的差距，

---

① http：//www. FAO. org/publications/sofi/zh/。

使一些国家粮食处于短缺状况但又缺乏进口能力，这使世界粮食安全与粮食世界贸易成为密切相关的问题。粮食消费的特殊性使粮食安全关系国家安全，因而也往往使粮食的国际贸易成为国际政治的手段。自 2006 年下半年起，世界粮食价格逐步上升，到 2009 年整体上涨了 83% ，2010 年小麦、大豆、玉米和大米的价格比上年又分别上升了 137.5% 、79.2% 、34.6% 和 66.6% 。一些依赖粮食进口的国家出现严重粮荒，社会稳定面临巨大威胁。联合国粮农组织理事会独立主席顾问雅克·苏拉在 2011 年北京世界粮食安全国际研讨会上指出："除了各国应加大农业投入、增加粮食产出以外，还必须营造一个健康的国际农产品贸易秩序，创建一个协调与联动的国际机制。"[①] 对于国际性粮食安全而言，国际贸易的结构与机制是主要影响因素之一，因此国际贸易秩序的建立已越来越为人们所重视。

（3）粮食国际贸易管制研究。粮食政策的研究主要是粮食农业补贴问题和税收问题，其中有两种主要观点：一种认为农业补贴扭曲了市场价格，主张取消农业补贴，进行自由贸易；另一种认为对农业财政补贴是必要的，是对农业劣质性的支持。在补贴给生产者还是补贴消费者问题上，又有不同的看法。Gardner（1990）认为政府价格干预会带来不必要的损失，农业直接补贴支持是较好的一种选择。Hollis B. Chenery（1979）认为在 GDP 为 300 ~ 1000 美元的国家和地区，政府应对农业给予必要的支持。Kim Anderson 和 Yujiro Hayami（1988）通过对东亚经验的研究，认为政府应给予农业补贴。

在实证研究方面，Timothy Josling（1980）以小麦为例对发展中国家农业政策进行了实证研究。Honma 和 Hayami（1986）利用计量经济学分析方法研究了农业保护水平的决定因素。Mary E. 和 Burfishe（2003）通过标准全球可计量均衡模型测算了美国、日本和欧盟农业政策改革产生的效应。

在贸易政策上，Bruno S. Frey 和 Hannelore Weck – Hannemann（1995）将保护贸易合理性拓展到非经济学领域。R. E. Baldwin（1976）分析了美国赞成与反对贸易保护的政治压力。Caves（1993）等人通过三个竞争模型的比较提出行业间实际关税率差别是贸易保护供求方之间政治斗争的产物。

---

① 世界粮食安全国际研讨会在京举行，人民网：http://www.aweb.com.cn［2011-3-12］

Arye L. Hillman（1989）从非关税壁垒价格和数量效应角度来分析非关
税壁垒的影响力。Baldwin 和 Robert E.（1970）从福利角度对非关税壁垒进
行界定。Zarrilli 和 Simonetta（1999）研究了世界贸易组织/SPS 协议对发展中
国家的影响。Keith E. Maskus 和 John S. Wilson（2001）认为政府应积极采取
措施来促进技术发展和参与国际技术标准制定。Z. Ardakanit（2009）等人对
意大利的农业关税与非关税影响作了详细研究。

1.3.2　国内研究动态

1.3.2.1　国内政府管制理论研究与实践探索

我国目前对政府管制的研究正处于快速发展阶段。1970 年，美国经济学
家卡恩的《管制经济学：原理与制度》一书的出版，标志着管制经济学这门
新兴学科的基本形成。20 世纪 80 年代末，管制经济学引入我国，并逐渐受
到国内学者的关注。1989 年，乔治·施蒂格勒著的《产业组织和政府管制》
论文集是最先引入的外国政府管制经济学著作。1992 年，植草益的《微观管
制经济学》和 1999 年史普博所著的《管制与市场》译入我国，引起较大反
响。余晖（1997）的《政府与企业：从宏观管理到微观管制》是国内出版较
早的政府管制理论专著。王俊豪（1998，1999，2000）著的《英国政府管制
体制改革研究》、《中国政府管制体制改革研究》和《自然垄断产业的政府管
制理论》，分别对英国和中国的电信、电力、铁路运输、煤气和自来水供应
等自然垄断产业的政府管制体制改革问题作了专题研究。张昕竹等学者
（2000）所著的《网络产业：规制与竞争理论》一书，对网络产业政府管制
问题作了较为深入的研究。张昕竹（2000）所著的《中国规制与竞争理论和
政策》从管制与竞争理论的视角对电力、交通和电信产业进行了研究，提出
了中国基础设施产业管制改革与竞争政策。陈富良（2001）所著的《放松规
制与强化规制：论转型经济中的政府规制改革》和《企业行为与政府规制》
对管制的政府与企业行为进行了研究。王俊豪（2001）所著的《政府管制经
济学导论——基本理论及其在政府管制实践中的应用》，是政府管制经济学

研究的一个重要成果，该著作获得了第 10 届孙冶方经济科学著作奖。王俊豪
（2002）所著的《中国自然垄断产业民营化改革与政府管制政策》对国有企
业民营化改革提出了建设性建议。郭志斌（2002）的《论政府激励性管制》
对政府激励性管制方式作了探索。王俊豪（2005，2008）所著的《中国垄断
产业结构重组、分类管制与协调政策》和《中国垄断性产业管制机构的设立
与运行机制》对中国垄断产业结构管制问题进行了深入研究。陈富良
（2007）所著的《规制政策分析：规制均衡的视角》研究了管制的政策，肖
兴志（2003，2008）所著的《自然垄断产业规制改革模式研究》和《公用事
业市场化与规制模式转型》对自然垄断产业规制作了研究。刘小兵（2004）
所著的《政府管制的经济分析》对政府管制必要性进行了经济学分析。戚聿
东（2004）所著的《中国经济运行中的垄断与竞争》从资源优化配置的角度
对中国政府管制必要性进行了探索。张红凤（2005）所著的《西方规制经济
学的变迁》系统分析了西方规制经济学相关理论。与此同时，国内也出版了
一些管理经济学的教材，如谢地（2003）主编的《政府规制经济学》，曲振
涛、杨恺钧（2006）编著的《规制经济学》，王俊豪（2007）主编的《管制
经济学原理》等。肖兴志、钱勇（2001）出版了《规制理论发展综述》，整
理出了由我国学者撰写的研究政府管制的 25 篇代表性论文；于立（2007）
主编了《产业组织与政府规制》论文集；中国工业经济学会 2007 年年会出
版了《产业规制与产业政策理论》的论文集。在国际贸易管制上，许立新
（2000）、李根信和孙晋忠（2007）、刘卿（2011）等学者从不同的角度研究
了国际贸易的管制问题，但主要集中于工业产品与技术产品，对农产品的研
究较少。此外，进入 21 世纪后，理论界对社会性管制研究明显增多，并成为
管制经济学中的重要研究内容。可以说，近 20 年来，在国内管制经济学研究
领域已产生了许多研究成果，管制经济学的研究领域也有了许多拓展，从最
初管制经济学的基本理论探索到价格管制、进入管制、数量管制、反垄断管
制、贸易管制等经济管制问题研究，再发展到经济性管制健康、安全、环境
保护等社会性管制问题研究，并为政府部门制定与实施相关政策提供了重要
的理论依据。

1.3.2.2　国内粮食问题理论与管制研究

我国是世界上最大的发展中国家之一，粮食安全问题尤为重要。粮食问题研究的论文与著作较多。

（1）粮食生产与市场研究。国内研究集中在以下几点：一是对中国粮食供给量、供给影响因素、产量趋势和供给波动规律等的研究。二是对中国粮食需求、需求影响因素及需求发展趋势的研究。三是对粮食供求平衡状况的研究。如肖国安（1995）分析了中国粮食供给弹性和工农产品价格"剪刀差"对农民粮食生产的影响，并利用"蛛网原理"给出了粮食供给的波动样式。黄佩民和俞家宝（1997）认为，中国粮食在 2000~2003 年应当保证 1.2%~1.4% 的粮食增长速度，才能可能达到粮食供需总量的基本平衡。顾海兵（1998）对 2030 年中国粮食产需进行了系统研究。肖国安和周成文（2005）对我国粮食产量进行趋势分解和波动过滤后发现，中国粮食供给缺口存在 6 年的长周期和 3 年的短周期，粮食生产供应具有极强的周期性。米歇尔（1997）在假设中国人均谷物消费量从 1990 年的 298 公斤上升到 2000 年的 333 公斤，再到 2010 年的 371 公斤后，预测中国粮食进口量为 1130 万吨。澳大利亚经济学家郜若素和马国南使用价格预测模型和收入弹性描绘出 2000 年中国粮食和饲料粮的消费前景（吴志华，2003）。Donald、Miecled、Merlinda、罗斯格里特、索姆比拉、佩雷斯等多人不同的研究模型预测显示，中国 2030 年的粮食需求规模将为 6.8 亿~7.7 亿吨。美国农业经济研究局用 CPPA 方法预测数据表明中国粮食年均增长将达 1.4%。日本海外基金会采用 OECF 模型预测数据表明中国粮食需求量的年均增长率将为 2.4%。此外，黄佩云、俞家宝、朱希刚、冯海发等学者的预测研究表明，2020 年中国粮食需求量超过 6 亿吨（江海潮等，2007）。李国祥和陈劲松（2001）估计了 20 世纪 80 年代以来中国口粮消费的递减特征。梁子谦（2007）认为中国 2020 年粮食产量为 54181 万吨。韩俊（2010）从战略的角度研究了中国食物生产能力与供求平衡问题。

（2）粮食价格与贴补问题研究。肖国安（1995）从工农业产品综合比价指数上分析了粮食价格波动的原因，提出工农产品的"剪刀差"导致农业生产的萎缩，最终导致粮食价格猛涨，使粮食产量和价格大起大落。冷崇总（1997，2008）分析了 1984 年以来我国粮食市场价格的三次周期性波动，提出粮食供给价格弹性大于粮食需求弹性，因而粮食价格对供给调节易于对需求调节。蒋乃华（1998）采用局部价格调整模型对价格进行回归分析，证明"粮食生产理性行为"假说成立。宋士云（1998）研究了政府干预与粮食价格波动的关系，认为政府对粮食价格的干预破坏了市场机制，致使粮食价格波动加剧。孙娅范等人（1999）应用 Granger 因果关系检验法和时间序列分析方法，研究粮食价格和粮食产量之间的内在联系及粮食价格弹性，得出粮食价格与粮食产量存在因果关系。王瑞英等人（1999）将影响粮食价格波动的主要因素分成由价值贬值与通货膨胀引起、由粮食生产成本推动引起和由供求失衡引起三种类型。廖卫东和龙晓柏（2002）讨论了在世界贸易组织规则下农业补贴的必要性，指出发达国家对本国农业一直采取较高的正保护政策，在世界贸易组织农业规则的约束下，改变的仅仅是农业补贴的形式。柯炳生（2002）认为，我国价格支持措施应该尽早转为"绿箱"政策范畴的支出。高峰等人（2004）认为，直接收入补贴政策为代表的"绿箱政策"补贴能使资源配置更加有效，整体福利得到改善。肖国安（2005）结合中国粮食补贴历程和当前现状，认为直接补贴政策只有与价格支持、配额生产配套统一，才能发挥有效作用。李晓玲（2008）研究了世界贸易组织框架下农业补贴的机制。

　　（3）粮食安全问题研究。1994 年 8 月 28 日，美国世界观察研究所所长莱斯特·布朗（Lester Brown）在《华盛顿邮报》上发表《中国能使世界挨饿吗？——它的崛起正在消费掉全球粮食供给》，并在《世界观察》（1994年第 9、第 10 期）杂志上发表了题目为《谁来养活中国？》的文章，挑起了"布朗风波"。从此，中国的粮食安全问题倍受社会各界关注。理论界从不同的角度对粮食安全问题进行了大量研究，视角集中在：一是研究粮食安全的定义与标准；二是从实证的角度研究了中国的粮食安全性，如供需缺口及粮食自给率；三是研究中国粮食安全影响因素及隐患问题；四是研究粮食安全的保障措施，国家粮食安全预警系统的建立与完善问题。如朱泽（1998）认为，当代中国所面临的粮食安全问题具有特殊性，不能照搬联合国粮农组织的概念。丁声俊（2001）认为，粮食安全应考虑任何需求者、任何需求时间、各个产地来源、各种所需粮食和食物、粮食和食物数量与质量以及购买力等六个方面因素。国家粮食局调控司（2004）提出，粮食安全本质上是指一个国家满足粮食需求以及抵御可能出现的各种不测事件的能力。姜长云（2005）认为，保证粮食安全的重点应该由产量安全转向能力安全。李录堂和薛继亮（2009）对全球粮食安全变化趋势进行了预测，许多学者还对粮食安全的标准与措施展开了研究。瞿商与杨祖义（2009）认为中国应该动态调整农产品国际贸易政策，利用虚拟耕地贸易保障粮食安全。2008 年，国家发展和改革委员会制定了《国家粮食安全中长期规划纲要（2008～2020 年)》确立了中国粮食安全战略基本框架。

1.3.3　国内外研究动态评述

西方管制经济学理论与国际贸易理论都拥有了大量的研究成果，这些成果对我国政府管制与国际贸易理论与实践均有重要的启示。但由于大部分理论研究成果来源于发达国家，且以粮食净出口国为主，针对发展中国家、粮食消费大国的研究较少，由于涉及国情的差异与不同政府政治目标的差异，许多成果并不符合中国国情。

从粮食产业研究的角度看，我国虽然对粮食问题从古至今均非常重视，但改革开放前粮食国际贸易计划性较强，关于市场化的研究较少。改革开放后，特别是加入世界贸易组织后，中国粮食产业面临新的市场环境，产业竞争范围被放大，国内粮食市场体制也发生了深刻的变化，这种变化需要有更多切合实际的理论进行指导，这也对理论界提出了更高的研究要求。虽然近年来有关粮食产业问题的研究项目众多，成果颇丰，国内学者对中国粮食问题进行了大量的理论研究与实证分析，但由于粮食产业本身涉及面广泛，可研究领域较多，因此，到目前为止很少有学者对粮食国际贸易管制问题进行系统研究。

从国际贸易研究的角度看，虽然西方国家竭力鼓吹自由贸易对社会福利增长的好处，但却往往长期坚持采用对农业的保护政策，国际贸易理论与实践总是存在着某种程度上的脱节现象，对如何在政策上平衡自由贸易与贸易保护的问题学术界并没有给出合理的解决思路与方法，各国实践探索的经验其深层缘由出于利益考虑也很少用于交流与分享，许多涉及粮食国际贸易管制的关键性问题还有待于我们结合中国的国情深入研究。

从管制经济学研究的角度看，我国对政府管制经济学的研究还处于发展阶段。20 世纪 80 年代末以来，虽然国内学者对政府管制问题的概念、理论等方面进行了富有成效的研究，先后对一些自然垄断产业进行了不同程度的政府管制体制改革，政府、企业及消费者之间的权利和义务从法律上得到了新的界定，也出台了不少管制政策。但至今国内学术界对政府管制问题的研究主要局限于对垄断行业，特别是集中于对自然垄断行业的研究，很少有学者针对农业产业进行管制研究，对粮食产业管制的研究则更少。虽然一些学者在农产品贸易与转基因农产品管制问题上进行了探索性研究，但由于粮食产业的特殊性，使其理论与政策的适用性受到影响。

总之，粮食产业是中国政府管制政策的重点行业，中国粮食国际贸易管制的许多问题并没有从理论上得到很好的解释与分析，理论研究与实践应用有所脱节，导致许多政策与制度安排均采用"摸着石头过河"的方式，零星的研究使管制政策缺乏系统的理论支持，容易出现顾此失彼的现象。粮食国际贸易政府管制理论研究的缺失，也必然导致相关政策的研究难以深化。

1.4　研究思路与方法

1.4.1　研究思路

本书的主题是中国粮食国际贸易政府管制问题，研究目的是针对中国加入世界贸易组织后面临的新的国际环境，提出中国粮食国际贸易的管制的基本理论、方法与政策建议，为政府制定相关政策提供参考依据。

研究中国粮食国际贸易政府管制问题，其关键是要解决为什么要管制，即管制的必要性；管制什么，即管制的对象与内容；如何管制，即管制的方法、策略与政策；如何实施，即管制政策的制度化、法规化及实施；效果如何，即政策实施收益与损失等问题。本书集中研究前三个问题。

粮食国际贸易管制是一个比较复杂的问题，可以建立在不同的假设基础上，从不同角度，采用不同方法加以研究。本书的研究首先遵循管制分析方法，在收集与分析大量国内外文献的基础上，进一步界定问题，提出政府以本国国民福利最大化为目标的假说。其次，利用产业经济学理论与管制经济学理论，研究粮食产业经济学特征，论证粮食国际贸易政府管制存在的经济学缘由，确立研究的理论基础。本书从战略体系的角度，确立了管制战略目标和内容框架体系。基于国际贸易理论，采用福利分析模型，研究各类国际贸易管制方法的预期福利影响效应，为合理选择管制方案建立基础。通过对中国粮食产业环境、粮食国内市场状况、粮食国际贸易环境、世界贸易组织相关规则等内容的实证分析，在合理借鉴国外成功经验的基础上，兼顾粮食国际贸易经济性效率、国家粮食安全性和国际政治经济关系，提出具有针对性的政策建议。本书的基本思路参见图1-1。

本书是从如何达到粮食国际贸易管制目标和提高管制效益入手，根据管制经济学的规范研究方法，选择具体的管制对象，研究粮食国际贸易管制中的规律和中国粮食国际贸易管制的对策。本书的第一部分（第1章、第2章）主要是对前期准备工作的罗列和理论研究，包括：研究背景、目的和意义，国内外相关研究的动态，对本书研究范围与基本概念的界定。第二部分（第3章）分析了粮食国际贸易政府管制的环境，从战略的角度提出中国粮食国际贸易管制的目标并建立研究体系。第三部分（第4章、第5章），首先从理论的角度对粮食国际贸易管制的方法进行阐述并制定了中国粮食国际贸易政府管制的策略。其次是针对中国粮食国际贸易的数量管制、价格管制、品质管制，提出分目标与管制原则及中国粮食国际贸易管制政策建议。第四部分（第6章）总结与展望。

1.4.2 研究方法

本书主要采用规范分析方法、实证分析相结合的研究方法，分析时注重

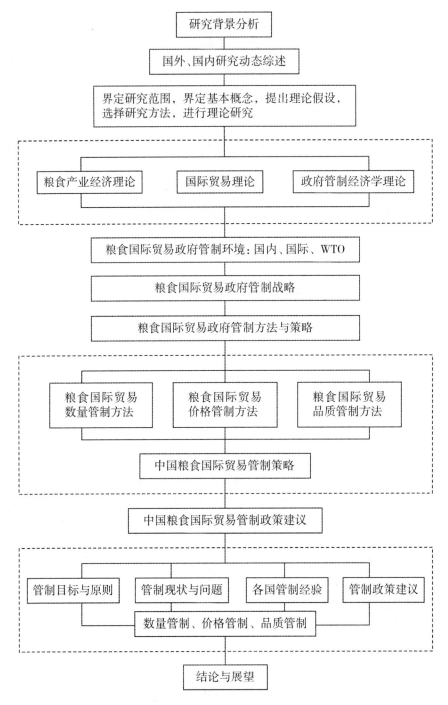

图 1-1　研究框架

定性分析与定量分析相结合、静态分析与动态分析相结合以及宏观分析、中观分析与微观分析相结合。

1.4.2.1 规范研究方法

本书以管制的目标为起点，以政府追求国家利益最大化为假设基础，基于粮食产业的经济学特征，研究粮食国际贸易政府管制存在的合理性。在此基础上，以产业管制的核心内容（数量、价格、品质）为研究对象，以国际贸易理论为背景，对粮食国际贸易的主要管制方法进行理论分析，利用福利影响经济分析模型，分析各种方法在要素变动时对相关利益群体的福利影响，以福利的取舍作为决策依据。本书采用系统论的思想，以战略为主导，采用系统分析方法，在逻辑思路上采用限定问题、分析影响要素、确定目标、研究环境、调查收集数据、分析可能的方法、根据情况制定可行的策略与政策。

1.4.2.2 实证分析方法

本书在收集大量国内粮食产业发展历史资料、国内与国际粮食贸易资料、中国粮食进出口的数量、价格与品质数据资料的基础上，对中国粮食产业状况、市场状况及粮食进出口的数量、价格与品质状况进行分析判断，利用数据资料展开实证分析，使管制政策更切合实际。本书通过对国内粮食产业与外贸不同发展历史阶段的比较分析，使管制政策既可吸收以往的经验，规避存在的问题，又可增加政策的延续性。通过对国际各国粮食国际贸易管制的比较分析，可借鉴国际成功经验和吸取失败教训，少走弯路。

1.5 创新与不足

国际贸易管制是贸易保护主义思想的体现，在自由贸易思潮和世界贸易组织环境下，管制政策的选择是多目标利益均衡的结果。管制与贸易保护虽然是两个不同的概念，且管制政策中也可体现一定的自由贸易思想，但事实上，国际贸易管制更多地体现了贸易保护主义思想，各国政府更多地强调对本国利益的保护。管制政策的选择与制定过程是一个权衡利益、平衡利益的过程，政策的选择是多目标利益均衡的结果。

政府应区分内外市场管制决策标准，对内适度放松管制，促进市场化与竞争，优化资源配置；对外适度强化管制，争取国家利益最大化。政府作为国家公共利益最大化的代表，对国内粮食市场，政府角色符合公共利益假说，认为促进国内市场的竞争可优化国内资源配置、提高经济效益、促进国家福利增长并趋向最大化，因此应选择偏向放松管制的政策思路。在国际市场，世界贸易组织等多边的国际贸易组织试图促进贸易自由化，而事实上，各国政府与世界贸易组织等国际组织的关系更多地符合公共选择理论假说，国际贸易规则更集中地体现了少数国家的利益，并非体现公平。因此，中国政府也应以本国政治与经济利益为出发点，适度加强管制，争取国家利益最大化。如对内粮食补贴政策设计应有利于公平竞争；对外关税设计与品质标准设计应以国家利益为标准；应积极参与国际管制规则的谈判与制定，争取获得更多的话语权，为政府管制政策制定奠定理论基础。

具有大国效应的中国粮食国际贸易其进口数量管制是基于粮食安全底线强管制前提下的适度放松管制。粮食产品的特殊性与国家粮食安全的重要性决定了中国粮食国际贸易其进口数量管制必须优先考虑粮食安全，重视粮食安全底线，建立粮食安全的国际贸易预警系统，当粮食国际贸易接近底线时，采用强管制方法，如禁止出口。而对于一般的情况，则可在总管制政策框架下适度放松管制。

限于篇幅，本书未对粮食国际贸易的垄断企业管制问题和"政府俘虏"问题展开研究，在粮食的品质管制上主要集中于分析转基因粮食的管制问题，不够全面。

2 概念界定和理论基础

粮食问题是一个关系着全体民众利益和国家安全的问题，粮食产业的生产、流通与消费都有一定的特殊性。我国人口众多，又是发展中国家，处于从温饱阶段向小康阶段的过渡时期，粮食问题仍然是我国经济发展中的一个关键问题。由于粮食问题涉及的范围比较广泛，本书将研究的范围界定于粮食国际贸易管制范围之中。中国庞大的人口国情与有别于资本主义的社会主义政府体制，使中国的粮食国际贸易问题较一般国家更为复杂，特殊性也更强。研究粮食国际贸易管制的理论和探索管制的具体方法与政策，对中国经济的发展具有重要意义。本章首先界定本书涉及的相关概念，在此基础上，进一步梳理相关理论，进行一定的理论创新，为后续研究提供理论基础。

2.1 基本概念

2.1.1 粮食与粮食安全

2.1.1.1 粮食

对于粮食（Grain）的概念不同的学者有不同的观点，从广义上讲，粮食是指谷物（包括小麦、稻谷、玉米、燕麦、黑麦、裸麦、大麦、荞麦、小米和高粱等）、豆类和薯类，这一概念与《国家粮食安全中长期规划纲要》中的粮食概念一致（国家发改委，2008）。从狭义上讲，粮食是指谷物，这一概念与国外对"Grain"的称法一致。本书主要是从广义的角度使用粮食的概念，虽然使用"Grain"一词作译文，但不等同于国外的谷物"Grain"概念，要比其更广一些。它也不等同于国外常用"Food"的概念，"Food"一词在许多论文翻译中将之译为粮食，本书将之译为食物，其包含的内容比 Grain 广泛，包括粮食、食用植物油、肉、禽、蛋、奶及水产品等，在分类研究中主要选择粮食中的大类如小麦、稻谷、玉米、大豆进行分类研究。将粮食界定在这一范畴，是出于以下几点考虑：一是与我国官方定义一致，以便所制定的政策能更好地被政府部门接纳与采用，使研究更具有现实意义；二是所确定的粮食产品不仅在消费上具有一定的相互替代性，而且在生产上有共同的特征，而这种共性对产业研究具有很高的价值，便于对粮食产业进行经济学分析。

2.1.1.2　粮食安全

粮食安全（Grain Security）问题自古就被有识之士所重视，战国时期墨子在《七患》中曾提到"足粟，安邦之策也"。1974 年 11 月，联合国粮农组织（FAO）的定义是："All people at all times to sufficient food for an active, healthy life"，是指保证人类基本生活权力而必须获得的稳定充足的粮食供给。经济学家阿尔伯托·瓦尔德斯（Alberto Valdes，1981）等把粮食安全定义为"缺粮国家或地区或家庭的标准消费水平能力"。1983 年 4 月，粮农组织世界粮食安全委员会总干事爱德华·萨乌马（Edward Saouma Award）认为，粮食安全的最终目的是确保所有人在任何时候买得起并买得到所需的食物（FAO，1974），强调了粮食的可获得性。1992 年，国际营养大会把粮食安全定义发展为："任何人任何时候都能获得安全营养的食品来维持健康活动的生活"（FAO，1974），加入了粮食的营养性概念。1996 年 11 月，世界粮食首脑会议通过的《世界粮食安全罗马宣言》对粮食安全的定义强调了在全球范围内粮食可得性与对人的生活质量的保证性（丁声俊，2006）。

总之，粮食安全是一个动态的概念，会因国情和各国发展阶段的不同而各有侧重。如前所述，国际上粮食安全（Food Security）中的"粮食"概念实质上是指人类可获取的"食物"（Food），其范畴比本书所指的"粮食"要大，本书的粮食安全问题主要从本书的粮食定义范围角度，研究粮食供给量和经济可得性。粮食安全，从内涵上看，主要粮食供给的数量和质量的安全，首先解决温饱问题，同时也包括质量安全，保证营养健康；从环节上看，可分为粮食生产的安全、粮食储备的安全、粮食流通的安全和粮食消费的安全；从指标上看，有粮食总产量、粮食进出口量、粮食供给波动系数、最低库存系数、人均粮食粮占有量、缺粮人口比率以及求助措施有效率等；从区域上看，有全球粮食安全、国家粮食安全和地区粮食安全。粮食安全是粮食供给的一个底线，是人类生产发展的基础，国家粮食安全也是国家安全的重要构成要素。

2.1.2 政府干预

政府干预是一个与政府管制密切相关的概念。要正确理解政府干预，需要首先搞清社会、国家与政府三个概念。

对于社会（Community）这一概念，马克思有着较为精辟的论述。马克思认为，社会是"人的真正的共同体"，是一个"一切关系在其中同时存在而又互相依存的社会机体"，是"人摆脱自然性征服改造自然，从而不断实现由必然王国走向自由王国的艰难历程"，它"使社会的一切要素从属于自己，或者把自己还缺乏的器官从社会中创造出来"。"只有当人认识到自身'固有的力量'是社会力量，并把这种力量组织起来因而不再把社会力量以政治力量的形式同自身分离的时候"，人的解放才能完成（中共中央编译局，1956，1995a，1995b）。笔者认为"社会"这一概念包含了以下几层含义：①社会是人集合的共同有机体，是人类组织；②社会发展的目标是人的解放与自由；③社会组织是实现人类目标的组织形式，其力量超越个体"人"；④"社会"这一组织拥有的"社会力量"不同于"政治力量"，它是人类追求自身发展与解放所"固有的力量"。

对于国家（Country）这一概念，恩格斯在《家庭、私有制和国家的起源》一书中指出："国家是社会在一定发展阶段上的产物。""当经济发展到一定阶段而必然使社会分裂为阶级时，国家就由于这种分裂而成为必要了。""照例是最强大的，在经济上占统治地位的阶级的国家，这个阶级借助于国家而在政治上也成为占统治地位的阶级，因而获得了镇压和剥削被压迫阶级的新手段。"（中共中央编译局，2002a）列宁在《国家与革命》一文中指出："国家是阶级矛盾不可调和的产物和表现。在阶级矛盾客观上达到不能调和的地方、时候和程度，便产生国家。""国家是阶级统治的机关，是一个阶级压迫另一个阶级的机关。"（中共中央编译局，1996）马克思、恩格斯早在《共产党宣言》中就指出："现代的国家政权不过是管理整个资产阶级的共同事务的委员会。"笔者认为国家是社会一定时期特定人群的集合构成的组织，是社会组织的一定历史时期内的一部分组织。"国家"这一概念包含了以下几层含义：①国家是一个组织体，是人类在一定历史阶段不同利益群体（阶级群体）为维护其利益而建立的组织，其行为主体必然会为其所代表的利益集团服务。国家占有拥有一定的资源，这是其代表的利益集团的财富象征。②国家组织小于社会组织，是社会组织中的一个子集。因此，国家利益与社会发展会产生对立矛盾。③国家是社会阶段性产物，是人类社会生产力和生产关系发展到一定历史时期的产物，也必将随着人类社会的进一步发展而消亡。④国家以其政治、法律、经济、技术和军事等手段维护其利益，并促使其所获利益的最大化，是受托的利益群体实现其利益（公共利益或统治阶级利益）最大化的工具（沈明明，2004）。

政府是国家组织的行政机关，是国家职能的行使机构，是统治阶级的利益代表机构。政府是随国家的出现而产生，随着国家的消灭而消亡。随着国家的发展和社会的进步，国家中的阶级区分模糊化，政府成为国家公众利益（或多数人）的代表者。这里需要说明三点：一是政府虽然声称自己是公众利益的代表，执行着"由一切社会的性质产生的各种公共事务"的职能（中共中央编译局，1974），但其代表的利益还是可能与社会总体利益相矛盾；二是政府虽然声称自己是公众利益的代表，但事实上大多数政府更为体现的是执政群体的利益；三是政府工作人员虽然声称自己是国家行政事务的执行者，但却时常会由于其私利而被一定的利益群体"俘虏"，在其决策时倾向于"小团体利益"。

政府干预（Government Interference）是政府充当民众委托人的角色，对其管辖范围内的行为主体进行的干预管理。从产生的根源来看，政府干预是社会各利益集团（阶级）利益冲突的调和剂，协调与均衡治理各种政治、经济行为，保证国家与社会有序、稳定与发展；从范围来看，包括政治、经济、文化、社会等公共事务；从权力来源来看，包括立法权力、司法权力、行政权力。政府干预的手段是经济杠杆和法律，如财政、货币、汇率、信贷、优惠、制裁等政策措施。从模式来分，纵观资产阶级政府发展的历史，典型的有"自由放任型"和"积极干预型"两种；从经济干预方式分，分为宏观调控和微观管制。宏观调控通常是指中央政府利用财政和货币政策等手段来平抑经济周期，促进宏观经济平稳运行，具有间接干预的特征；微观管制通常是指各级政府或其附属机构对微观经济和非经济活动主体，在价格、数量、质量、时间等方面的更为直接的干预。

2.1.3　政府管制

政府管制（Government Regulation）的概念，在本书第 1 章的研究综述中笔者已提到其界定在学术界存有分歧。本书将政府管制定义为：政府为达到其行政目的而针对其可管辖的市场行为主体制定、发布和实施的行政政策、规定和法规并组织实施的行为。在这一定义中，一是强调了政府管制的目的性；二是体现了政府管制的主、客体；三是体现了政府管制的行为性；四是明确了政府管制的方式。

政府管制有以下几个特点：①管制目的，是促成管辖区域委托人利益的最大化，在政府是全体公民代表的假设前提下，政府的管制目标是提高社会的总福利，使社会总福利即公共利益趋于最大化。②管制主体，即管制者，是政府行政机关或其委托机构。③管制客体，即被管制者，是指政府行政管理权可涉及的相关微观市场行为主体和其他市场行为主体，如企业、生产者个体或消费者个体等。④管制手段，是行政、法律、经济上的强制力。⑤管制方式，是规章、政策和制度。⑥管制过程，是确定管制目标—制定管制规则—制订管制方案—颁布管制制度—执行管制制度的一个系统过程。⑦管制的实施具有一定灵活性，体现在管制者对权力行使具有一定的自主裁定性，部分管制的相关条例与法规中给政府职能机关留有相机处理的权限。

政府管制与政府干预是两个容易混淆的概述，许多论著中将两个概念混

合使用。无论是在何种社会发展阶段，何种国家，政府管制与政府干预均是
国家行使权力、实现职能，维持经济、政治、社会秩序的需要。但笔者认为
正确地区分两个概念将有利于研究的开展。严格地说，政府管制是政府干预
的一个子集。政府干预的概念范畴大于政府管制，表现在政府干预的对象、
手段、方法与内容均大于政府管制。表现在政府管制主要是集中于对市场经
济行为主体的经济行为的政府干预，主要是采用行政、经济与法律制约手段。

2.1.4　粮食国际贸易政府管制

粮食国际贸易政府管制（The Government Regulations in the International
Grain Trade）是政府为达到其粮食国际贸易管制目的而针对其可管辖的市场
行为主体（生产者、消费者、进出口商及一些行使粮食贸易职能的国家行政
机构和行业协会）制定、发布和实施的行政政策、规定和法规并组织实施的
行为。由于粮食国际贸易政府管制的内容比较广泛，本书主要从数量、价格
和品质三个方面展开研究。

2.1.5　公共利益

笔者认为政府的行为目的是应追求公共利益最大化。公共利益（Public
Interests），其相似的用语很多，有大众福祉、社会福祉、公共福利、社会福
利、公众利益等，是政治学、法学、经济学、公共管理学、社会学都关注的
一个理论问题，其相关定义、存在的方式和与私人利益的关系等问题都是一
些较有争议的问题。而这些问题的澄清与本书研究的政府管制有关。

对公共利益的研究最早可追溯到公元前5～前6世纪的古希腊，当时的城
邦制度已涉及"整体国家观"和"公共利益"，公共利益被视为一个社会存在
所必需的、一元的、抽象的价值，是全体社会成员的共同目标。亚里士多德
（Aristotelés, 1965）在其《政治学》中认为国家是最高的社团，以实现"最高
的善"，即"公共利益"为目的。之后，法国思想家卢梭（Jean-Jacques Rous-
seau, 1762）在其《社会契约论》（The Social Contract or Principles of Political

Right）一书中提出，"公意"永远是公正的，唯有"公意"才能用来指导国家的各种力量，代表国家维护公共幸福的目的。英国功利主义的创始人杰尼米·边沁（Jeremy Bentham，1789）在其《道德和立法原则概述》（The Principles of Morals and Legislation）一书中认为，公共利益是组成共同体的若干成员的利益的总和，国家的目的就是最大程度实现公共利益，即"最大多数人的最大幸福"。1884 年洛厚德（C. E. Leuthold）发表《公共利益与行政法的公共诉讼》一文，将公共利益界定多数人利益（陈新民，2001）。

亚当·斯密（Adam Smith）在探究市场经济运行机制的经济分析中，提出了著名的"自动公益说"，认为个人利益并不排斥公共利益，是公共利益的基础，每个人在追求个人利益时，自然而然地在增加整个社会的利益，两者之间有着不可分割的内在一致性（John Bell，1993）。新古典经济学在坚持斯密经济人假设的前提下，引入"效用"概念进一步对人的需求和偏好进行实证性研究，提出了"社会福利函数"是一种社会偏好或"社会排序"（樊纲，1996）。

笔者认为公共利益可从以下几个方面理解：①公共利益是一个与私人利益相对应而非相对立的一个概念，公共利益是一定群体的个人利益的集合，社会群体中的个体虽然在需求和偏好上有一定差异，但也存在着一定数量群体需求和偏好的共性，这种公共利益能在"利己"行为下达到"利他"。这里又有两种情况：一种是在个体利益追求和得到满足过程中也实现了公共利益最大化，应和了"自动公益说"，个体无须让渡个体利益；另一种是个体同质性需求集结而成的公共利益是在个体让渡部分权利下形成的，以每个人让渡自己一部分权利，交由一个专门的公共机构为代表来提供社会公共利益。②公共利益是社会发展过程中，人与人、人与社会之间相互依存、相互作用的关系之下，存在和凸现出来的有利于社会整体发展的社会利益。这种公共利益往往存在着一定的"利己"与"利他"矛盾。这里也存在两种情况：一种是个人通过理性的选择或合理地调整需求，采用适应环境的方法，主动放弃部分个体利益，保证社会利益的最大化。如人们在博弈的实践中逐渐认识到选择合作比争斗更为有益，更符合理性，于是淡化冲突，做出让步，找到解决矛盾的途径。又如人们在社会道德教育下，个体主动进行的利他行为，正如孔子所言："大道之行也，天下为公。"另一种是"利己"与"利他"矛盾冲突而不能依赖个体的自觉行为解决矛盾，也必须交由一个专门的公共机构为代表来提供社会公共利益。③公共利益具有三个基本特征：一是公共利益是大多数人的利益，是指国家区域范畴内公众群体总体利益；二是公共利益存在一定的可量度性，但不完全可量度；三是国家和政府存在的目的是保障基于个人利益之上而产生的公共利益，公共利益需要政府来维护。

2.2　理论基础

粮食国际贸易政府管制问题研究以三大理论为基础：一是粮食产业经济理论，由于任何一个产业均有其产业自有的特点，因此研究粮食产业的管制问题必须结合粮食产业的特点；二是国际贸易理论，粮食国际贸易的管制问题必然与国际贸易特点有关；三是管制经济学理论。

2.2.1　粮食产业特征

任何产业都有其自身的特征，这种特征是由产业的产品与市场特点决定的，粮食产业也是如此。粮食产业最为突出的特征表现为资源依赖性、弱质性和公益性。

2.2.1.1　粮食产业资源依赖性特征

粮食产业的高度资源依赖性是由其生产特点决定的，更准确地说是由粮食作物的生长特点决定的。粮食作物的生长，一是要依靠土地与自然条件；二是要播种合适的作物品种；三是要有必要的辅助投入与田间管理。

在不考虑环境影响因素的条件下，粮食产量是粮食播种面积和单产（单位播种面积的粮食产量），即：粮食产量＝播种面积×单产（单位播种面积的粮食产量）。粮食总产量是各种粮食作物的产量总和，即：粮食总产量＝Σ（播种面积×单产），其中播种面积是耕地面积与复种指数的乘积，参见公式（2.1）。

$$Y = B \times D + \delta = \Sigma\ (b_i d_i)\ + \delta = A \times X_1 \times D + \delta = \Sigma a_i d_i X_{1i} + \delta \quad (2.1)$$

公式（2.1）中，Y 为粮食总产量；B 为总播种面积，b_i 为粮食品种 i 的播种面积；D 为粮食平均单产，d_i 为粮食品种 i 的单产；A 为平均复种指数，a_i 为粮食品种 i 的复种指数；X_1 为耕地数量，X_{1i} 为粮食品种 i 的耕地数量；δ 为修正系数。

复种指数是一个地区一年内作物播种面积与耕地面积的百分比。复种指数和单产受热量、土壤、水利、肥料、劳力、施用量、灌溉率和科学技术水平等条件的影响与制约。这些影响因素可归结为品种、技术、资金、人力四大要素，加之耕地的影响，粮食生产量表现为耕地、品种、技术、人力、资金的函数，参见公式（2.2）。

$$Y = f\ (X_1、X_2、X_3、X_4、X_5) \quad (2.2)$$

公式（2.2）中，Y 为粮食总产量；X_1、X_2、X_3、X_4、X_5 分别为耕地、品种、技术、人力和资金。

（1）粮食对耕地资源的依赖。粮食产业对耕地资源的依赖表现在粮食综合生产能力对耕地数量与质量的依赖度。首先是耕地数量，与粮食总产量表现出正相关性，具有明显的约束作用。一些研究对此作了很好的证明，如严士清和徐敏（2005）通过建立粮食产量与耕地面积间的非线性动力学模式开展研究，得到的结论是稳定的粮食产量与稳定的耕地面积成正比。张士功（2005）研究了 1949～2003 年我国耕地资源数量年变化率和粮食总产量年变化率之间的相关性，发现相关系数为 0.713。马文杰和冯中朝（2005）通过构建 1985～2002 年粮食生产的 C-D 生产函数，得出粮食播种面积的生产弹性系数 1.633，播种面积增加 1%，粮食产量增加 1.633%。耕地资源对粮食生产的强约束，决定了粮食产业生产总量供给上的有限性，也决定了国内粮食供给弹性的有限性。[①] 国内粮食供给弹性与耕地的利用率成反比。耕地利用率越低，粮食供给弹性越大；相反，耕地利用率越高，粮食供给弹性越小，

---

① 当粮食种植的品种、技术、人力、资金等因素不变时，粮食产量的主要影响因素是耕地。但由于某地区或国家所拥有的土地资源是有限的，耕地也是有限的，又由于耕地的质量要求，土地转变为耕地难度大，数量很限；相反，由于沙化、缺水造成耕地质量下降或由于工业与城市建设占用耕地，导致耕地流失的数量往往比耕地增加的数量多。

国内粮食供给的自我调节能力越差。也就是说，耕地的休耕量是粮食供给量的一种调节剂，当耕地利用率很高时，粮食的总产量提高余地不大。如欧盟为了保护环境，1992 年规定农场主每年必须将一定比例的土地休耕，但会根据粮食的供应情况的变化调整休耕率，1993 年休耕 15%，2000 年以后均为10%，2007 年秋季至 2008 年休耕率降为零（揣小伟等，2008）。有些学者也提出了"储备粮食不如储备休耕"的观点，认为可在粮食供给过剩时，可通过休耕调减耕种面积，可缓解供求矛盾（王东京，2009）。

其次是耕地质量，不同耕地质量直接影响粮食品种适种性和单产。耕地的质量一方面受自然条件的制约，另一方面也受农业技术条件的影响。耕地质量对粮食总产量的影响可从复种指数和单产两个指标体现出来。目前，我国的耕地质量由于受天然供给的限制，加之多年干旱、陡坡、瘠薄、洪涝、盐碱等多种因素影响，总体质量不高，综合生产能力较低，质量相对较差的中低产田约占 2/3（丁声俊，2006），情况并不乐观。

（2）粮食对品种、技术、资金、人力资源的依赖。由于耕地资源的相对不变且略有减少，因此中国粮食的总产量递增主要依赖于品种的改善、技术的进步、人力资源和资金资源的投入。谢彦明和高淑桃（2005）对我国粮食的总产历年波动与粮食单产历年波动进行相关分析，结论是两者呈现出高度的相关性，时间序列每一周期年限以及波峰、波谷完全对应，相关系数在0.01 的显著水平下达 0.908，说明我国的粮食总产量高低主要是由粮食单产水平决定的，而且粮食的单产受有效灌溉面积、机械总动力、化肥用量、品种等因素的直接影响。郑少锋（2002）对 1990~1999 年的数据研究表明单位产品物质消耗量的增加是影响粮食作物生产经济效益的一个重要因素。王美青（2006）等利用柯布—道格拉斯生产函数研究了浙江省 1990~2004 年农业科技投入等要素对粮食单产增长贡献，结论是农业科技投入对粮食单产增长贡献率为 44.5%。何秀丽等（2006）以 1978~2004 年数据为基础，采用灰色关联分析法对东北地区粮食单产影响要素进行了量化分析，结论为粮食单产水平是影响未来东北商品粮基地发展的重要因素，粮食不同作物之间存在单产差异。姚建华和朱卫平（2004）通过对人力资本与经济发展的相关性分析和对人力资本现状的考察与实证分析，证实了促进农村经济快速发展的关键在于加大其人力资本投资。如舒尔茨（1968）提出的：农业生产产量迅速增加的重要因素已不是土地、人口数量或资本存量的增加，而是劳动者的知识和技术水平的提高。

粮食产业对粮食品种的依赖性相当于工业产业对产品原料的依赖与产品结构的依赖。一方面是粮食种子的优劣直接影响粮食的单产水平；另一方面是粮食种植结构也影响粮食的总产量。而品种的改善又依赖于技术的进步，品种结构的改善则更多地依赖于管理水平的提高，依赖于人力资源层次的提高。

粮食产业对技术的依赖表现出影响因素多、影响过程交叉复杂和影响结果明显的特点。技术主要从以下五个方面对粮食生产能力产生影响：一是耕地质量的改善与综合利用水平的提高；二是粮食品种与结构的改善；三是粮食种植技术的改善；四是农机技术水平的提高；五是肥料、地膜、农药等配套用品技术的提高。技术影响最终体现在对粮食复种指数和单产的影响。

粮食产业对资金资源的依赖在于资金能给生产条件、技术等要素提供保障，主要体现在：一是保障粮食技术的改进与提高、利用与推广，如技术研发资金的保障、技术的开发力度和推广力度、良种率、施肥量等；二是保障粮食产业基础设施的改进与完善，如灌溉量、水利工程投入、机械总动力等；三是保障粮食产业生产的稳定性，如生产补贴、价格补贴等。可以说，技术进步更多的是实现粮食生产质的提高，资金投入更多的是实现粮食生产量的扩张。资金投入与技术进步一样最终可体现在对粮食复种指数和单产的影响。

人力资源的数量与质量是影响粮食产量的一个重要因素，粮食产业对人力资源的依赖主要体现在对劳动力受教育的程度和劳动力的科技与管理能力的依赖。中国科学院一项研究表明，投资率或投资增长率每增长1%，人均GDP年增长率仅提高0.1%。而如果普及初等教育、学龄儿童入学率每提高1‰，人均GDP年增长率可提高0.35%～0.59%（裴建锁，2006）。高层次人力资源数量的增加将给粮食产业的长期稳定发展注入活力，因为劳动效率的提高一方面依赖于基础教育水平的提高和后续培训的强化；另一方面依赖于用人机制的设计，合理地利用人力，做好人力资源与技术、农机的有机配合是关键。

2.2.1.2 粮食产业弱质性特征

粮食产业的弱质性是由粮食生产特点与消费特点共同决定的。粮食产业弱质性的定义众说纷纭。典型的观点有两种:一种认为,粮食产业由于其天然的产业特点导致其处于弱势地位,这种与生俱来的弱点,即粮食产业的"弱质性"(曾庆芬,2007);另一种认为,无论是先天的还是制度因素造成的,导致粮食产业处于弱势地位的产业特点是粮食产业的"弱质性"的表现(徐祥临,2007)。持前一种观点的学者强调粮食产业的生产特点对产业的影响,甚至认为这种与生俱来的"弱质性"是过去和今后都不可能改变的;持后一种观点的学者强调各种因素对粮食产业的影响与作用,从生产、市场与环境多个角度分析粮食产业的不利地位。笔者偏向于后一种观点,认为粮食产业的弱质性是指粮食产业易受自然风险和市场风险的双重影响,使产业的稳定发展存在着较大的不确定性,加之粮食产业低投资回报率,使粮食产业处于国民经济弱势地位。因为从本质而言,产业的特点不是一成不变的,特别是产业"弱质性"分析最为主要的目的在于解决粮食产业的弱势地位问题或由于弱势地位带来的其他问题。导致粮食产业的弱质性的主要原因是:

(1)粮食生产的风险性。粮食生产存在着较长的自然周期,自然再生产和经济再生产是共同发生作用的,而且自然生产过程依然占主导地位。这就决定了粮食产业对自然条件具有很强的依赖性,不仅依赖于前述的耕地资源,而且也依赖于气候、水资源,是一个典型的需要靠天靠地生存的产业。自然灾害(洪涝、干旱、飓风、冰雹、霜冻)和病虫灾害等因素不仅直接造成粮食减产,而且使粮食生产存在不稳定性,形成不可控制的波动性,进而导致国内粮食供给的不稳定性,造成供需平衡失调。粮食生产的投入与产出之间的关系具有不确定性和不稳定性,表现出任何一个国家或地区的粮食总产量在年度间总表现出或强或弱的波动和变化。

(2)粮食市场的风险性。粮食需求市场特征上,表现出具有较大的需求刚性,需求价格弹性很小,体现恩格尔效应。粮食供给市场特性上,表现出供给弹性大于需求弹性,存在着扩散型"蛛网效应",生产与供给集中度低,容易形成买方市场。由于粮食生产一般以年为周期,几乎不存在中途调整生产结构和数量的可能性,因此粮食产量呈现出明显的年际波动特征,即使长期年产量能满足需求也不能保证每一时点上的供求平衡。粮食生产以年度为周期的特点还带来另一个问题,即收获期相对集中而消费需求在时间上平均分布的矛盾，需要通过完善的分配和市场流通机制来解决。如果缺乏完善的分配和流通机制，收获时可能造成产地局部过剩、谷贱伤农，而青黄不接时则可能造成销售区局部缺粮，价格上涨，人民生活受到很大影响。这种情况一旦出现，就可能诱发商业投机，从而带来市场实际供销数量和价格的更大变化，既扩大生产者和消费者双方的损失，又诱导来年粮食生产发生更大的波动。上述情况说明：第一，粮食价格对粮食供求平衡具有较大的敏感性，供给量稍微超过需求量，可能导致粮食价格大幅度下降，造成"谷贱伤农"；相反，供给量稍微不足需求量，可能导致粮食价格大幅度上升，加重消费者的负担，造成"米贵伤民"。比如1994年我国的大米供给量仅减少200亿斤左右，不到10%，但自由市场的大米价格却上涨了近100%，这就意味着大米（粳米）的需求价格弹性仅0.1左右（曾庆芬，2007）。又如2008年我国南方由于遭受冰雪灾害导致粮食短缺，粮价暴涨。第二，粮食随着居民收入的提高在居民消费中的比重会呈现下降趋势，粮食品种结构和消费数量将会发生变化。第三，由于粮食生产的长周期性、农户的分散性及其掌握信息的不完全性与滞后性，使农民对市场粮价的正确判断能力和预期能力较差，上一期粮价的波动会导致本期粮食生产投入的波动，进而导致下一期粮价的波动，出现"短缺—高价—多种—难卖—低价—少种—短缺"的循环波动现象，产业自调节能力较差（徐祥临，2007）。在一般情况下，风险可看作是实际结果与预期结果的偏离，这种偏离越大，风险就越大。市场风险由供给与需求的背离并以价格变动的形式表现出来。当供给数量小于需求数量时，价格就会高于均衡价格，农户就会因此得益；反之，农户就会遭受损失。至于得益或受损的程度由供求数量与偏差的大小通过价格机制决定。第四，粮食需求的强刚性，会导致粮食供给市场过度竞争，出现"增产不增收、丰产不丰收"现象。如1998年后，由于粮食供给的过剩，开始出现增产不增收现象，粮食价格明显下跌，农民种粮意愿普遍下降，之后出现连续5年的粮食产量下降，导致粮食库存锐减。第五，产业内供需的自我调节能力差，需求通过粮食的储存和国际市场进行供需调节。

（3）粮食投资的低效性。粮食产业虽然具有较高的风险，但并不遵循"高风险高回报"的一般市场投资规律，产业投资回报率低，投资回收期长。

不仅不属于社会资金追逐投资的热点，相反，资金和人才等要素存在单向外流现象。造成这一结果的主要原因：一是生产周期长，投入资本周转速度慢，单位时间周转次数少，造成资金回报率低。二是产业科技素质低，经营方式落后，产业人口科学文化素质低。我国粮食生产存在集约化程度低、规模效益小的特点，经营规模仅仅为日本和韩国的1/3、欧盟的1/40、美国的1/400（林志玲，2007）。粮食生产人员由于进入门槛极低，几乎没有文化要求，加之劳作的辛苦与收益的低下，从而使农村大量受较高教育的劳动力新群体流出粮食产业。三是基础设施投入大，科技投入的见效性慢。一方面，表现为粮食工程和科技研究投资额度大，具有外部经济性；另一方面，粮食长周期的生产特点使一些粮食设施的综合利用率不高，折旧率高，使用成本加大，如中国农用生产资料价格对粮食生产成本的影响程度和影响结果远大于农用物资消耗量对生产成本的影响程度和影响结果（郑少锋、邵建成，2003）。四是产业的扩展性有限，粮食生产的标准化程度低，特别是受地域的限制与地理条件的影响，产业化发展的道路比较艰难。五是行业进入壁垒低，市场可控性差，易受国内外竞争的威胁。

2.2.1.3　粮食产业公益性特征

粮食产业的公益性是由其消费特点决定的。粮食问题由于关系国计民生，从古至今均被各国政府置于战略地位。粮食产业的公益性主要表现在，国家具有保障粮食安全与居民粮食基本需求的义务与责任，提供充足的粮食，保障居民粮食安全需求，保障国家粮食安全是公益性事业。一般认为"公共品"的生产与供给具有公益性。所谓"公共品"，较经典的定义是1954年萨缪尔森在《公共支出的纯粹理论》一文中给出的，即满足收益时的非排他性和消费时的非竞争性两个特点的产品和服务就是公共品。后来经济学家们又将社会产品和服务分为三大类：纯公共品、混合产品和私人产品。纯公共品是严格具有非排他性和非竞争性特点，如国防、教育、治安、技术等，一般由政府提供。混合产品部分具有非排他性和非竞争性特点，如基础设施、通信等，一般可由政府或政府与私人联合提供。粮食是否具有"公共品"产品的特征？就粮食产品本身而言，具有消费排他性和竞争性特点，因此是属于

"私人产品"。但粮食安全保障体系的建设,在一定程度上具有类同国防的性质,是"纯公共品"。粮食技术如育种技术、施肥技术、灌溉技术、种植技术与病虫害防护技术,以及一些大型水利设施、公共教育、市场信息服务、粮食储备等产品与服务,也都具有非排他性和非竞争性特点,是"纯公共品",且具有较高的正外部经济性,应由中央或各级地方政府投入。一些粮食产业中涉及的特定技术开发、技术指导服务、小型基础设施、区域性粮食储备和特定信息服务具有一定的排他性或竞争性,是"混合产品",可由政府提供或由政府与私人联合提供,并采用适度补贴或适当收费的方法补偿其产生的正外部经济效应,增加受益面。

对于任何一个较大的国家来说,不同地区之间的自然资源禀赋和气候都有很大差异,粮食生产必然表现出明显的地区差异。有的地区粮食高产、稳产,人均粮食占有量较高,年度间变化不大;而有一些地区粮食产量低而不稳,人均粮食占有量较低,或年度间变化很大。此外,不同地区的气候变化往往不一致,一些地方减产的时候另一些地方却可能增产。如果存在统一的市场,不同地区间的丰歉就可能互相平衡,降低当地粮食实际供应总量和价格的波动水平。因此,适当的分配和流通机制对粮食生产波动较大地区的粮食安全具有至关重要的意义,而对其他地区的粮食安全也具有重大意义,至少可以减少其保障粮食安全的政策成本(尤利群,2009a)。

2.2.2 国际贸易理论与粮食国际贸易

决定一国对外贸易结构的力量主要有两种:一是经济力量,反映在粮食产品的国际竞争力上,由该国的资源禀赋、比较成本、技术进步决定;二是政治力量,反映在粮食国内与国际贸易政策上,由该国国内各种利益集团的力量对比决定的政治力量格局、国际间各国的贸易关系、国内政策支持和国际贸易政策等决定。一国在实际贸易活动中进口什么、进口多少、如何进口,以及出口什么、出口多少、如何出口都由这两种力量决定。

2.2.2.1 粮食国际贸易优势理论

粮食国际贸易的直接成因是粮价和粮食供求数量的国际间的差异存在,

粮食国际贸易的格局受各国间的比较优势影响。

什么是比较优势（Comparative Advantage）？斯蒂格利茨（Joseph E. Stiglitz，2006）认为，所谓比较优势，是指如果一国生产一种商品时的效率高于另一国，那么，与另一种物品相比较，该国生产第一种物品比另一国有相对优势。显然，斯蒂格利茨强调比较优势在于比较双方效率的高低，而不在于各自效率的高低。在比较中，效率较低的国家因在此生产中处于相对劣势地位，所以应放弃此产品的生产。瑞典经济学家赫克歇尔和俄林对比较优势的来源作了正统的解释：在国际贸易中各国的比较优势的产生是由于它们的生产资源结构或储备比例各不相同；国际贸易的发生源于各国之间资源禀赋的差异；各国都应当集中生产并出口那些能够充分使用本国充裕要素的产品，以换取那些需要密集使用其稀缺要素的产品（谢地，2003）。

（1）绝对优势。绝对优势是指某国在粮食生产上具有自然优势与获得性优势。粮食生产受自然条件与技术水平的影响。首先是自然条件，由于资源地地球表面分布的不均匀性，导致一些国家拥有丰富的耕地，是天然的世界粮仓，粮食生产自然条件好、成本低、产量大，如美国、加拿大、泰国、法国、澳大利亚、阿根廷；而另一些国家则可能耕地稀缺、土地贫瘠、气候条件差，粮食生产成本高、产量低，如日本、沙特阿拉伯。其次是技术水平，国际贸易中的获利性和国内产业规模、技术、政策会促进一国粮食生产技术的提高，技术水平提高进一步扩大其在国际贸易中的获利性，在国际贸易中将间接地从生产成本和品种中体现出来。基于绝对优势的差异，使粮食贸易成为国际贸易的一大类产品。由于粮食的需求刚性，又使粮食国际贸易成为各国政府关注的重点，粮食贸易一方面成为粮食短缺国解决国内居民粮食需求的途径；另一方面也成为粮食盛产国从国际贸易中的获利手段和政治手段。对于粮食贸易而言，一种是由于国与国之间粮食与其他产品的相互比较产生的绝对优势差异；另一种是由于国与国之间粮食不同品种比较产生的绝对优势差异。

（2）相对比较优势。相对比较优势原理指出：各国都应当生产自己机会成本较低的产品，然后通过国际贸易用自己机会成本较低的产品换回机会成本较高的产品，这样可以同时提高参与贸易活动的各国的福利水平，而且各国的分工和专业化程度愈高，它们各自的福利水平提高的幅度也愈大。

在粮食国际贸易的问题上，当一国不具有粮食生产的绝对优势时，需要判断的是，本国的粮食生产在国际贸易上是否具有相对优势。若具有相对优势，则粮食生产是国内需要扶持与发展的产业，它既能在一定程度上保障国内粮食供给的安全，又能使国家从国际分工中获得利益，提高本国的福利。若不具有相对优势，则粮食生产可控制在一定的幅度，无须投入过大的资源加以开发，国内粮食短缺部分可通过国际市场的进口调节加以满足，政府政策是促进国内具有国际比较优势的产业发展来获得国际贸易利益，获取外汇，从而使国内消费者能获得相对低价的粮食，提高本国的福利。

亚太一些经济迅速崛起的国家和地区，印证了这种比较优势原理的有用性。例如，日本、韩国、中国台湾，在粮食、畜产品和食糖等产品的生产成本上均不占比较优势，在 20 世纪 60 年代到 80 年代，它们的上述农产品自给率纷纷下调：日本由 80% 下降到 67%，韩国由 91% 下降到 69%，中国台湾则由 127% 下降到 85%，而相应地增加了它们在成本上占比较优势的产品生产与出口，结果导致它们经济的腾飞（郭克莎，2003）。

荷兰和日本都是人多地少的国家，土地资源缺乏，所以在谷物生产方面不具有比较优势，谷物出口很少，主要是进口。荷兰和日本谷物及其制品进口大于出口，是净进口商品，这基本上符合由资源禀赋决定的比较优势。

2.2.2.2 影响世界粮食贸易基本格局的因素

粮食国际贸易的问题上是否存在"里昂惕夫之谜"？影响世界粮食贸易的基本格局的主要因素是什么？除前面所述的比较利益外，还是否存在一些影响要素？这些影响要素使粮食的国际贸易并不完全符合比较优势法则。粮食国际贸易中是否存在着"里昂惕夫之谜"？回答是肯定的。如日本是一个地少人多的国家，必须依赖国外的粮食进口才能满足国内的粮食需求，在 20 世纪 50 年代，粮食是日本主要进口产品之一，而大米是以密集劳动力的方式生产出来的，虽然日本的劳动力资源极为丰富，但在日本的进出口贸易结构中，粮食是净进口的，大米虽然有比较优势，但很少出口，而无论其生产的劳动密集度高低。产生粮食国际贸易绝对或相对比较优势之影响因素主要有：

（1）自然资源禀赋的差异。粮食生产依赖于一国的自然资源禀赋。如前所述，粮食对耕地数量和质量、气候条件具有较高的依赖性。资源的约束条件是 H-O 模型中所未曾考虑的，美国、加拿大和澳大利亚均拥有充裕的耕地资源，特别是人均耕地资源，同时耕地资源在生产时具有再生性，只要利用得当就可反复利用，因此这些国家大量出口粮食是多余耕地资源与劳动力资源的对外输出的推论是合理的。

（2）国内粮食供求的差额。当一国粮食由于自然灾害或战争等因素导致生产与储备数量不足时，会进口粮食，而无论粮食生产在本国是否具有相对优势。如印度在 20 世纪 50 年代，由于国内粮食短缺，虽然其在粮食生产要素禀赋状况不差，但依然从美国进口粮食解决其粮食短缺问题。

（3）粮食品种的差异性。各国生产与进出口粮食的品种是不同的，如全球玉米主要出口国是美国、阿根廷、法国和中国，2000 年美国的出口量占全球的 62%，阿根廷占 12%，法国占 10%，中国占 8%，这 4 国玉米出口总量占全球玉米贸易量的 92%。世界大米主要出口国是泰国、越南、美国和中国，其中 2000 年泰国占全球出口量的 24%，越南占 17%，美国和中国分别占 12%，这 4 国出口量在出口总量中占 65%。世界大豆出口国主要是美国、巴西、阿根廷和巴拉圭，这些国家位于北美和南美，2000 年美国出口量占全球总量的 54%，巴西占 21%，阿根廷占 9%，巴拉圭占 5%，这 4 国出口量占全球出口总量的 89%。世界主要小麦的出口国是美国、法国、澳大利亚和加拿大，2000 年美国出口量占全球的 24%，法国占 15%，澳大利亚和加拿大分别占 14%，这 4 国出口量占全球出口总量的 67%。

（4）技术因素与人口素质差异。美国的玉米、大豆、小麦出口量均居全球第一位，只有大米出口量居于泰国和越南之后。美国的农业生产效率也是最高的，美国在册的农业人口有 4000 多万人，常住农场的人口只有 200 多万（市场快讯，2002），技术先进性使美国占有成本优势。

（5）政府贸易目标不同。由于粮食是生活必需品并关乎国家安全，因此任何一个国家均不会将一国的粮食完全建立在进口的基础上，无论一国粮食生产如何缺乏比较优势，政府均会在一定程度上保护和扶持本国的粮食生产。因此政府的贸易政策会趋向于保护国内粮食产业的稳定发展。虽然从理论上讲自由贸易会给世界各国带来更大的福利，人们也越来越推崇自由贸易，但事实上，各国政府会采取保护性贸易措施，限制粮食进口或出口，当然有些国家出于其政治目的也会实施类似与禁运的粮食贸易限制政策。

2.2.2.3 粮食国际贸易经济学分析

（1）粮食国际贸易对福利水平的影响。先分析粮食进口对国内福利水平的影响。假设每个国家生产两种产品——粮食（F）与非粮食产品（H），而且每一个国家的生产可能性边界是一条光滑的曲线，如图 2-1 中曲线 TT′所示。生产可能性边界上的点代表社会实际产出的产品组合，是由两种产品的相对价格（P_H/P_F）决定的。在自由市场状态下，国内市场达到的生产产值 V（$V = P_H Q_H + P_F Q_F$）能达到最大化。V 越大，等值线离原点越远，M 点是曲线 TT′与等值线 V_1 的切点。图 2-1 的情况表明，该国生产的 H 产品比国内消费的 H 产品要多，因而 H 产品是出口的；该国国内粮食消费的数量要大于生产的数量，因此粮食是进口的。

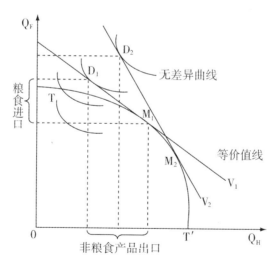

图 2-1 粮食贸易模型

假设社会消费价值等于社会生产价值，$V = P_H Q_H + P_F Q_F = P_H D_H + P_F D_F$，其中 D_F、D_H 分别代表粮食与非粮食产品的消费，从图中可以看出，生产点和消费点一定是在同一条等价值线上的。同一等价值线上的生产点的选择取决于社会的消费倾向。假设社会的消费决策以一个具有代表性的个人的消费倾向为基础，并以一系列无差异曲线来代表个人的消费倾向，无差异曲线是在同一消费效用水平上粮食（F）与非粮食产品（H）消费组合曲线。无差异曲线离原点越远，说明消费的数量越大，对应的福利水平也就越高。粮食消费数量的减少必须要一定消费数量的非粮食产品来填补，每一条无差异曲线越往右越平坦，一个人消费的粮食越少而对应的非粮食产品消费越多，单位粮食对单位非粮食产品的查对边际效用就越高。特别是粮食具有刚性的消费特点，更加决定了随着粮食消费量的减少，用以补偿粮食消费减少的效用所需的非粮食产品消费量越来越大。

　　假定 P_H/P_F 上升，等值线会变陡，从 V_1 变为 V_2，社会生产点从 M_1 变为 M_2，在粮价不变时，非粮食产品（H）价格的上升会导致其生产数量的增大和国内粮食生产量的减少。消费点从 D_1 变为 D_2，表明消费移向更远离原点的无差异曲线，社会福利得到改善。若假设非粮食产品价格的上升是其相对竞争优势的体现，则非粮食产品（H）出口的增加能从国际市场中换取更多数量的粮食。P_H 与 P_F 相对价格的变动也能得出同样的结论。

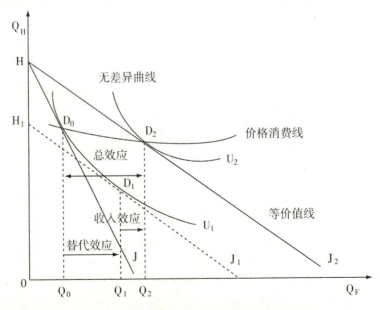

图 2-2　粮食替代效应与收入效应

粮食产品的收入效应与替代效应。粮食进口会导致粮食价格下降，下面分析这种变化可能带来的影响。参见图 2 - 2，粮食与非粮食产品的价格比率（P_H/P_F）由预算线 aj 表示，消费者达到效用最大化的均衡点在 D_0 点，在该点预算线与无差异曲线 U_1 相切。与该切点相对应的国内粮食的购买量为 Q_0，粮食降价后，预算线由 HJ 变为 HJ_2，HJ_2 表示 F、H 两商品的新的价格比率。新预算线与较高的无差异曲线相切，切点为 D_2 点，是降价后消费者达到效用最大化的均衡点，与该点相对应的粮食的购买量为 Q_2。粮价下降导致粮食消费量有所上升，由 Q_0 变到 Q_2。

粮价下降的替代效应是指在相对价格（P_H/P_F）发生变化，而消费者的实际收入不变（消费者维持在原来的效用水平）情况下粮食需求量的变化为 $Q_1 \sim Q_0$。Q_1 是预算线 HJ_2 的平行线并与原无差异曲线 U_1 相切的一条预算线 H_1J_1（使消费者效用水平不变）切点对应的粮食需求量。收入效应是在非粮食名义价格与名义收入不变的情况下，完全由实际收入而引起的粮食需求量的变化，为 $Q_2 \sim Q_1$。由于粮食的需求弹性是正的，因此收入效应会强化替代效应，粮价的下降会促使消费者发生替代性消费，从而增加粮食消费量。与此同时，粮价的下降也会使消费者的实际收入提高，使其需求量与价格反方向变化。由于粮食的需求弹性较小，收入效应不会很大。总效应是指消费者从一个均衡点 D_0 移动到另一个均衡点 D_2 时，粮食需求量的总变动 $\triangle Q$ 是替代效应和收入效应之和，即 $\triangle Q = Q_2 \sim Q_0 = （Q_1 \sim Q_0）+（Q_2 \sim Q_1）$。

（2）粮食出口对国内福利水平的影响。当一国是出口粮食而进口非粮食产品时，粮食出口对国内福利水平的影响效应正好与进口的情况相反。在相对价格（P_H/P_F）上升时，会导致国内消费者福利的减少，在相对价格（P_H/P_F）下降时，国内福利水平会得到改善。

（3）粮食进出口对国内粮食产业福利的影响。粮食进口会促使国内粮价的下降，从 P_0 降为 P_1，国内粮食消费量会上升，从 Q_0 上升为 Q_2，国内消费者剩余增加了 P_0P_1NO 的面积，生产量从 Q_0 降为 Q_1，生产者剩余减少了 P_0P_1MO 的面积，总福利变化等于生产者与消费者剩余变化之和，增加了 a，参见图 2 - 3（a）。相反，粮食出口会促使国内粮价的上升从 P_0 升为 P_1，国内粮食消费量会下降，从 Q_0 下降为 Q_1，使国内消费者剩余减少 P_0P_1MO 的面积，国内生产量会上升，从 Q_0 上升为 Q_2，从生产者剩余增加 P_0P_1NO 的面积，总福利也增加了 a，参见图 2 - 3（b）。

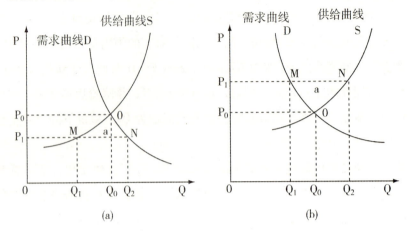

图 2 - 3　粮食进出口的产业福利影响效应

（4）粮食国际贸易对国内生产要素收益的影响。从以上对粮食市场的利益分析中，可以发现出口使生产者剩余增加，也就是增加了生产者的福利水平。从短期来看，粮食产出生产量的上升与粮食价格的上升在劳动力的边际生产率和资本的边际生产率不变的情况下，会提高粮食生产者的收入和粮食产业的利润。相反，粮食进口使生产者剩余减少而消费者剩余增加，在有能力使国内消费者得到低价的粮食并保证足够的粮食数量时，也会使生产者面临一定的竞争压力，特别是可能面临粮食行业利润的下降与劳动力工资的下降。

从长期来看，粮食的进出口导致国内生产要素在各行业之间产生流动，当粮食行业的平均利润高于社会平均利润时，资金与劳动力要素均有可能向粮食行业流入，当然还存在着资金风险、地域条件和耕地经营方式的限制。粮食的出口会促进粮食产业的发展，使粮食产业从国际市场中获取更多的利益。反之，粮食进口虽然能提高国内消费者的福利水平，但对粮食生产者而言是一种福利损失。进口粮食可能使本来就处于弱势地位的粮食产业雪上加霜，进一步降低其产业报酬率和劳动力报酬水平，从而使资金和优质劳动力加速流失。由于长期的联动效应，粮食出口会进一步导致其产业中密集使用的生产要素，如劳动力与资金等在国内所有行业中报酬水平下降；相反，则可能导致产业中密集使用要素的报酬率上升。这一结论已被美国经济学家斯托尔珀和萨缪尔森（Wolfgang Stolper and Paul A. Samuelson，1941）论证，称为"斯托尔珀—萨缪尔森定理"（The Stolper – Samuelson Theorem）。

2.2.3　政府管制理论

2.2.3.1　政府管制的概述

管制经济学是产业经济学研究的范畴，属于应用经济学，也属于微观经济学。政府管制是一个非常复杂的系统问题，其理论建立在多学科的基础之上。经济学、产业经济学是其重要的理论基础。这是因为政府管制需要研究相关产业的需求与供给问题，包括需求强度和供给能力；需要分析管制的成本与收益，通过成本与收益的比较以确定政府管制的必要性；需要以规模经济、范围经济、垄断与竞争等产业经济理论为依据制定管制政策。此外，政府管制与政治学、福利经济学、法学、管理学、行政管理学密切相关。从某种意义上讲，政府管制行为本身就是一种政治的强权行为，任何一种政府管制政策的制定与实施都体现着各级政府的政治倾向，在大多数情况下以公众福利水平的提高为目标，并通过法律授权采用行政手段予以实施。由于信息不对称性，管制者与被管制者之间存在着博弈的行为，需要管制者运用管理手段引导被管制者的行为趋向。

政府管制又可分为经济性管制（Economic Regulation）和社会性管制（Social Regulation）两大类。经济性管制是政府对某一产业产品价格、数量、质量和竞争等方面的管制。目前理论研究主要集中在自然垄断产业和存在严重的信息不对称的产业，如有线通信、电力、自来水供应等具有物理网络的自然垄断产业和金融保险业等，其政策往往与行业特性相关，对粮食这种具有特殊战略意义的产业研究很少。由于行业特性不同，决定了粮食行业的管制有其特有的理论，本书将在现有理论研究的基础上，进行一些理论探索。社会性管制是以确保居民生命健康（Health）、安全（Security）和保护环境（Environment）为目的所进行的管制，有时也称"HSE 管制"。社会性管制不以特定产业为研究对象，主要针对经济活动中产生外部性问题，主要通过设立相应标准、发放许可证、收取各种费用等方式进行。由于粮食问题事关国家安全，同样存在社会性管制问题，有关社会性管制的内容本书将结合粮食的品质管制进行分析。

管制的主体是国家，按国家内部各部门行使职能的不同，又可细分为权力机构、司法机构与执行机构。其中，权力机构主要负责立法，确定是否要对某一产业进行管制，并有权指定实施机构及其职责。司法机构主要负责解决管制实施中产生的纠纷。实施机构包括政府下属部门或各种独立的管制委员会，这些委员会通常由各方面的专家组成。这几个部门分工不同，权力相互制约平衡，有利于提高管制效率。但由于不同部门可能代表不同利益集团的利益，也会出现彼此相互掣肘的情况，给微观经济主体提供了寻租与游说的更广阔空间。管制实施过程主要包括三个主要阶段：首先是立法调查阶段，对是否进行管制开展必要性与可行性的调查；其次是立法阶段，立法机构通过法律程序与管理机构通过行政管理程序发布管制法律、规章制度等；最后是实施阶段，由立法机构与行政组织指定的执行机构来完成。

管制理论关注的核心问题是：管制为什么会产生？管制试图解决什么问题？管制解决问题的方法是什么？管制解决问题方法的有效性如何？是否能达到预期的效果？因此本书的逻辑思路是：确定管制目标，确定管制内容，确定管制方法，确定管制方案，评定管制效果。

2.2.3.2　粮食国际贸易政府管制存在的经济学分析

（1）粮食生产的外部效应问题。粮食生产既具有"正外部效应"，也具有"负外部效应"，需要政府管理与矫正。

粮食生产的外部性表现在：一是粮食生产低效下的强制生产与供给，是正外部性的表现。在工业化过程中，粮食比较优势逐渐丧失，当粮食的价格偏低时，致使粮食生产难以获得社会平均利润。这就意味着对某一地区而言，生产粮食越多，其资源输出越多，利益流失越多，机会成本也越高。据粗略估计，从新中国成立初期到1995年，国家运用农业宏观政策（如财政政策、信贷政策等）、农业收入政策（如农业税、各种摊派等）、农业价格政策（如农产品低价收购政策、进出口管制等），以隐蔽形式从农业抽走资金约2万亿元（王礼力，1998）。出于"经济人"假设下的行为选择，无论是产区政府还是农户都不愿多种粮，因为谁也不愿做"亏本"的买卖。如果任由市场调节生产，常常容易导致粮食生产总量不足。二是粮食生产过程包含正外部性和负外部性：一方面，良好的粮食生产是自然环境的良好维护者，能保护生态环境，保持空气清新，提供优美的田园风光，表现出正外部性，如开展多施用有机肥料；另一方面，不当的粮食生产也是生态环境的破坏者，如过度伐木造田、过多施用化肥与农药、滥用转基因技术进行大面积生产等，表现出负外部性。三是粮食生产新技术和优秀品种的推广、耕地保护具有正外部性。

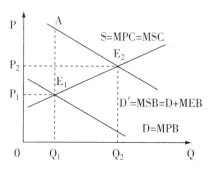

图2-4　正外部效应与粮食产量不足

如图2-4所示，E_1 点是以私人收益 MPB 为基础的需求曲线 D 与以社会边际成本 MSC 为基础的供给曲线 S 的相交点，E_2 点是反映社会收益的 D′线与 S 线的相交点，E_2 所决定的均衡价格 P_2 和均衡产量 Q_2 点符合资源配置的效率要求，D′线与 D 线之间的距离就是外部收益 MEB，即帕累托最优点为 E_1 点，而实际均衡点却在 E_2 点。由于 $Q_2 > Q_1$，$P_2 > P_1$，这说明正外部效应的存在导致产量不足。这是因为 $Q_2 \sim Q_1$ 的这部分产出已经超过了需求评价，超出部分是一种社会资源配置的效率损失，损失量为三角形 AE_1E_2 的面积，因此，需要通过矫正促使外部效应的内在化。

如图2-5所示，E_1 点是社会需求曲线 D 和没有外部性供给曲线交点，粮食生产量为 Q_1，价格为 P_1。当粮食生产有外部性时，导致真实生产成本（社会生产总成本）会上升，供给曲线从 S 向左推进到 S′，与需求曲线交于

E_2，粮食生产量为 Q_2，价格为 P_2，即帕累托最优点为 E_1 点，而实际均衡点却在 E_2 点。由于 $Q_2 < Q_1$，$P_2 > P_1$，这说明负外部效应的存在导致产出过多。这是因为 $Q_1 \sim Q_2$ 的这部分产出已经超过了需求评价，超出部分是一种社会资源配置的效率损失，损失量为三角形 AE_1E_2 的面积。因此，也需要通过矫正促使外部效应的内在化。

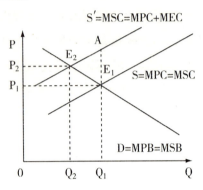

图 2-5　负外部效应与粮食产量过多

（2）粮食的公共产品特性问题。根据非竞争性和非排他性这一标准划分，粮食商品本身应该属于典型的私人产品，但粮食品种改良、粮食生产过程中的农耕技术、农田水利设施和农业灾害防治、粮食流通过程的粮食专项储备等与粮食安全有关的均具有一定的公共产品属性（参见本章 2.1.1）。

在粮食产业相关的公共产品中很大一部分是属于准公共产品，其特点为：一是具有效益上的"非竞争性"，个人受益的同时并不排除他人受益；二是消费上具有一定程度的"非竞争性"特征，在一定约束条件下的居民或企业受益。如粮食专项储备是政府基于国家粮食安全的需要，通过维持一定规模的粮食储备以确保任何时间、任何地点和条件下发生的战争、饥荒、救灾扶贫的情况下对粮食的需求，以及平抑威胁到国计民生和农业生产的发展的粮价大幅波动时对粮食的需求，是国家为确保公民粮食安全而作出的一项重要制度安排，具有公共产品属性，表现在：受益上具有"非竞争性"，一个人在享有这种公共物品时，不能排除其他人也能同时享有，每个人都能享受政府提供的专项储备粮益处；消费上具有一定程度的"非竞争性"特征，在一定时期、一定范围内增加一个人的消费不会引起成本的增加（刘克春，2002）。中国《农业法》

第三十八条规定："我国各级人民政府在财政预算内安排的各项用于农业的资金应当主要用于：加强农业基础设施建设；支持农业结构调整，促进农业产业化经营；保护粮食综合生产能力，保障国家粮食安全；健全动植物检疫、防疫体系，加强动物疫病和植物病、虫、杂草、鼠害防治；健全农产品质量标准和检验检测监督体系、农产品市场及信息服务体系；支持农业科研教育、农业技术推广和农民培训；加强农业生态环境保护建设；扶持贫困地区发展，保障农民收入水平等。"（国务院，2005）其中，各项用于农业的资金使用的事项就是农业公共产品的范畴，也与粮食产业有关。

根据现代公共管理理论，私人产品最好由私人部门提供，而公共产品一般由公共部门负责提供，或在政府管制情况下由私人部门提供。公共提供（Public Provision）不等于公共生产（Public Production），公共产品的生产也可以通过市场机制交付私人承担。这意味着粮食安全的众多事项有许多可分解由私人来完成，但由于粮食安全系统较为复杂，单单依靠市场机制是无济于事的。从新中国成立至1978年，中国一直为解决人们的温饱基本需求而奋斗，直至1986年粮食问题才基本改观。中国的粮食产业也逐步从计划经济走向市场经济。由于公共产品具有较强的正外部性，对粮食涉及的公共产品事项需要一定的政府管制的介入。

（3）粮食市场的垄断问题。粮食市场中存在着多种垄断形式。首先是生产上由于占有独有自然资源形成的产品独有性，从而形成市场供给上的经济性垄断；其次是由于规模经济与范围经济形成的成本劣加性而获得的竞争优势形成的经济性垄断；最后是由于国家行政干预而形成的行政性垄断。

对于经济性垄断的产生，马克思在《资本论》（中共中央编译局编译，1943）中有精辟的论述，获取超额利润的利益激励与避免竞争的压力强制是经济垄断形成和发展的主要动力机制，很好地解释了垄断的产生与垄断资本的追求。如美国粮食生产特别是流通主要由几家大的垄断企业控制，具有较高的垄断利益。

粮食市场垄断现象的存在及由此带来的效率增长与效率损失、福利增长与减少问题是政府管制存在的根由。由于垄断的存在，少数企业（国际贸易中的少数国家）将控制粮食的生产与市场供给。在企业实行垄断经营的情况下，垄断企业会本能地追求自身利益最大化而谋求高额垄断利润（王俊豪，2001）。

参见图 2-6，垄断企业为了追求利润最大化制定垄断价格 P_m，产量为 Q_m，实行政府管制后，可从三种方式提高社会分配效率：一是政府按照边际成本决定管制价格 P_1 和对应的产量 Q_1，由于在一定产出范围内的成本处于递减状态，管制会造成企业的亏损，可由政府的税收加以弥补，消费者剩余增加了 P_mAFP_1 的面积量，在发生政府贴补情况下，消费者福利的增加一部分来源于生产者让渡，另一部分来源于政府补贴；二是政府按平均成本决定管制价格 P_1 和产量 Q_1，此时，企业不会发生亏损也不需政府补贴，消费者剩余增加了 P_mBFP_2 的面积量，这一部分是由生产者让渡的；三是政府运用特许投标竞争理论，只要部分相对充分，可促使管制后的价格接近价格 P_2，产量趋向 Q_2，福利变化情况类同于第二种情况。也就是当粮食消费价格的接受水平低于垄断 P_1 情况下，或在粮食的安全需求量大于 Q_1 时，粮食的供给只能由政府的补贴加以保证，政府管制的重点是保障粮食的安全供给。在粮食消费价格的接受水平高于 P_2 时，或在粮食的安全需求量小于 Q_2 时，政府管制的重点是控制垄断企业的利润，保障消费者利益，制约垄断企业的不当行为。

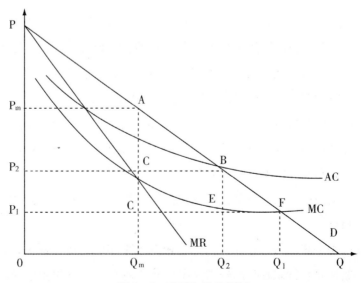

图 2-6　垄断与政府管制

行政性垄断是政府运用公共权力对市场竞争的限制与排斥（于良春，2008），是凭借行政权力形成的垄断（王保树，1998）。由于粮食产业的特殊性，粮食的行政性垄断较频繁地发生在不同国家不同时期，也决定了粮食行业是行政性垄断最为明显的行业。如中国改革开放前，在高度计划经济时期，对粮食是实行严格的统一经营的；如1991年，阿根廷才撤消有近60年历史的"国家谷物局"，该局代表政府参与粮食生产与市场管理、垄断进出口贸易。即使到目前为止，许多国家的进出口仍然是实行国家独家垄断的。

行政性垄断本身是政府干预经济的一种直接表现，其结果必然对资源配置效率产生影响。一是政府代表者错误的决策会导致价格扭曲和效率损失；二是行政垄断的企业由于缺乏竞争压力，从而放弃对效率的追求，而使社会资源利用效率下降；三是由于地方政府利益及垄断企业的利益会导致大大高于市场竞争价格的垄断价格的产生，出现垄断利润的主动吸取；四是由于政府的准入限制而使许多利益主体发生寻租行为，寻租成本又通过一定的方式转嫁给生产者或消费者；五是由于特定的管理体制，如目前我国实行的粮食省长负责制，在地方保护主义的影响下，形成地方贸易壁垒，使粮食市场形成分割格局，影响社会资源配置；六是由于行政性垄断企业一般存在经营权与所有权的分离，也会产生"X"非效率问题，导致生产效率的损失和资源配置的损失。

行政性垄断的存在，一方面证明各国政府对粮食安全的重视；另一方面也不断显示着其设置制度存在的固有缺陷，特别是在粮食国际贸易问题上，各国政府或多或少地会利用其职权行使行政权力，保护国家利益。对于政府，其主要任务是如何能适度地把控干预的尺度。

（4）粮食市场的信息不对称问题。粮食市场中的信息不对称主要表现为：一是由于生产的分散导致生产信息缺失，导致其与粮食流通企业的信息不对称；二是粮食消费中消费者对粮食品质信息的缺失，导致其与粮食供给者的信息不对称。近年来在粮食国际贸易问题上，信息不对称问题集中于：一是由于农业补贴导致价格扭曲使粮食进出口是否存在不当竞争或倾销存在大量争端；二是由于生物技术特别是转基因技术发展和农药使用导致进口国对进口粮食品质的信息争议而引发的贸易争端。

政府在信息不对称问题的管制是政府为缺乏信息一方提供信息源或使用行

政法规促使交易双方的信息披露充分可靠。政府管制行为可采用三种方式：一是由政府开支获取信息并免费发布。由于市场信息的获取是需要成本的，而信息一旦公开就成了公共产品，因此，政府扮演公共产品提供者角色，利用政府资源与优势，获得信息，并免费为粮食生产者、经营者和消费者提供。二是利用政府的强制力量迫使拥有信息的交易一方向交易另一方提供必需的交易信息，利用制度规范减少由于信息不对称造成的效率损失与交易欺诈。三是提供良好的信息市场环境，培养信息市场，降低信息成本，加强执法力度。

（5）政府职能决定政府管制的必然。研究政府的职能源于研究政府行为目标。公共利益理论（Public Interest Theory）认为，政府或国家是社会的公共机构，是公众利益而不是某一特定部门利益的保护者，是全社会公共利益的当然代表，政府的行为目标是实现全社会公共利益最大化（参见本章2.1.5 对公共利益的定义）。政府职责决定了政府在社会公共利益可能受损情况下，利用其特权主动修正市场行为，做出管制决策。政府通过管制行为，力图提高社会资源配置效率，增进社会福利，保证公共利益的最大化。可以说，政府管制的需求是一种社会公共需求，民众对政府职能的需求，而政府管制制度的供给是政府对社会公共需要的反应。一旦市场出现失灵或政府认为有可能失灵，政府就会以其特殊的身份，代表公众对市场做出合理管制决策，并制定和实施管制政策。因为从理论上讲，当市场失灵出现时，管制有可能带来社会福利的提高。如果自由市场在有效配置资源和满足消费者需求方面不能产生良好绩效，则政府作为公共利益的保护者，有责任行使政府职能纠正这种情形。也就是说，公共利益保护是政府职能之一，政府行使职能的手段之一是政府管制。

（6）粮食国际贸易的特殊地位与粮食政府管制。粮食贸易是国际贸易争端的焦点之一。对于发展中国家，由于粮食生产的效率不高，属于公益产业和弱质产业，粮食行业生产积极性可能不高，导致粮食生产和供应量不足。对于发达国家，由于国家财政力量强大，粮食产业内的利益集团更容易说服政府加强对其政策性的扶持，加之粮食产业具有国际比较优势，粮食出口便成为国家获得国际利益的通道，如美国《新农业法》规定的巨额农业拨款（孙学顺，2003）。

（7）蛛网理论与粮食政府管制的必要性。蛛网理论（Cobweb Theorem）
是 20 世纪 30 年代由丁伯根（Tinbergen）等人提出来的一种动态均衡分析理
论，英国经济学家 N. 卡尔多（N. Kaldor，1934）等人做了完善（黄红，
2006）。它将市场均衡理论与弹性理论结合起来，再引进时间因素来考察市
场价格和产量的变动状况。蛛网理论主要研究具有生产周期长和生产中不可
更改等基本特征的农产品。

粮食生产周期的长周期性与生产之中的不可更改性决定了粮食市场可能
表现为典型的蛛网形态，如图 2-7 所示。

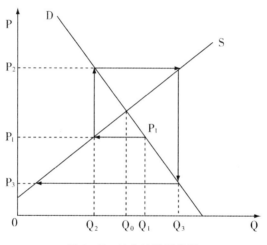

图 2-7 粮食的蛛网模型

图 2-7 中 P、Q、D、S 分别是价格、产量、需求函数和供给函数。根据
上述模型，第一时期的价格 P_1 由供给量 Q_1 来决定；生产者按这个价格来决
定他们在第二时期的产量 Q_2，Q_2 又决定了第二时期的价格 P_2；第三时期的
产量 Q_3，由第二时期的价格 P_2 来决定，依此类推。当供给弹性大于需求弹
性（价格对供给量的影响大于对需求量的影响）时，波动逐步加剧，越来越
远离均衡点，无法恢复均衡。对于一国的粮食国际市场，同样当供给弹性大
于需求弹性，因此也存在着形成发散型蛛网效应。但由于粮食储备的存在，
会在一定程度上缩短粮食的供应期，从而削弱蛛网效应。由于蛛网处于不稳
定状态，粮食价格的峰谷差别就会很大，即发生暴涨暴跌。如果这种波动现

象连续发生，则粮食供给发生大幅度的波动将是无法规避的事实。因此，从理论上推论，单靠市场的自发调节，是无法消除粮食供求失衡。由于粮食需求是相对稳定的，粮食供求失衡的主因通常在生产领域或供给领域。粮食生产领域的供给出现大幅度的变化，粮食的种植面积也会因此大幅度地增加或减少，会严重影响一国国内粮食生产的稳定性。

因此，笔者认为，在市场决策者信息不充分或预测技术不高、准确性不高时，靠市场机制的自发作用不能达到粮食市场稳定均衡，为打破粮食市场蛛网理论描述的价格—数量作用机制，平衡粮食的供求关系，必须借助政府干预性调控，建议必要的管制制度。政府对粮食市场由于蛛网效应产生的供求波动管制，可主要集中于生产领域与供给领域。如采用控制价格、进出口量和储备粮等方法干预国内粮食供求，通过稳定价格和数量来稳定国内生产和供应，保证本国粮食安全。在实践中各国政府均不同程度地对本国的粮食生产和粮食市场进行干预。政府干预粮食市场有两种不同的途径：一种是直接干预，以设立保护价、政府敞开买入等方式稳定农民对价格的预期；另一种是以间接方式，通过向农民提供市场信息和价格分析指导，引导农民按照合理的价格信号和市场规律更理性地进行生产决策。虽说两者的目标都是为了稳定生产，实现供求平衡，但效果并不一样，价格的直接干预更易引起资源配置和市场的扭曲。值得一提的是，有时生产的波动本身就是政府政策干预的结果。在这种情况下，首先应当减少政府不适当的行政干预，充分发挥市场机制的作用，真正必要时政府的间接干预也必须仅仅以克服"市场失灵"为目标，即为了帮助市场发挥其应有作用，而不是与此相反，即不是为了某一政策目标而故意扭曲市场。

2.3　本章小结

粮食国际贸易政府管制问题是一个较为复杂的政治、经济与管理问题。本章首先对本书涉及的一些基本概念，如粮食与粮食安全、政府干预、政府管制、国际贸易管制政策、公共利益等进行了界定，并分析了"政策干预"

与"政府管制"这两个比较容易混淆的概念及其相互关系，分析了"公共利益"的内涵，为后续的研究打下基础。其次系统梳理与分析了相关理论，得出粮食国际贸易管制必要性结论：①对粮食产业的经济特殊性进行了分析，这是粮食产业管制的出发点，正是由于粮食产业存在资源依赖性、弱质性和公益性的特点，决定了粮食产业国际贸易特点与格局，决定了管制的必要性与重要性。②结合粮食产业的特点，运用国际贸易比较优势理论，分析影响世界粮食贸易基本格局的主要因素及粮食国际贸易对各利益相关者的关联影响，并提出了粮食国际贸易政策制定的出发点和影响因素，为粮食国际贸易管制政策的研究打下基础。③系统地梳理了粮食国际贸易有关的政府管制理论和策略，结合管制一般理论运用经济学分析方法分析了粮食产业政府管制存在的客观必要性。

本章主要解决了粮食国际贸易政府管制必要性问题，分析了粮食国际贸易政府管制的相关理论，建立了基本的理论基础，但并未解决如何管制的方法问题。在研究与确定具体的管制方法与策略前，还必须确定粮食国际贸易政府管制的战略目标，因为任何策略与方法均是服务于战略的，而任何一个子系统的战略又是为实现母系统的战略服务的，因为只有在明确战略目标的情况下，讨论方法与策略才有意义。需要说明的是，本章的理论研究还未涉及有关粮食数量、价格和品质管理的具体方法，为了避免重复，将在以后相关章节中论述。

3 中国粮食国际贸易管制环境与战略

本章的目的之一在于分析中国粮食国际贸易管制的环境状况，主要分析国内与国外粮食市场状况与世界贸易组织国际管制，研究环境对管制的影响，从而为制定粮食国际贸易管制战略与政策打基础。目的之二在于从战略管理的角度，对中国粮食国际贸易政府管制体系进行梳理与设计，构架出粮食国际贸易管制的内容体系。对于一个系统性的问题，特别是复杂的、时间跨度较大的系统问题，必须要有战略的眼光。理清战略的层次结构关系，明确目标体系，才能使政策更具有针对性。

3.1 中国粮食国际贸易管制环境分析

环境分析是制定战略的前提条件，是影响决策的外生变量；利益标准和利益权衡是影响决策的内生变量。因此，环境分析是制定中国粮食贸易管制战略与政策的前提。

3.1.1 中国粮食市场

粮食国际贸易管制目标之一是建立良好的市场秩序，最为关键的是保障粮食国内市场的供求平衡。环境分析目的在于了解中国粮食供求平衡现状及其影响因素，分清影响因素的属性，分析要素对供求影响的机理，为制定管制战略打基础。

3.1.1.1　中国粮食供给情况

粮食供给是指一定时期内一国提供粮食的总量。影响粮食供给的最直接因素是粮食生产能力、进出口数量和库存量。

粮食供给量 = 生产总量 + 进口数量 - 出口数量 + 储备抛出量 - 储备吞入量

中国是粮食生产与消费大国，影响中国粮食供给量的最主要因素是粮食的生产总量。粮食供给量中生产总量占比重最大（目前平均比例在95%以上），因此生产总量是影响中国粮食供给量的关键要素。其次是粮食的储备量，粮食储备是调剂国内粮食年际余缺的工具，具有"蓄水池"功能，能影响年度内粮食市场供给量，但并不能增加国内粮食总量。因此，粮食储备量只有作为短期的影响要素，并不能作为供给的长期影响要素。再次是粮食的进出口数量，粮食的净进口或净出口数量反映了粮食国际市场供求与国内市场供求的关系，净进口增加国内粮食的总供给量；相反，净出口减少了国内粮食的总供给量。反映了国际市场是调节国内供需的关键性因素。特别是当国内粮食生产总量长期低于国内粮食需求量时，要保持国内粮食供需平衡就必须依赖于进口。同样，对国内粮食生产量长期高于国内粮食需求量时，要保持国内粮食的供需平衡就必须依赖于出口。因此，粮食的国际贸易更需要有长期战略的考虑。

粮食的供给是依据市场的需求而定的，需求与供给总是趋向于帕累托最优，达到平衡。但在通常的情况下，供给与需求发生时间与数量的错位，导致供求失衡。这是因为供给的主决定要素是生产总量，而需求的总决定要素是消费量。在市场经济条件下，供求失衡时，价格是传导因子、信号器。供大于求，会导致粮食下跌；反之，供不应求，会促使粮价上扬。供求失衡最终是要通过数量的调整来达到平衡的。当国内粮食生产量不足时，增加进口量和储备抛出量可增加粮食供给量，稳定粮食价格。当国内粮食生产量充足时，增加出口量和储备吞入量可减少粮食供给量，从而稳定粮食价格。

另外，粮食的供给总量还与国际市场粮价及购买力有关。国家实力强大，居民购买力强，从国际市场获得粮食的可能性大，国际市场可作为更重要的粮食供给源。粮食国际市场价格一方面反映了国际粮食总体的供求状态；另一方面，也是更为重要的是与购买力相对应的，购买力越强，粮食相对价格越低，粮食可获性越强。一般情况下，国内粮食价格偏高时，会增加生产量和进口量，但也会形成粮食有效需求不足，国内消费者消费量受到限制，消费者剩余会减少；粮食价格偏低时，会扩大粮食的需求，增加消费量，刺激出口。

粮食供给中需要关注的另一个问题是粮食安全性，粮食安全的前提是确保国内人口粮食安全消费量，即一国粮食的最低供应量应大于或等于本国居民粮食消费总量。因此，一国的粮食供给总量应以人口总数与人均粮食安全消费量的乘积为基准。

分析了各要素相关关系之后，下面具体分析中国的市场供给情况。

（1）中国粮食生产量。从长期趋势来分析，中国粮食生产能力基本上呈现上升趋势。粮食总产量从 1949 年的 11318 万吨上升到 2008 年的 52850 万吨。这 59 年时间可分为五个阶段，以 10000 万吨为 1 个台阶，共上了 4 个台阶，参见表 3 - 1。由于改革开放后中国粮食是处于市场经济体制之下，因此，本书主要分析改革开放后中国的粮食市场。1978 ~ 2008 年我国粮食生产总量的趋势变化参见图 3 - 1。

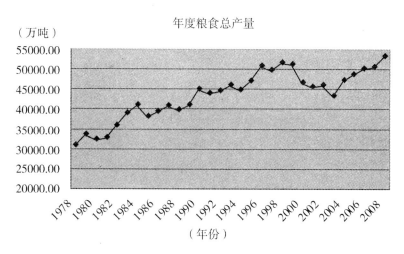

图 3 - 1　中国粮食产量变化

资料来源：国家统计局历年《中国统计年鉴》。

表 3 - 1　1949 ~ 2008 年我国粮食总产量增长的四个台阶五个阶段

序号	起止时间	年数	总产量增长（万吨）	增长数（万吨）	平均每年增长（万吨）
1	1949 ~ 1958 年	9	11381 ~ 20000	8680	964. 67
2	1958 ~ 1978 年	20	20000 ~ 30477	10477	523. 85
3	1978 ~ 1984 年	6	30477 ~ 40731	10254	1709. 00
4	1984 ~ 1996 年	12	40731 ~ 50453	9722	810. 17
5	1996 ~ 2008 年	12	50453 ~ 52850	2397	199. 75

注：序号 1、2、3、4 表明中国粮食增长的四个台阶，序号 5 这一阶段粮食总体增长不快，单独列出是由于其是近期因素。

资料来源：1949 ~ 1996 年数据来自张培刚、廖丹清：《二十世纪中国粮食经济》，华中科技大学出版社，2002：580；1996 ~ 2008 年数据来自《中国统计年鉴》。

（2）影响中国粮食生产能力的主要因素。影响中国粮食生产能力的主要因素已在本书 2. 2. 1 中有所分析，这里结合中国粮食生产现状再作一些深入的分析。影响中国粮食生产能力的主要因素有粮食播种面积（耕地面积、粮食复种指数）、粮食单位面积产量（品种选择、种植技术、农业投入）和环境因素（自然气候、体制与农业政策、市场环境）等，参见图 3 - 2。

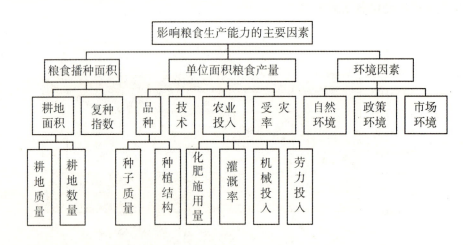

图 3 - 2　影响粮食生产能力的主要因素

首先，从发展趋势来看，中国粮食面积较为稳定，但耕地资源逐年减少，参见图 3 - 3。中国耕地由 1996 年的 19. 51 亿亩下降到 2008 年的 18. 2574 亿亩，减少了约1.25亿亩，下降了6.4%，截至2008年底，人均耕地面积仅为1.39亩。由于受工业化和城镇化、农业结构调整、生态退耕、自然灾害损毁和非农建设占用等影响，中国耕地资源正逐年减少，说明中国依赖扩大粮食播种面积的来增加产量的潜力有限。

其次，从粮食品种上看，中国稻谷占总产量比重最大，是小麦与玉米产量次之，参见图3-4。从长期来看，中国粮食单产有很大的提高，粮食总产量与粮食单产存在较强的相关性，粮食单产对粮食生产能力的贡献率明显增加，参见图3-4。粮食单产的提高主要得益于粮食种植技术不断提高和农业投入的不断增加。技术进步在粮食生产中的作用主要体现为良种的采用、栽培技术的提高、防灾减灾能力提高化肥和节水灌溉等技术的推广、机械化程度的提高、技术劳动力素质的提高等。从短期来看，由于粮食各品种的单产存在差异，参见图3-5。中国稻谷、玉米单产高于粮食作物平均单产，小麦、薯类单产略低于平均单产，大豆单产较低，适度调整粮食作物品种结构对粮食总产量有一定影响。但由于粮食作物品种选择更多地与市场价格、市场需求和种植条件有关，因此，只能作为短期的增长要素。

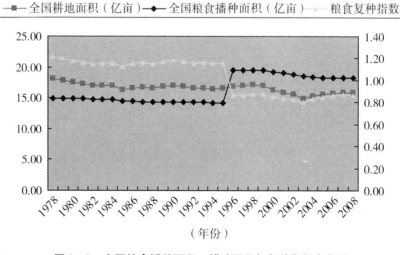

图3-3 中国粮食播种面积、耕地面积与复种指数变化图

资料来源：国家统计局历年《中国统计年鉴》。

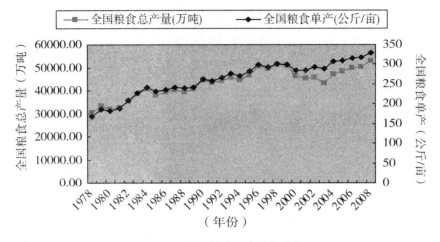

图 3 - 4　中国粮食总产量与单产

资料来源：国家统计局历年《中国统计年鉴》。

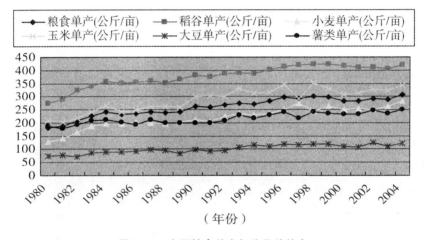

图 3 - 5　中国粮食单产与分品种单产

资料来源：国家统计局历年《中国统计年鉴》。

再次，从环境因素来看，新中国成立到现在，中国粮食生产经历了从计划经济体制向市场经济体制转换的过程，粮食生产经营体制和组织体制经历了频繁的变动，从农民分散经营体制转变为农村合作社、人民公社、家庭联产承包制等，粮食流通领域从统购统销体制调整为部分粮食流通放开经营，粮食收购数量和价格逐步调整，扩大了市场调节范围。粮食产量的每一次飞跃，均与粮食产业的制度变迁有关。市场调节功能在不断加大。

（3）中国粮食生产波动。粮食生产的波动是影响粮食供给波动的最关键要素。粮食波动的幅度和周期影响粮食市场供求平衡，也影响粮食国际贸易的数量和短期政策。从一定时期来看，粮食生产能力围绕主线上下摆动，存在有一定的不稳定现象。

粮食在年际间的变化可用波动指数和不稳定系数来表示。粮食产量波动常用的计算方法有卡斯利不稳定系数（CI）、斯韦德伯格变差指数（VI）、瓦尔德斯变异系数（CV）、库普帕克不稳定系数（II）、速度法（DM）、标准差（STD）、变异系数（DER）、滤波法（HP）与剩余法（RM）等。以上各种方法的不同之处在于是否剔除长期趋势和如何剔除长期趋势，长期趋势用平均值或趋势值计算。有关中国粮食生产波动的周期，不同的学者使用不同的方法得出了不同的结论。大多数学者都认为中国粮食生产确实存在一定的周期，至于周期的长度，由于使用的研究模型不同，结论也有所不同。本书采用环比增长率法对中国粮食总产量和稻谷、小麦、玉米、大豆和薯类产量波动作简单分析，参见图3-6、图3-7。从图中可知，20世纪80年代之后的波动频率为平均3~4年。从1979~2008年我国的粮食波动幅度大致在5%~10%。谷物波动与粮食波动基本一致，谷物、小麦、薯类波动幅度较小，玉米与大豆波动的幅度较大。

粮食波动产生的供给余缺需求是通过粮食储备与进出口量的增减加以调节的。不仅要求在量上予以调节，而且要在时间上相配套。因此，对国际贸易与储备调节敏锐性有一定的要求。

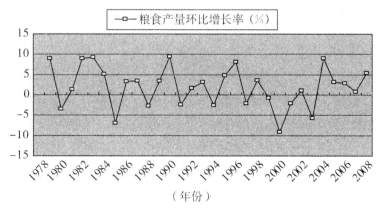

（年份）

图3-6　中国粮食波动情况

资料来源：国家统计局历年《中国统计年鉴》。

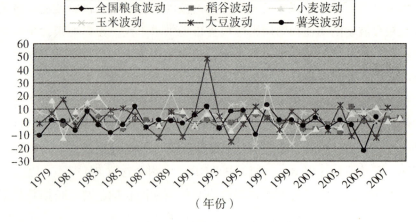

图 3 - 7　中国粮食主要品种波动情况

资料来源：国家统计局历年《中国统计年鉴》。

3.1.1.2　中国粮食需求状况

粮食需求总量是指一国或地区消费者在一定时期内按一定价格愿意购买的粮食数量总和。粮食需求量与价格、收入水平、相关商品的价格、消费者的偏好和消费者对粮食价格的预期等因素有关。

粮食需求量 = 口粮需求量 + 饲料粮需求量 + 种子粮需求量 + 工业用粮需求量 + 储备需求量 + 出口需求量

粮食安全需求量即粮食的刚性需求量，是指居民为维持生存和发展需求而对粮食的各种食用消耗，主要由口粮、饲料粮和种子粮构成。粮食安全需求量决定着一国粮食的基本需求量。口粮是粮食需求量的主要构成因素，主要因素是人口、人均粮食消费水平。口粮消费与人们生活水平和膳食结构密切相关，随着人们物质生活水平的不断提高，直接消费的口粮会相对减少。饲料粮是指为满足人们对人类和蛋奶等消费需求，用于饲养生产肉类和蛋奶的畜禽所消耗的粮食。随着人们生活水平的不断提高，对肉、蛋、奶的需求量将不断增加，饲料粮需求量会相对增加。工业用粮是指以粮食为原料的工业生产所消耗的粮食总量，包括生产酒类、味精、医药用品消耗的粮食。随着社会的发展，工业用粮呈现上升趋势。种子粮是用于粮食再生产所消耗的粮食，需求受粮食播种面积总量和单位面积需求数量的影响，种子粮消费总量与粮食播种面积成正比，与单位面积需求量成反比。

粮食管制的重要目标之一是保障粮食的安全，在国内粮食生产量达不到需求量的情况下，粮食国际贸易首先需要解决的问题是保障国内粮食安全，使国内粮食供给量大于或至少不少于安全需求量，这也是粮食国际贸易数量管制的关键。

（1）中国粮食消费的总体情况。新中国成立以来，随着经济的发展和人民生活水平的提高，粮食消费水平和消费方式发生了变化，全国居民平均粮食消费从"六五"时期的241.9公斤降低至157.01公斤，降低了35%；全国居民粮食消费总量从"六五"时期的24911万吨降低至20639.1万吨，降低了17%，参见表3-2。城镇居民粮食消费总量有所增加是由于大量农村居民迁居城市所致。

表3-2 中国居民粮食直接消费总量和人均消费量情况

时期	农村居民		城镇居民		全国	
	总量（万吨）	人均（公斤）	总量（万吨）	人均（公斤）	总量（万吨）	人均（公斤）
"六五"时期	20910.0	260.00	4001.0	177.83	24911.0	241.90
"七五"时期	21489.9	260.51	4793.8	168.40	26283.7	236.85
"八五"时期	21911.1	257.75	4427.2	133.97	26418.3	233.00
"九五"时期	20832.7	250.78	4532	109.30	25364.7	203.54
"十五"时期	17325.5	224.81	5126.7	98.21	22452.2	173.84
"十一五"时期	15162.3	205.62	5476.3	94.90	20639.1	157.01

注：城镇居民粮食消费按0.8:1折算成原粮。

资料来源：国家统计局历年《中国统计年鉴》、国家粮食局历年《中国粮食年鉴》。

参见图3-8，中国粮食人均占有量总体趋势平稳，近年来略有下降。1949～1978年，口粮消费占粮食消费的60%以上，人均口粮消费量基本停留在180～200千克之间，粮食消费水平低。1979～1984年，口粮消费仍占粮食消费的60%以上，但基本上实现温饱，人均口粮消费量1979年207.03千克。1985～1999年，口粮消费由温饱向小康过渡，人均口粮消费量1986年达到253公斤的峰值，口粮占国内粮食总消费量的比重从62.5%下降至55.9%，饲料粮消费增长迅速，饲料粮比重从27.0%上升至33.7%。2000年后口粮消费数量继续下降，粮食消费结构明显呈现从温饱向小康水平的社会转型，工业用粮和饲料粮大幅度增长，优质食物的消费比重快速上升。居民膳食向营养水平提高和营养结构科学化转型，粮食等食物的消费向安全、优质、营养的方向发展，城镇居民恩格尔系数由 2000 年的 39.4% 下降到 2008 年的 37.9%，农村居民由 49.1% 下降到 47.3%。

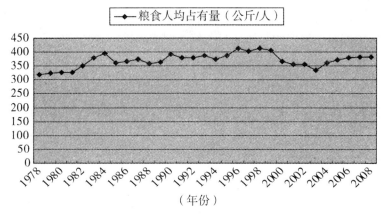

图 3-8　中国粮食人均占有量

资料来源：国家统计局历年《中国统计年鉴》。

中国粮食的主要消费品种是稻谷、小麦、玉米和大豆。居民口粮消费中，稻谷的消费比重占到 60% ~ 65%，这种消费习惯具有极强的刚性，其他品种难以替代。总体上看，稻谷、小麦、玉米、大豆 4 种主要的粮食作物消费量近年来基本呈现稳定态势，结构处于一种大稳定的小变化中，粮食消费量年均增长 0.9%，稻谷消费量年均增长 0.7%，小麦消费年均增长 0.8%，玉米消费年均增长 2.1%，大豆消费年均增长 6.1%，参见表 3-3。

表 3-3　主要粮食消费品种与数量结构　　单位：万吨,%

年份	总量	稻谷		小麦		玉米		大豆	
	合计	数量	比例	数量	比例	数量	比例	数量	比例
1996	45927	16895	36.8	9674	21.2	10540	22.9	1800	3.9
1997	46087	16905	36.7	9680	21.0	10580	23.0	1950	4.2
1998	46557	16907	36.3	9698	20.8	10680	22.9	2150	4.6
1999	47103	17048	36.2	9784	20.8	10810	22.9	2260	4.8
2000	47926	17280	36.1	9922	20.7	11000	23	2390	5.0

续表

年份	总量	稻谷		小麦		玉米		大豆	
	合计	数量	比例	数量	比例	数量	比例	数量	比例
2001	48093	17398	36.2	10013	20.8	11429	23.8	2497	5.2
2002	45453	17598	36.3	10148	20.9	11336	23.4	2567	5.3
2003	48625	18651	38.3	10425	21.4	11410	23.4	3172	6.5
2004	49090	18925	37.2	10230	20.8	11565	23.6	3470	7.0
2005	49775	18467	37.1	10034	20.2	13740	27.6	4251	8.5
2006	50800	18000	35.4	10152	20.0	14100	27.8	4403	8.7

资料来源：国家统计局历年《中国统计年鉴》、国家粮食局历年《中国粮食年鉴》。

（2）粮食需求主要影响因素。粮食需求具有价格弹性和收入弹性的相对较小特点，影响因素参见图3-9。从中国粮食消费的发展历史上分析，中国粮食需求总量主要受人口、产业结构、消费水平、国际需求等因素的影响。

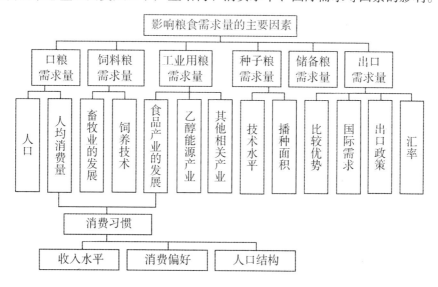

图3-9 影响粮食需求量的主要因素

3.1.1.3 中国粮食储备状况

粮食储备是调剂粮食余缺、平衡粮食供求、稳定粮食价格、防范饥荒的一种重要手段。由于粮食的生产需要一定的周期，而粮食的消费是均衡的，只有保持一定数量的粮食储备，才能确保粮食消费。储备粮是保证粮食持续稳定供应的"蓄水池"和"稳压器",粮食生产相对不足,可以动用储备充实粮食市场供给;粮食生产相对过剩,可以将过多的粮食储备起来,缓解过剩的粮食市场供给;粮食总供求波动可以通过粮食储备进行缓冲和调控。对于一个国家来说,粮食储备量的多少是衡量粮食安全程度的重要标志之一。粮食供求的基本平衡式如下:

年初粮食储备 + 当年国内粮食生产 + 当年粮食进口 = 当年国内粮食消费 + 当年粮食出口 + 年末粮食储备

1949 年以来,中国粮食库存安全系数呈现逐年上升趋势:20 世纪 80 年代年均 20.2%,90 年代年均 34.8%。最近十多年来,中国粮食库存安全系数与国际平均水平相比偏高,粮食储备占当年全国粮食消费总量的比例超过 35%(中国国情专题库,2008),高于联合国粮农组织(FAO)认为的粮食安全最低保障线,即储备系数 17% ~ 18%(钟甫宁等,2004)。

3.1.1.4　中国粮食供需波动与平衡

我国粮食供需存在年度间、品种间、季节间的不平稳。1949 ~ 2008 年中国共发生七次大的全国范围的粮食供求波动,有四次表现为粮食生产过剩,三次表现为粮食短缺,其中改革开放后发生五次,目前我国粮食处于供求相对平稳阶段。第一次波动发生在 1952 ~ 1953 年,表现为粮食生产增加,城市供给短缺。第二次波动发生在 1959 ~ 1961 年,表现为粮食生产连续三年下降,粮食供应极其紧张。第三次波动发生在 1984 ~ 1985 年,表现为粮食生产过剩,出现卖粮难。第四次波动发生在 1990 ~ 1992 年,是典型的生产过剩造成的波动,表现为农民的"卖粮难"和农民收入的连续下降。第五次波动发生在 1993 ~ 1994 年,表现为粮食抢购和全国粮食价格上涨。第六次波动发生在 1998 ~ 1999 年,表现为供给过剩,粮食价格下跌(温铁军,2001)。第七次波动发生在 2003 ~ 2004 年,表现粮食短缺和农产品价格全面上涨和全国物价全面上涨。

改革开放以来,我国粮食供过于求的有 9 年,供不应求的有 16 年,每 3 ~ 5 年粮食供求关系作一次更换;从总量上看,改革开放以来,总缺口 15225 万吨,总过剩达 2391 万吨,两者相抵净缺口 12834 万吨;供求差额最大的为 1995 年，粮食缺口达 1867 万吨，约占当年产量的 4%，消费量的 3.8%，可以看出虽然缺口的绝对数量比较大，但其在中国粮食生产和消费的比重均没有超过 5%；粮食过剩最多年份为 1993 年，粮食过剩达 783 万吨，占当年生产量 1.71%，消费量的 1.75%。整体上看，我国属于粮食进口国，粮食供求平衡的满足需要部分依赖粮食进口。但是相对于我国庞大的生产和消费基数而言，我国每年的粮食缺口比例并不大（吕飞杰等，2000）。

从总体上看，我国用于平抑粮食供应波动，平衡粮食供求的方法主要有以下几种：一是刺激粮食生产，增加总量供应；二是干预流通体系，实行市场管制；三是提高储备水平，增强纵向调节。

3.1.1.5 中国未来粮食供需预测

影响中国未来粮食消费量的因素主要有两个：一是人口的增大；二是消费结构的变化。从总体上看，中国未来粮食供求关系有"四个不会变"的总趋势：人口增长的趋势不会变、耕地资源总量特别是人均耕地资源数量缩减的趋势不会变、粮食需求总量不断增加的趋势不会变、立足国内为主解决粮食问题的原则不会变。

一些学者利用预测模型对中国的粮食及其分品种的生产、消费、进出口和市场价格等进行了预测，参见表 3 - 4、表 3 - 5、表 3 - 6。结论为：2020 年中国粮食总产量 5.57 亿吨，总需求量为 5.79 亿吨，净进口量为 2252 万吨，粮食品种关键问题不是稻米问题而是饲料粮问题，玉米进口量会增大。在自由贸易状态下，中国粮食的自给率将下降，从 96% 左右下降到 91% 左右。粮食净进口总量有较大幅度的增加，2010 年增加了 3184 万吨，2015 年增加了 3202 万吨，2020 年增加了 3043 万吨。粮食价格将下降，消费者福利水平将得到提高，玉米进口量将进一步增长，对促进畜牧业发展有积极的推动作用（吕飞杰等，2000）。

表 3 - 4　粮食供求平衡预测表　　　　　单位：千吨，%

年份	总产量	粮食净进口	粮食库存变动	粮食供给总量	直接消费	饲料消费	种子用粮	工业用粮	损耗粮食	合计	粮食自给率
2010	495397	22089	2025	515461	267797	173449	13552	35532	25130	515461	96.1
2015	527335	23028	1284	549079	276791	195269	13028	38617	25375	549079	96.0
2020	557574	22521	572	579523	284606	214948	12521	42000	25448	579523	96.2

资料来源：吕飞杰等：《农产品中长期发展展望：预测模型与政策分析》2000. 刘江：《21 世纪中国农业发展战略》，中国农业出版社：567。

表 3 - 5　粮食分品种供求平衡预测表　　　　　单位：千吨

年份	总产量	粮食净进口	粮食库存变动	粮食供给总量	直接消费	饲料消费	种子用粮	工业用粮	损耗粮食	合计
				大米						
2010	143502	6	480	143028	116556	14087	2032	2879	7480	143028
2015	147932	- 536	250	147146	121065	13795	1933	3032	7333	147146
2020	151470	- 1279	116	150075	124715	13209	1837	3174	7140	150075
				小麦						
2010	123488	7963	13	131438	111253	3160	6369	4219	6437	131483
2015	130763	5064	- 40	135867	115905	2977	6124	4380	6482	135867
2020	137337	2725	- 39	140101	120457	2742	5882	4546	6474	140101
				玉米						
2010	149047	14137	1686	161500	10993	138501	1098	4434	6474	616500
2015	165483	18955	1332	183106	10451	159959	1084	4777	6836	183106
2020	182417	21703	839	203281	9889	180012	1068	5146	7166	203281
				大豆						
2010	16452	- 190	3	16259	4836	1507	719	8622	572	16259
2015	17571	- 270	- 15	17316	5135	1613	698	9289	581	17316
2020	18619	- 306	- 45	18358	5398	1689	679	10007	585	18358

资料来源：同表 3 - 4：568。

表 3 - 6　粮食自由贸易状态下进口量预测表　　　　　单位：千吨，%

年份	总产量	总需求	粮食净进口	粮食自给率	大米净进口	小麦净进口	玉米净进口	大豆净进口
2010	490719	535085	53932	90.4	- 6053	15390	44191	775
2015	516413	570018	55052	90.6	- 9615	10899	54033	749
2020	548181	600705	52954	91.3	- 14024	6515	61007	787

资料来源：同表 3 - 4：572 ~ 573。

3.1.1.6 中国粮食自给率与国际贸易管制

对于一个国家而言，粮食供给来源只有两个：一是本国生产；二是从国外进口。一个国家或地区的粮食供给可直接表达为：

$$Q_S = Q_P + Q_I \quad (Q_P, Q_I \geq 0) \tag{3.1}$$

其中，Q_S 为粮食供给量；Q_P 为本国粮食生产总量；Q_I 为粮食进口量。

从式（3.1）可以看出，要使 Q_S 增加，可以有三种途径：一是 Q_I 不变，Q_P 增加；二是 Q_P 不变，Q_I 增加；三是 Q_P、Q_I 同时增加。这三种使 Q_S 得以提高的途径也是实现粮食安全的三种基本模式。

中国的农业资源禀赋、粮食供求变化趋势和国家总体发展战略的需要共同决定了中国未来实现粮食安全只能运用第三种模式，即依赖国内生产量的增加与进口的增加来满足国内不断增长的粮食需求。中国拥有世界人口的 1/5，粮食安全需求的基数太大，对自产的依赖程度高于世界上其他国家。因此，中国粮食安全战略必须坚持的基本原则是：首先立足于国内生产，充分发挥本国粮食生产能力，在基本实现自给的前提下，适量地进口部分粮食来弥补国内产需缺口，把粮食安全水平控制在国力能够承受的范围之内，参见式（3.2）。

$$Q_S = 粮食自给下限 + 粮食进口 \tag{3.2}$$

粮食安全最基本的含义就是数量的安全，粮食自给率是衡量数量安全的首要指标之一。粮食自给率是指一个国家或地区在一年内粮食总生产量占总需求量的百分数。

在风险影响因素较多且确定性较差时，自产是保障粮食安全的最可靠的方式，它至少可以将粮食安全的主动权掌握在自己手里。特别对中国这样的人口多、资源相对稀缺的大国，自产对于粮食安全的决定性意义是非常明显的。但自产需要具备耕地等自然资源条件，如果资源条件太差，就只能靠进口来维系粮食安全；如果拥有资源条件但不具有比较优势，政府就需要投入大量资金来扶持和补贴粮农，这就可能与世界贸易组织的自由贸易规则发生冲突。

依据中国政府发布的粮食白皮书《中国的粮食问题》的结论，全国粮食自给率保持在95%是安全可行的，多数经济学家认为，正常年份粮食自给率不低于95%的经验值就表明基本达到了粮食安全水平（国务院新闻办，1996）。在政策决定时应该通盘考虑粮食安全、农民收入和经济发展之间的关系，应该根据比较优势的原则进行粮食贸易，不应该把95%的自给率当成教条，而95%这个数字本身也可以根据实际情况进行调整（柯炳生，2007）。

粮食自给率是国家粮食安全的基础。根据粮食自给率的不同状况可相应选择不同的粮食国际贸易管制策略：第一种情况是当一国的粮食生产能力大于其国内粮食消费量，即该国粮食自给率高时，粮食进口贸易依赖度低或为零，粮食的出口贸易依赖度较高，该国可能是粮食的净出口国，粮食贸易是其获得比较国际利益的手段。如一些粮食生产大国，除非作为外交手段进行粮食禁运，一般政府更多地是采用鼓励出口的政策，放松出口管制，适度进行进口管制。第二种情况是当一国的粮食生产能力小于其国内粮食消费量，即该国内粮食自给率不高时，粮食出口贸易依赖度低或为零，粮食的进口贸易依赖度较高，要依赖于进口解决粮食国内供给问题，是净进口国家。如日本，粮食贸易是解决国内粮食需求的一条重要途径。建立多边的粮食贸易关系，提高国内其他产业的比较优势，增强经济实力，是其摆脱个别国家贸易制裁，保证国内粮食供给安全的重要手段。这些国家会相对放松粮食进口管制，鼓励进口，建立相对充分的粮食储备保障，通过鼓励政策增加国内粮食产量，并适度限制出口，特别是在世界粮食贸易局势紧张或世界粮食总量下降时，限制出口更为必要。第三种情况是当一国粮食生产能力与国内粮食消费量基本平衡，即粮食自给率接近1时，粮食进出口贸易依赖度均较低，该国参与粮食国际贸易的主要目的是：调整国内粮食品种，优化国内生产与消费结构；利用国际市场发挥其生产比较优势，获得国际分工比较利益差异带来的收益；利用国际市场调节国内粮食波动可能造成的市场短期失衡。

3.1.2 世界粮食市场

世界粮食市场的情况将影响中国粮食国际贸易管制的战略与策略选择。当世界粮食市场供过于求或供求基本平衡，且生产量与贸易量较大，贸易集中度不高时市场处于自由竞争状况下，对进口国较为有利，只要进口国具有足够的购买力，就可获得粮食充足的供给。当世界粮食市场出现供不应求时，而粮食供给的市场集中度又较高，处于垄断的卖方市场状态，对垄断方较为有利而对进口方不利。国际市场的长期趋势影响中国粮食国际贸易管制战略制定，短期情况影响管制的策略运用。

3.1.2.1　世界粮食生产情况

世界粮食市场一般由谷物类、豆类和薯类三部分组成，其中以谷物最为主要，包括小麦、稻谷、玉米、大麦、高粱和小米等。稻谷、小麦、玉米约占世界谷物总产量的80%以上，且各占谷物总产量的1/3（胡靖，2003）。

自1961年以来，世界谷物生产经历了两个主要阶段：第一阶段是1961～1985年，粮食快速增长阶段。谷物总产量由8.77亿吨增加到18.21亿吨，这一时期的"绿色革命"与"白色革命"等重大技术进步刺激了粮食单产的迅速提高，畜产品需求量增加使饲料成为增长的亮点，在过去30年中，特别是在20世纪80年代，欧盟和北美国家政府给国内农民提供了大量的补贴，造成粮食产量供过于求。第二阶段是1986～2008年，粮食的基本稳定阶段。20世纪80年代后，欧盟和北美国家政府减少了补贴，主要是发达国家粮食生产的积极性下降，粮食生产增速减慢，发展中国家谷物增长速度仍然缓慢（聂振邦，2003）。

世界耕地面积从1993年的13.89亿公顷增加到2002年的14.04亿公顷，略有增加，参见图3-10。从趋势上分析，世界土地面积变化不大，农业面积和耕地面积略有增加，谷物收获面积变化也不大，耕地面积占土地面积比重不高。

世界谷物产量从1993年的190259万吨增加到2007年的210200万吨，参见表3-7。数据表明，目前世界粮食供给情况在改善，世界谷物总产量在20亿吨左右徘徊，其中发达国家9亿吨左右，发展中国家11亿吨左右（聂振邦，2003）。

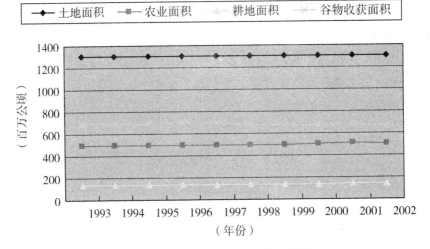

图 3 - 10　1993 ~ 2002 年世界土地利用情况

资料来源：龙方：《新世纪中国粮食安全问题研究》，中国经济出版社，2007：47。

表 3 - 7　世界主要粮食作物产量　　　　　　　单位：万吨

年份	稻谷	玉米	小麦	谷物总量
1993	529.58	476.71	564.44	1902.95
1994	538.66	569.22	527.09	1956.68
1995	547.22	517.14	542.54	1897.23
1996	569.04	589.15	585.14	2072.11
1997	577.41	585.09	613.27	2095.06
1998	579.50	615.51	593.36	2083.96
1999	611.32	607.52	587.81	2085.89
2000	598.98	592.48	585.33	2059.76
2001	598.03	614.75	590.50	2108.18
2002	571.08	601.99	573.97	2028.94
2003	586.25	640.06	557.50	2079.28
2004	608.50	705.29	624.09	2252.02
2005	628.00	683.76	616.17	2051.00
2006	634.00	696.80	587.00	1995.00
2007	633.00	1078.20	603.00	2102.00

　　资料来源：1993 ~ 2005 年世界粮食产量数据来自《中国粮食安全研究》，中国农业出版社，2006 年世界粮食产量数据来自联合国粮农组织：《作物前景及粮食形势》，2006（4）；2007 年世界粮食产量数据来自联合国粮农组织：《作物前景及粮食形势》，2008（1）。

表 3 - 8 1982～2002 粮食主要进出口国的谷物自给率变化 单位:%

国家	2002	1982	差额	国家	2002	1982	差额
澳大利亚	203.1	233.8	-30.7	朝鲜	77.9	92.7	-14.8
法国	186.8	178.2	8.6	伊朗	76.6	75.4	1.2
加拿大	119.7	229.9	-110.2	新西兰	71.8	92.8	-21.0
美国	118.9	170.3	-51.5	墨西哥	62.8	73.6	-10.8
俄罗斯联邦	113.8	84.4	29.4	蒙古	38.2	83.6	-45.4
德国	111.4	89.7	21.7	沙特	34.8	10.2	24.6
中国	101.0	92.9	8.1	古巴	31.3	18.4	12.9
巴基斯坦	95.6	110.7	-15.1	韩国	26.6	53.4	-26.8
印度	92.4	94.5	-2.1	荷兰	24.8	29.5	-4.7
巴西	85.3	84.3	1.0	日本	24	27.6	-3.6
印度尼西亚	84.2	91.7	-7.5	以色列	9.1	8.8	0.3

资料来源:根据联合国粮农组织统计资料整理。龙方:《新世纪中国粮食安全问题研究》,中国经济出版社,2007:50。

据联合国粮农组织统计,2002 年 140 个国家中谷物自给率大于 100% 的国家只有 24 个,其余 116 个国家均小于 100%,其中 98 个国家小于 95%,73 个国家的自给率均小于 70%。表 3 - 8 反映了一些国家谷物自给率 1982～2002 年的变化状况,一些主要粮食进口国如日本、墨西哥、荷兰、韩国、朝鲜等的粮食自给率在下降,对粮食市场的依赖性在加强,导致世界谷物需求量上升(龙方,2007)。

谷物生产波动情况在不同国家之间存在很大差别,表现为粮食生产过剩的一些出口国谷物产量波动较大,如美国、澳大利亚、法国、加拿大等国家的波动指数远高于世界平均水平,说明这些国家的粮食产量不稳定,粮食出口比例较大,其主要原因是这些国家的粮食自给率较高,粮食生产相对过剩,其粮食产量对国际市场的依赖性很强,当国际市场粮价上涨时,就会相应扩大粮食的生产;反之,会调整生产结构,压缩粮食种植面积。一些粮食生产紧张、自给率较低或对国际市场依赖较高的粮食进口国,如荷兰、巴西、韩国、日本、中国的粮食产量波动幅度较低。世界粮食总产量增加的主要动力是单产增加,增加播种面积对粮食总产量增长的贡献率仅为 9%。随着科技的发展和农业生产条件的改善,世界谷物单产水平不断提高(王宏广等,2005)。

3.1.2.2　世界粮食消费情况

自 20 世纪 60 年代以来，世界人均谷物消费水平一直徘徊在 260～340 公斤范围内，1961 年为 262 公斤，1971 年为 308 公斤，1981 年为 332 公斤，1991 年为 327 公斤，2001 年为 300 公斤。不同经济发展水平的国家人均谷物消费量差别较大，发达国家远远高于发展中国家，由 1961 年的 468 公斤上升到 1986 年的 643 公斤，之后缓慢下降到 2002 年的 537 公斤。发展中国家人均谷物消费量低于世界平均水平，2002 年为 231 公斤（钟甫宁等，2004）。

3.1.2.3　世界粮食贸易的情况

世界粮食贸易可以追溯到很早以前，14 世纪以后，欧洲的粮食贸易已具有相当规模。15～16 世纪，荷兰的阿姆斯特丹成为国际粮食贸易中心。17～18 世纪，世界谷物的贸易格局是欧洲新大陆为出口方，欧洲、西印度群岛为进口方。第二次世界大战前，粮食的主要出口国是美国，进口国是西欧，1946 年世界粮食总贸易量为 0.3 亿吨。第二次世界大战后，世界粮食产量有大幅度的增长且发展不均衡，1956 年增长到 0.6 亿吨，发达国家及少数几个发展中国家的粮食产量占全球总产量的比重上升，粮食出现供给过剩，但大多数发展中国家的粮食仍供给不足（钟甫宁等，2004）。根据联合国粮农组织的统计，20 世纪 90 年代世界谷物贸易始终维持在 2 亿吨以上，且有稳定上升的趋势（联合国粮农组织，2009d）。

从粮食市场价格来看，由于世界粮食市场的消费需求弹性和进口需求弹性本来就小，又受各国粮食进出口管制政策的影响，粮食价格稳定性较差。但各大米、小麦等优质品种与一般品种价格差异还是很大，如稻米，2008 年美国长粒米每吨为 782 美元，泰国 100% B 级米为 695 美元，而一般的籼米为 289 美元，香米为 251 美元。粮食生产的技术含量会直接影响粮食品种，从而影响价格。因此，粮食的国际市场价格主要取决于两个因素：一是粮食品种；二是供求关系的变化。政府必须从两方面入手才能获得更多的国际利益。

从粮食贸易结构来看，小麦是主体，玉米其次，大米排第三位，参见表 3–9。小麦贸易出口总量呈现增长趋势，但波动性较大。20 世纪 70 年代小麦贸易增长迅速，90 年代后开始呈现下降趋势。大米贸易国际贸易平稳增长，1981～1991 年大米出口基本保持在 1300 万吨左右，1992～1995 年快速增长，到 1995 年达到 2251 万吨，之后有所下降。

表 3-9　1998～2009 世界主要粮食品种的进出口数量　　单位：万吨

年份	稻谷		小麦		粗粮		玉米	
	出口	年终库存	出口	年终库存	出口	年终库存	出口	年终库存
1998/1999	24.9	152.7	1202.0	257.9	96.5	256.4	68.7	169.1
1999/2000	22.9	157.3	112.8	263.4	104.5	266.1	73.2	170.9
2000/2001	24.5	168.1	103.5	257.5	103.7	232.7	76.3	150.7
2001/2002	24.5	164.8	109.6	243.3	107.3	206.0	76.2	125.3
2002/2003	28.1	152.9	105.6	224.1	106.5	195.7	75.5	152.9
2003/2004	27.1	120.5	104.3	204.2	106.4	162.9	—	120.5
2005/2006	26.7	104.6	111.0	161.7	105.1	150.0	—	—
2006/2007	28.6	105.3	110.1	174.7	106.4	189.0	79.5	137.4
2007/2008	30.2	105.8	109.1	149.0	110.0	150.7	85.1	106.9
2008/2009	31.0	109.3	272.0	433.2	111.2	155.1	129.9	168.8

注：粗粮包括大麦、小米、燕麦、高粱和黑麦。

资料来源：联合国粮农组织历年《粮食展望》。

从粮食贸易流向来看，市场集中度高是其基本特征。粮食出口主要集中在有过剩粮食的经济较发达国家和地区。北美等传统粮食出口国，在第二次世界大战后仍保持出口国的地位，多年来出口量占世界粮食贸易总量的 40%～60%。由于得天独厚的资源条件，美国和加拿大在小麦和粗粮的生产上具有突出的优势，尤其是美国粮食出口量约占世界粮食出口的 2/5，为粮食出口第一大国。近年来亚洲已成为仅次于西欧和第二大进口地区，位于欧洲和北美之后中的第三大出口地区。其中，中国是亚洲出口和进口粮食最多的国家，日本、非洲等国一直为粮食净进口地区。世界的小麦和粗粮出口主要集中在美国、加拿大、欧盟、澳大利亚、阿根廷等国家或地区。大米出口主要集中在泰国、越南、印度、巴基斯坦、中国（包括台湾省）、美国、埃及、乌拉圭、阿根廷等几乎不超过 12 个国家或地区。排名前五位的国家，大米出口量约占世界大米出口总量的 3/4，亚洲国家在世界大米出口总量中的

比重不断增加。2005 年度，亚洲大米出口量预计将占世界大米出口总量的
77%（其中世界大米出口排名第一的泰国预计占 30% ~ 40%），而 1970 年时
只占 64%。缺粮的发展中国家是世界主要粮食进口国，亚洲是进口粮食最多
的洲，其次是非洲及中南美洲（谷文艳，2005）。

从粮食贸易趋势来看，乌拉圭回合多边贸易谈判中暴露出的多边贸易体
制缺陷，将加速农产品贸易化进程。西欧区域内的自给率最高；北美自由贸
易区是世界上最大的区域性贸易集团，农产品净出口能力很强；亚洲国家对
地区间贸易的依赖性提高。美国、欧盟由于减少补贴，大米生产和出口竞争
力有所削弱；日本和韩国将加大粮食市场的开放程度，中国粮食进出口将对
国际粮食市场价格起更大的影响作用。粮食进口国将通过调整本国的农业结
构，增加供给，拓宽进口渠道实施进口市场的多元化，更多地利用国际比较
优势，开放国内市场，降低贸易的政治风险，保障本国粮食安全。

从粮食国际贸易政策态势来看，几乎所有参与贸易的国家都存在政府行
为对粮食贸易活动的管制和干预。无论是出口国的生产补贴或是进口国的贸
易关税均使参与国际贸易的国家比较优势难以发挥，导致国家福利的净损失。
第二次世界大战后，西方发达国家普遍实施对粮食产业的保护政策。美国、
欧盟对实行生产价格支持及投入物的补贴和信贷优惠政策；对外实行出口补
贴、出口信贷等鼓励出口政策，同时施用进口关税壁垒及进口限制，并实施
福利性的食品分配计划，促进粮食需求。加拿大、澳大利亚对生产实行稳定
价格的政策，对外鼓励出口并不同程度地采用了关税及非关税壁垒。粮食进
口国日本等发达国家为维持国内谷物的高价，实施严格的进口限制、进口特
许等非关税壁垒政策。如所谓的国内管制米，收购价格一般是成本加一定的
利润，收购价大于销售批发价，政府财政补贴差额。大多数发展中国家在国
内实施粮食的消费补贴政策，进口谷物较少征税，甚至不征税。这些政策措
施加剧了粮食保护主义，干扰了世界性农业资源的合理配置。从 1996 年开
始，各国逐步开始调整和改革农业贸易政策体系，改革国家的政策调整方向
是从价格支持和过境控制为主的保护方式向加强农业的竞争力方式转变。发
展中国家则积极利用世界贸易组织《农业协议》中的"绿箱"政策及其穿凿
保护的一些特殊规定，开始由负保护政策转向实施一定程度的保护。粮食进

口国在发挥比较优势与确保国家粮食安全的两难中力争取得平衡。从总体上看，无论是发达国家还是发展中国家，无论是粮食净出口国或是净进口国，都不会轻易放弃对粮食产业的保护，粮食贸易保护政策在较长时期还将以一种常态存在于世界贸易中，各国将以世界贸易组织的框架下寻求一种更为灵活与隐蔽的方式。

3.1.2.4　影响世界粮食供需的主要因素及发展趋势

（1）世界人口的快速增长，导致对粮食的需求越来越大。1990年以来，世界粮食总消费量以每年1.86%的速度递增。有关资料显示，1990年世界人口约为51.31亿，而到了2006年上升至63.26亿。人口不断增加是导致消费量增长的主要原因。据联合国粮农组织预测，到2015年世界人口将达到72亿，2030年世界人口将达到82.7亿，若按2006年世界人均粮食消费量314公斤计算，预计2015年全球需要粮食22.61亿吨，2030年需要粮食25.97亿吨（联合国粮农组织，2005）。

（2）随着经济的发展，食物消费水平不断提高。发展中国家人均收入增加和城市人口增多将导致消费结构升级，由于肉、蛋、禽、奶等制品需求增加，饲料粮食需求大幅增加。此外，随着生活水平的提高，人均粮食消费量也在不断增加，2006年世界人均粮食消费量为314公斤/年，较1990年的287公斤/年增加了9.41%。世界银行的报告表明，由于经济发展，石油输出国组织（OPEC）的粮食消费2005~2006年增长了17%，撒哈拉以南的非洲国家粮食消费增长了25%（联合国粮农组织，2005）。

（3）随着工业化与城市化的推进，资源约束越来越突出。由于工业化、城市化必然要占用大量的土地、水等农业资源，使得资源对农业约束尤其对粮食生产的约束越来越突出。联合国环境规划署的研究资料表明，在过去的半个世纪，由于农业活动、砍伐森林、过度放牧而造成中度和极度退化的土地达12亿公顷，约占地球有植被表面积的11%。世界旱地面积32.7亿公顷，受沙漠化影响的达20亿公顷，占61%（联合国粮农组织，2005）。此外，土地沙漠化现象严重，联合国研究表明，气候变暖导致占全球41%的干旱地区土地不断退化，全球沙漠面积正在逐渐扩大。据统计，非洲有大约2/3的面积被沙漠和干旱土地所覆盖，世界上已经沙漠化的土地有一半在非洲。在过去30 多年中，非洲森林面积约减少50％，损失草地7 亿多公顷，人均可耕地面积减少了一半以上。这种状况已对非洲的粮食安全构成严重威胁，使3 亿多人遭受沙漠化困扰。

（4）生物能源发展导致机器与人争粮现象严重。自2005 年底石油价格上涨以来，生物能源异军突起。生物燃料以玉米、棕榈油、豆油和甘蔗等农作物为主要生产原料，可以与石化柴油以任何比例混合使用，减少石化柴油消费量和二氧化碳排放量。生物燃料是摆脱对传统石化能源依赖、减少温室气体排放的优秀替代能源。但生物燃料大量生产加大了对农作物的需求。根据联合国粮农组织2007 年的报告，生物燃料生产在近一段时期消费掉近1 亿吨谷物，成为谷物市场重要消费源之一。其中，用于生产生物燃料的玉米约为9500 万吨，占世界玉米消费总量的12％左右（联合国粮农组织，2005）。由于粮食被大量消耗，全球农产品价格进入上升渠道。

（5）由于全球粮价上涨，粮食生产投入有望增加。2005 年以来，全球粮食产量逐年下滑，需求量却连年增加，此消彼长下，全球粮食库存量不断下降，粮食供需不足现象逐步显现。联合国粮食及农业组织2008 年2 月发布的《作物前景与粮食形势》报告预计，2007 年全球谷物产量的估算约为21.02 亿吨（稻米以碾米计），全球谷物利用量将达21.20 亿吨，产需之间存在较大缺口。此外，2008 年世界谷物季末库存量将降至仅4.05 亿吨，是1982 年以来的最低水平（联合国粮农组织，2005）。在旺盛的需求下，粮食生产投入有望增加，《作物前景与粮食形势》报告表从各地情况来看，世界粮食消费主要增长点集中在南美洲、大洋洲、北部非洲和撒哈拉以南非洲。其中南美洲、大洋洲以经济发展驱动粮食消费为主；撒哈拉以南非洲以人口增加驱动粮食消费为主；北部非洲的粮食消费则是由经济发展和人口增加联合驱动的。撒哈拉以南非洲人均粮食消费水平低，增加缓慢，是全球粮食问题最严重的地区。2008 年，美国、欧洲多数小麦生产国冬小麦播种面积，南非玉米播种面积，马达加斯加稻米播种面积均较去年有所增加（联合国粮农组织，2005）。

3.1.3　世界贸易组织规则与中国粮食国际贸易管制

2001 年中国加入世界贸易组织，从此面临新的国际贸易环境，一方面为中国参与国际贸易带来了更多的机遇；另一方面也对政府的行为提出了更高的要求。世界贸易组织是以市场经济为基础的，世界贸易组织原则的实质是强化市场机制对全球资源配置的基础性作用，这意味着中国政府行为必须符合世界贸易组织规则的要求，在对外贸易时要以国际规则为主导。

世界贸易组织的基本原则主要体现自由贸易原则、公平竞争原则以及透明度原则等方面，这些原则构成了对成员国的政府行为的约束，成为成员国政府的行为准则。

3.1.3.1　世界贸易组织与成员国行为准则

（1）自由贸易原则与政府行为约束。自由贸易原则是世界贸易组织的一个重要目标，目的是实现更大程度的贸易自由化，促进开放贸易体制的建立。要求成员国分阶段扩大市场准入领域，实质性削减关税和减少其他贸易壁垒，扩大成员方之间的货物和服务贸易，逐步实现贸易自由化，促进市场的合理竞争和适度保护。

这一原则对成员国政府行为约束主要表现为：一是对成员政府在关税和进口数量限制上有比较明确的规定。如《1994 年关贸总协定》要求各成员国降低关税和取消对进口的数量限制，逐步开放市场，以允许外国商品进入本国市场与本国产品进行竞争。这些逐步开放的承诺具有约束性，并通过非歧视贸易原则加以实施。而且成员国要承诺除非得到世界贸易组织的允许，不能随意把关税重新提高到超过约束的水平。二是对成员国政府在许可管制上提出了相关要求（Goite et al.，2000）。如《农业协议》要求成员国将现行对农产品贸易的数量限制（如配额、许可证等）进行关税化，并承诺不再使用非关税措施管理农产品贸易，并逐渐降低关税水平，从而使农产品贸易更多地由国内外市场的供求关系决定价格。《进口许可证协议》要求成员国尽量不要使用许可证管理贸易。如采用公开一般许可证，只要进出口商向政府指定的部门申请登记即可进出口，不需经过多个关卡审批。三是对成员国政府在市场开放领域上作出了较明确的规定。四是留有一定的保护性。世界贸易组织规定，如一成员从其他成员进口的商品、服务大量增加，并因此对自己造成严重损害或有严重损害威胁时，均可向世界贸易组织提出要求暂停履行相关义务或修改义务。

（2）公平竞争原则与政府行为约束。公平竞争原则是指在世界贸易组织的框架下，成员方应避免采取扭曲市场竞争的措施，纠正不公平的贸易行为，在货物贸易、服务贸易和与贸易有关的知识产权领域，创造和维护公开、公平、公正的市场环境。

这一原则对成员国政府行为约束主要表现为：一是成员国政府放弃不公正的贸易手段。当贸易出口方采取倾销或补贴等不公正贸易手段给进口国国内工业造成实质性的损害，或有实质性损害的威胁时，受损害方可征收反倾销税和反补贴税所形成的不公平竞争行为。二是明确了倾销和补贴的不当竞争性质。所谓倾销是指以低于正常价格或不合理的低廉价格向外出口本国商品，而补贴是指一国的出口商品在生产、制造、加工、买卖、输出过程中所接受的直接或间接的奖金或补贴。不管这种奖金和补贴是来自政府，还是来自企业协会，进口国均征收反补贴税。三是规定了反倾销和反补贴的方式。受损害的进口国在实施反倾销和反补贴行动时，应遵循一定规则。征收反倾销税和反补贴税的条件必须是有倾销或补贴的事实存在，并且倾销或补贴造成了进口国国内工业的实质性损害或实质性损害威胁，才能征收不超过倾销差额或补贴数额的反倾销税或反补贴税。同时世界贸易组织也反对成员滥用反倾销和反补贴，以消除贸易保护主义的行为。

（3）透明度原则与政府行为约束。透明度原则是指成员国应及时公布所制定和实施的贸易措施及其变化情况（例如修改、增补或废除等），不公布的不得实施，同时还应将这些贸易措施及其变化情况通知世界贸易组织。成员国所参加的有关影响国际贸易政策的国际协议，也在公布和通知之列。

这一原则对成员国政府行为约束主要表现为：一是明确了必须公布的有关贸易措施内容。包括：产品的海关分类和海关估价等海关事务；对产品征收的关税税率、国内税税率和其他费用；对产品进出口所设立的禁止或限制等措施；对进出口支付转账所设立的禁止或限制措施；影响进出口产品的销售、分销、运输、保险、仓储、检验、加工、展览、与本国产品混合使用或其他用途的要求；有关知识产权的法律、法规、司法判决和行政裁定以及与世界贸易组织签署的其他影响国际贸易政策的协议等。二是规定了公布时间，要求成员国对以上法规和规章迅速公布，并通知世界贸易组织，不公布的不得实施。但若公开后会严重妨碍法令执行、违反公共利益或损害某一企业的利益，则可要求暂时不公开。三是要求设立询问站，提供对外咨询服务。外国公司、各国政府可以利用这些询问站取得相关情报。四是规定了实施法规的统一性与合理性。各成员应公正、合理、统一地实施上述的有关法规、条例和决定。统一性要求在成员领土范围内管理贸易的有关法规不应有差别待遇，地方政府所颁布的有关法规不应与中央政府有任何抵触。公正合理地要求成员对法规的实施履行非歧视原则。此外，透明度原则还规定，鉴于对行政行为进行检查和纠正的必要，成员应保留或尽快建立司法的或仲裁的机构和程序。这类机构或程序必须独立于负责行政实施的机构之外。

（4）世界贸易组织规则对中国政府管理的总体要求。加入世贸组织后，世界贸易组织规则对中国政府管理的要求首先与"入世"后中国应尽的义务有关。按照中国"入世"谈判的原则，"入世"后，中国应尽的义务主要包括七个方面：一是削减关税；二是逐步取消非关税措施；三是取消被禁止的出口补贴；四是开放服务业市场；五是扩大知识产权的保护范围；六是放宽和完善外资政策；七是增加贸易政策的透明度。

3.1.3.2 《农业协议》对粮食国际贸易管制的影响

《农业协议》是乌拉圭回合谈判达成的规范国际农产品贸易的重要协议，是乌拉圭回合谈判的主要成就。它把长期以来游离于关贸总协定之外的农产品贸易重新纳入了法律框架之内，也是世界农产品贸易体制改革的进程中的一个历史性转折点。《农业协议》（乌拉圭回合）中农业规则主要包括：市场准入规则、国内支持规则、出口补贴规则和动植物卫生检疫规则。

（1）市场准入规则。①非关税措施关税化。规定成员国必须对非关税措施包括配额、进口数量限制、进口差价税、酌情发放许可证、通过国营贸易企业维持的非关税措施、最低进口限制、浮动关税以及各类限制性协议予以关税化，并以一年为基期按照一定的公式转化为"等量关税"，再加上现行的正常的关税税率构成混合关税。②削减进口关税。规定各成员国减让其关税水平，包括普通关税和非关税措施转化而来的等值关税。以 1986～1988 年为基期的水平按规定的幅度削减，并且今后不得超过此水平。发达国家自 1995～2000 年的 6 年中，按照简单算术平均计算削减 36%，每项最低削减 15%，同时约束所有关税。发展中国家自 1995～2004 年的 10 年中，按照简单算术平均计算必须将关税削减 24%，每项最低削减 10%，同时约束所有关税。最不发达国家可以免于作出承诺。在乌拉圭回合之前只有 1/3 的农产品关税税目是约束关税，乌拉圭回合后几乎所有的农产品关税税目都受到了约束并且不能随便提高。③市场准入机会。规定各成员国进口方应提供最低市场准入机会（Minnimum Access Opportunity）或现行市场准入机会（Current Access Opportunity）。对于以前使用非关税措施而现在进行关税化的农产品，最低市场准入承诺规定，协议生效时最低市场准入机会应该为基准期国内平均消费量的 3%，并且要在 6 年内增加至 5%，关税包括配额内关税和配额外关税。现行市场准入承诺规定，在基准期内（1986～1988 年）的进口量超过国内平均消费量的 5% 时，协议要求该成员国应当维持或者增加现已存在的市场准入机会，增加部分以最惠国方式分配。

在《中美农业合作协议》中，中国政府承诺谷物（除了大麦）进口实行关税配额制和准国家专营制，对配额内进口征收低关税（谷物 1%，谷物加工物 10%），配额外进口征收 76% 的高关税（至 2004 年，当谷物进口配额显著增加时降至 65%），加入世界贸易组织后，取消大麦进口配额，代之以 9% 的关税（朱光亚，1999）。由于中国粮油国际市场价格低于国内市场，且国外产品质量一般好于国内同类产品，市场的开放可能会使我国小麦、豆油、玉米、大米等农产品的生产下降。同时，每年进口配额的一部分必须分配给私营部门，在国际市场价格低于国内市场价格情况下，政府就不能再用传统的办法通过国有外贸部门的垄断地位把进口数量控制到配额数量以下（George E. C.，2001）。

（2）国内支持规则。①支持措施测量，即"综合支持量"的计算应当以接受市场价格支持、未豁免的直接支付或其他任何没有在削减承诺中予以豁免的补贴的每种基本农产品的特定产品为基础，再加上非特定产品的综合支持量（第 1 条 a 款）。②削减承诺。协议实施期内（1995～2005 年）发展中成员国承诺将削减国内支持 13.3%；最不发达成员则免于削减。每个成员国每年需要削减等量的国内支持以保证在最后一年内实现既定目标。③国内支持减让的例外。《农业协议》第 6 条和附录 2 详细规定了可以免除削减承诺的支持措施。这些豁免必须是以政府计划并且以公共资金方式提出的且不存在对生产者的价格支持、不是从消费者转移而来的或不对贸易产生扭曲作用。包括：特殊及差别待遇政策、"绿箱"政策、"蓝箱"政策和微量补贴政策（张汉林，2003）。

　　（3）出口补贴规则。主要农产品国家和地区对农产品的大量出口补贴严重地扭曲了资源配置，使世界市场价格无法真正地反映生产成本和各国相对优势，出口补贴也是最容易产生不公平竞争的贸易政策措施。《农业协议》规定除了符合本协议和该成员国减让表所列明的承诺之外，每一成员不得以另外方式提供出口补贴（第 8 条）（杨鹅飞等，2004）。①受约束农产品出口补贴范围。根据《农业协议》规定削减承诺的出口补贴有：一是政府或者其代理机构视出口实绩而向公司、行业、农产品生产者、此类生产者的合作社或其他协会或销售局提供直接补贴，包括实物支付。二是政府或者其他代理机构为出口而销售或处理非商业性农产品库存，价格低于向国内市场中同类产品的购买者收取的可比价格。三是依靠政府措施融资给农产品出口作出支付，包括从生产者征税所得中融资的支付。四是为减少出口农产品营销成本而提供的补贴（能够广泛获得的出口促销和咨询服务除外），但包括处理、升级、其他加工成本、国际运输成本和运费。五是政府提供或者授权的出口装运货物的运费的条件优于国内装运货物；依据出口产品所包含农产品的情况向该农产品提供补贴。其中第四类与第五类补贴在《农业协议》执行期间不应要求发展中国家进行承诺。②出口补贴削减承诺。《农业协议》要求各成员国不仅要削减用于补贴的资金金额，而且还要削减接受出口补贴的农产品数量并且承诺削减对其农产品的出口补贴，以 1986～1990 年为基期，发达国家将在 6 年内将有补贴的农产品的出口数量减少 21%，出口补贴的预算开支削减36%；发展中国家在10年内将所有补贴的农产品出口数量减少14%，出口补贴预算开支减少24%。最不发达国家则不需要进行任何削减。对于在基期内没有进行补贴的农产品，禁止在以后对该农产品提供出口补贴。由于中国对农业补贴相对有限，因此，尽管补贴部分的处理并不是中美农业合作协议的主要内容，但中国仍然将不得不逐步取消对农产品的直接价格支持，以后农业贴息贷款的发放将会受到很大影响（王奉省，2008）。③农产品出口补贴的例外。根据《农业协议》的第9条第2款b项规定，在实施期的第2年到第5年的任何一年中某成员国在特定年份所提供的第1款所列出口补贴可以超过该成员国减让表第四部分所列明的该农产品的相应年度的承诺水平。④防止规避出口补贴削减义务的规定。为了防止成员国规避出口补贴削减承诺，协议第10条规定了防止规避出口补贴削减义务（张汉林，2003）。

3.1.3.3　粮食国际贸易世界贸易组织争端

粮食国际贸易争端是粮食国际贸易中需要特别关注的一个问题。分析粮食贸易争端的案例，能有效地在管制过程中避免不必要的争端而造成利益损失。

（1）粮食贸易争端案例。自1995年世界贸易组织成立至2009年6月底，DSB共受理贸易争端案395起，其中与粮食贸易直接相关的争端有26起，占6.58%。粮食贸易直接相关的争端案是指争端申诉内容直接指明粮食相关问题的争端案，如加拿大与欧盟关于谷物进口关税的争端（WT/DS9，1995）、匈牙利与罗马尼亚关于小麦和面粉的进口禁令的争端（WT/DS240，2001）、美国与加拿大关于小麦进口和谷物出口措施的争端（WT/DS276，2002）、阿根廷与智利关于对从阿根廷进口的小麦面粉反倾销措施的争端（WT/DS393，2009）等，见表3-10。

从争端发生的年份来看，粮食贸易直接争端26起中，除1995年、1998年分别有4起和7起比较集中外，其他年份分布比较均匀地1~2起。1996年和2008年4年中没有发生粮食直接争端案。从比例来看，1995年、1998年和2005年的比例均达到14%以上。在发展趋势上，年度内贸易争端数量趋向平稳。

表 3 - 10　粮食贸易直接相关的世界贸易组织争端案（1995～2009 年）

编号	申诉方	受诉方	内容	涉及协定	年份
WT/DS9	加拿大	欧盟	谷物进口关税	GATT，Customs	1995
WT/DS13	美国	欧盟	粮食进口关税	GATT，Customs	1995
WT/DS17	泰国	欧盟	大米进口关税	GATT，Customs	1995
WT/DS25	乌拉圭	欧盟	进口大米义务	GATT，Customs	1995
WT/DS101	美国	墨西哥	玉米糖浆的反倾销	AD	1997
WT/DS132	美国	墨西哥	谷物糖浆的反倾销	AD	1998
WT/DS134	印度	欧盟	大米进口关税	Agriculture，GATT，Customs，Licensing，SPS，TBT	1998
WT/DS143	匈牙利	斯洛伐克	小麦进口关税	Agriculture，GATT	1998
WT/DS144	加拿大	美国	谷物等进口措施	Agriculture，GATT，SPS，TBT	1998
WT/DS145	欧盟	阿根廷	小麦麸的反补贴税	SCM	1998
WT/DS148	匈牙利	捷克	小麦进口关税	Agriculture，GATT	1998
WT/DS166	欧盟	美国	小麦麸保障措施	Agriculture，GATT，Safeguards	1999
WT/DS185	哥斯达黎加	特立尼达与多巴哥	面粉进口措施	AD，GATT	1999
WT/DS187	哥斯达黎加	特立尼达与多巴哥	通心面和意大利面反倾销措施	AD，GATT	2000
WT/DS210	美国	比利时	大米关税措施	Agriculture，Customs，GATT，TBT	2000
WT/DS223	美国	欧盟	玉米麸饲料关税配额	GATT，Safeguards	2001
WT/DS240	匈牙利	罗马尼亚	小麦和面粉进口禁令	GATT	2001
WT/DS276	美国	加拿大	小麦进口和谷物出口措施	GATT，TRIMs	2002
WT/DS284	尼加拉瓜	墨西哥	限制黑豆进口措施	GATT，Licensing，SPS	2003
WT/DS295	美国	墨西哥	牛肉和大米反倾销	AD，GATT，SCM	2003
WT/DS310	加拿大	美国	国际贸易委员会对加拿大硬粒赤春小麦的决定	AD，GATT，SCM	2004
WT/DS330	欧盟	阿根廷	麦麸等反补贴措施	GATT，SCM	2005
WT/DS334	美国	土耳其	大米进口限制	Agriculture，GATT，TRIMs，Licensing	2005
WT/DS338	美国	加拿大	谷物反倾销和反补贴税	AD，GATT，SCM	2006
WT/DS357	加拿大	美国	谷物等农产品补贴	Agriculture，SCM	2007
WT/DS393	阿根廷	智利	小麦面粉反倾销措施	AD，GATT	2009

资料来源：根据 www.wto.org 整理。

　　从国别来看，26 起争端中发达国家申诉的案例有 21 起，占总量的 80.77%，主要集中在美国、欧盟、加拿大，其中美国最多，有 9 起，占总量的 34.62%；其次是加拿大与欧盟，分别为 4 起和 3 起，分别占总量的 15.38% 和 11.54%。发展中国家申诉的案例有 5 起，仅占总量的 19.23%，主要是印度、泰国、阿根廷、哥斯达黎加等。被申诉国中，发达国家的案例有 14 起，占总量的 53.85%，主要集中在欧盟、美国、加拿大。其中欧盟最多，有 6 起，占总量的 23.08%；其次是美国与加拿大，分别为 4 起和 2 起，分别占总量的 15.38% 和 7.69%。发展中国家被申诉的案例有 12 起，占总量的 45.15%，比申诉比例高出 26.92%，主要是墨西哥、阿根廷、土耳其等国。发达国家之间的争端 14 起，占总量的 53.84%；发达国家与发展中国家的争端 9 起，占总量的 34.62%，发展中国家之间的争端 3 起，占总量的 11.54%。在发展趋势上，发达国家之间的贸易争端仍占主导地位，特别是申诉国发达国家占多数，发展中国家参与的数量有所增加。

　　从争端的项目类型来看，26 起争端中涉及谷物总类的有 4 起，占 19.23%；大米的有 6 起，占 23.08%；小麦的有 11 起，占 42.31%；玉米、黑豆、谷物糖浆、玉米糖浆等各 1 起，各占 3.85%。由此可见，粮食贸易争端中主要涉及的是小麦与大米，占 65.39%。

　　从争端的申诉内容来看，26 起争端中涉及《1994 年关贸总协定》（GATT）的有 22 起，占 84.15%；涉及《农业协议》（Agriculture）和《反倾销协议》（AD）的各有 8 起，占 30.77%；涉及《补贴与反补贴措施协议》（SCM）和《海关估价协议》（Customs）的各有 6 起和 5 起，分别占 23.8% 和 19.23%；涉及《技术性贸易壁垒协议》（TBT）、《实施动植物卫生检疫措施协议》（SPS）和《进口许可程序协议》（Licensing）各 3 起，占 11.53%；涉及《保障措施协议》（Safeguards）和《与贸易有关的投资措施协议》（TRIMs）各 2 起，占 7.69%。其中《1994 年关贸总协定》涉及的条款主要是第 1、2、3、5、6、7、8、10、14、17、19、24 条，《农业协议》涉及的条款重点是第 4 条，8 起案例均与第 4 条有关。《实施动植物卫生检疫措施协议》第 2、4、5、6、13 条、附录 B、附录 C，《技术性贸易壁垒协议》第 2、3、5、6、7、9 条等。以及《补贴与反补贴措施协议》的第 1、10、11、12、

14、19 和 21 条《进口许可程序协议》第 1、3、5 条。

（2）粮食贸易争端原因。粮食贸易争端的直接起因源于贸易保护主义思想影响下的一国贸易政策和贸易行为导致其交易国的不满，认为其政策和行为与世界贸易组织相关协议条款不符，直接或间接损害了申诉国既得利益，根本原因在于粮食贸易国之间的利益冲突和各国的利益取舍。

1）贸易保护主义思想的影响。虽然 1995 年乌拉圭回合谈判使粮食国际贸易向自由化迈出了重要的步伐，《世界贸易组织协定》、《农业协议》、《实施动植物卫生检疫措施协议》等协定与协议也扩大了贸易的市场准入，规范了关税和非关税措施，奠定了法律基础，创造了更为公平的交易环境，但出于各国利益立场，贸易保护主义思想依然挥之不去地存在于各国的贸易政策中，而且近年来随着世界金融危机的爆发在抬头。体现在：①粮食出口扩大本国的出口，采用国内粮食出口补贴、产业支持政策和低价倾销政策。在 26 起争端案中，涉及粮食出口补贴的有 6 起，占 23.8%；涉及粮食的倾销有 8 起，占 30.77%。粮食产品与工业品不同，对于像美国这样的粮食出口大国（约占世界总出口量的 50%），粮食产业即是弱质产业又是在出口中占有重要地位的产业，因此必然会采取扶持与鼓励出口政策。②粮食进口国限制进口，采用配额限制、关税与非关税壁垒政策。在 26 起争端案中，涉及粮食关税的有 8 起，占 30.77%；涉及进口限制的有 6 起，占 23.8%；涉及《技术性贸易壁垒协议》、《实施动植物卫生检疫措施协议》和《进口许可程序协议》的各有 3 起，占 11.53%。

2）粮食贸易国别的影响。迄今为止，世贸组织共有成员 153 个，但在粮食贸易争端中的参与度与角色存在着较大的差别，主要受以下两个因素的影响：①发展水平的差异。表现为发达国家在申诉上比发展中国家活跃，比例高达 80% 左右，高出发展中国家 60%，占据绝对主导的地位。发达国家对发展中国家提出的申诉也高于发展中国家向发达国家提出的申诉，大多数发展中国家很少利用贸易争端机制。形成这种局面的原因：一是由于发展中国家缺乏财力、人力、法律和制度资源（Guzman，Andrew T. and Beth Simmons，2005）；二是由于受经济依存度、双边关系和国际政治能力等强权政治因素的影响；三是由于世界贸易组织协定条款有利于发达国家，使发展中国家一开始就处于不利地位（Moon and Don，2006）。②贸易量的影响。表现为参与成员与粮食贸易量存在一定正相关关系，参与国以粮食主要进出口国为主。目前世界粮食的主要进出口国中，发达国家主要是美国、欧盟、加拿大、日本、澳大利亚等国，发展中国家主要是韩国、阿根廷、墨西哥、泰国、巴西、中国等国。美国是世界上最大的粮食生产国和出口国，其粮食产量占全球总产量的16%左右，出口量占全球出口量的30%左右，因此也必然成为世界粮食贸易争端的主角。在26个直接相关的案例中，由美国发起申诉的9起案例均是美国针对贸易国的粮食进口政策不满提出的。

3）协议与协定条款的影响。世界贸易组织的贸易争端主要是围绕着世界贸易组织的协议与协定条款展开的，贸易争端的起因一方面是由于协议与协定的完善，通过申诉，促进贸易国按新协议与协定执行。如《1994世界贸易组织协定》、《农业协议》和《实施动植物卫生检疫措施协议》的签署，使1995年粮食贸易争端比例有大幅度上升，占45.45%。另一方面是由于协议与协定条款的含糊其词、不明确，又引起新的贸易争端，如与转基因植物的国际贸易关系密切相关的《实施卫生与植物检疫措施协议》，由于在协议中并没有对转基因植物作明确的规定，从而引致贸易争端。

（3）粮食贸易争端利益得失。任何贸易争端的根本原因贸易方之间的利益冲突。无论是采取直接交涉、直接报复或利用世界贸易组织争端机制进行申诉，无论是争端各方采用什么行为，都是由于贸易方对利益得失的判断。粮食国际贸易虽然占整个国际贸易中的比例不大，但由于关乎国计民生，因此敏感性较强。世界贸易组织规则的修订、贸易各方行为的改变和贸易形势的变化均会导致各方利益的变化、利益分配格局的变化，进而产生利益冲突和贸易争端。利益得失的大小也决定了争端的解决方式。利益得失越大，越容易产生争端，越容易导致争端升级。

从世界贸易组织粮食贸易争端案例来分析，中国加入世界贸易组织的14年中没有出现直接涉及粮食的争端案，但2009年已出现了一些新的动向，与连续出现了3起与农产品相关的争议，分别是美国、欧盟与危地马拉关于赠款、贷款和其他奖励措施的争端。在世界贸易组织争端中，中国主动申诉的只有4起，中国受诉的却有15起，而且近年有增长趋势。中国在粮食国际贸易过程中，应在借鉴别国的经验的基础上，变被动应诉为主动保护自身利益，充分研究与合理利用世界贸易组织规则，保护国家利益（尤利群，2009b）。

3.2　粮食国际贸易政府管制战略体系

战略是制定策略的依据。任何一个战略均不是孤立的，总是与其相关系统之间存在着密切的关系。科学有效的粮食国际贸易管制战略不仅要考虑环境对其的影响，而且还要考虑其所处的战略位置。

3.2.1　粮食国际贸易政府管制战略框架

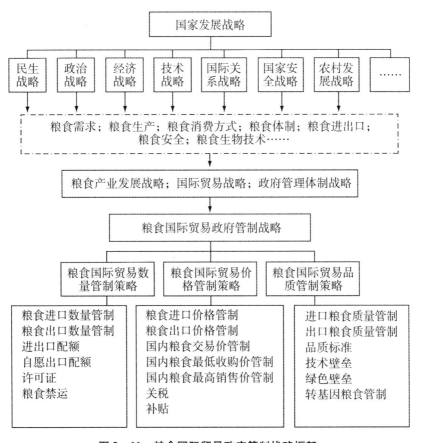

图 3-11　粮食国际贸易政府管制战略框架

参见图3-11，国家发展战略第一是层次战略；第二是各部门的分战略，其中经济战略、国际关系战略、技术战略、国家安全战略、民生战略、农村发展战略都会对粮食国际贸易管制的相关要素产生影响；第三是中国粮食产业发展战略、中国对外贸易发展战略、政府管制战略；第四是上述三个战略的一个交叉分支战略——粮食国际贸易管制战略；第五是粮食国际贸易管制策略；第六是粮食国际贸易管制具体内容与方法。

3.2.2 中国粮食产业发展战略

国家发展和改革委员会于2008年11月13日公布了《国家粮食安全中长期规划纲要（2008～2020年）》（以下简称《纲要》）。对我国粮食安全问题作了基本的构略。本书的粮食产业发展战略是基于《纲要》基础进行分析整理的。

参见图3-12，图中第一层次的目标体现了政府行为目标；第二层次目标体现了粮食产业发展的政府目标；第三、四层次目标体现了粮食国际贸易的目标；第五层次目标体现了粮食国际贸易政策管制的目标要求（尤利群，2009c）。

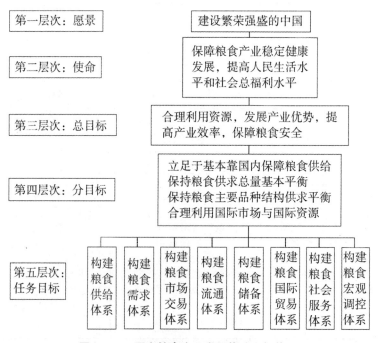

图 3 - 12　国家粮食产业发展战略目标体系

3.2.3　中国粮食国际贸易战略

3.2.3.1　粮食国际贸易战略的影响因素

粮食的国际贸易影响因素参见图 3 - 13。制定粮食国际贸易战略目标必须兼顾国内粮食产业发展与国际资源的利用，兼顾粮食获得的经济性与国家粮食安全，兼顾国际政治关系与国内相关利益群体福利得失，兼顾扶持国内粮食产业的国际竞争力与遵循世界贸易组织等国际共同规则。

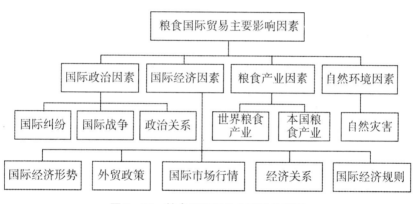

图 3 - 13　粮食国际贸易主要影响因素

3.2.3.2　中国粮食国际贸易战略目标

鉴于中国耕地资源有限，粮食总体上存在需大于供，品种结构不平衡和国际粮食贸易格局情况，笔者认为中国粮食国际贸易的战略目标可设定为：立足国内、适度进口，扩展优势、发展外贸。具体目标有：①大力发展国内粮食生产，保障粮食供给的基本平稳；②加强各国政府间合作，建立良好的外交关系，建立稳定可靠的进口粮源；③实施"走出去"战略，争取国际比较利益；④优化国内粮食结构，提高国际竞争力，稳定国内粮价。

3.2.4　中国粮食国际贸易管制战略目标

粮食国际贸易的数量管制的战略的总目标是实现国家利益的最大化，具体目标：①保障国内粮食安全，保障国内粮食需求，控制国内粮食价格，保持国内粮食供需基本平衡；②促进中国粮食产业发展，提升粮食产业国际竞争力，保障国内粮食生产者利益；③调整国内粮食品种，优化国内生产与消费结构；④积极利用世界市场资源，获得国际贸易利益，积极促进国内多余粮食的出口；⑤建立良好的国际经济政治关系和良好的国际贸易关系。

3.3　本章小结

粮食的国际贸易政策与国内与国际贸易市场状况密切相关。从总体趋势上分析，中国粮食总产量呈上升趋势，但由于受耕地数量的限制增幅相对有限，增长动力主要依赖于技术进步与结构调整。粮食产量波动是影响粮食市场供给的一个重要因素，可以通过储备粮和进出口进行调节，从历史情况来看，中国粮食生产存在着周期性波动，但波动周期与波幅由于受多重因素的影响存在着不确定性。在粮食消费上，中国居民对大米与小麦存在较强的需求刚性，替代性较差，玉米需求量随着畜牧业发展增长速度较快。中国粮食在供求平衡上也存在着波动，但大部分情况是供大于求。中国粮食市场一直保持较高的自给率，大于95%这一的政府设定的管理目标，供求状况基本平稳，主要口粮特别是大米的自给率水平更高。从未来粮食市场的发展趋势上看，中国可适度利用国际粮食市场，提高进口粮食数量，适度降低粮食自给率，中国粮食适度进出口即不会对中国粮食安全问题构成威胁，更不会对世界粮食市场造成危机。

从世界粮食市场的供求状况来看，目前世界粮食的基本稳定，粮食的出口国比较集中，而粮食进口国比较分散，世界各国粮食的自给率总体呈下降趋势，主要是出口国种粮积极性不高，而进口国则由于资源因素、比较利益和贸易自由化变得更为依赖于国际市场的供给。粮食国际市场生产的集中度决定了粮食国际贸易容易受少数国家政策的影响，粮食消费市场的分散性又决定了国际粮食市场容易形成卖方市场，这在一定程度上增加了粮食进口方的风险。但从学者们对国际市场的预测结果来看，国家粮食市场供给会保持一定的增长，供求基本保持平稳，市场开放度会不断加大，国际市场粮食波动与中国粮食市场波动并不具有很强的同步性，国力与居民购买力水平将主要决定中国在国际粮食市场上的可获性。虽然世界粮食市场是中国可用的市场资源，但作为中国政府如何良好地对其加以利用以保证国家利益最大化和国民福利水平提高需要进一步研究。

由于中国加入世界贸易组织后政府关于粮食的国际贸易管制必须符合世界贸易组织规则的要求，因此深入分析与研究与粮食产业有关的世界贸易组织规则十分必要。中国应在了解与掌握国际规则的基础上，合理利用规则保护本国利益，并积极争取参与管制制定。

粮食国际贸易管制战略是中国发展战略及粮食产业发展战略、国际贸易战略、政府管制战略的子战略。国家粮食产业发展的战略目标为：合理利用资源，发展产业优势，提高产业效率，保障粮食安全。这决定了中国粮食既要立足于国内产业的发展，又要适度地利用国际资源。中国粮食国际贸易战略目标是：立足国内、适度进口，扩展优势、发展外贸。在战略思路上，中国既不推崇完全的自由贸易主义思想，也不推崇完全的贸易保护主义思想，采用相机而择的观点，根据战略需要，合理选择对产业的保护与市场开放。中国粮食国际贸易管制目标：促进中国粮食产业发展，维护中国粮食国际市场秩序，保障国家粮食安全，促使国家公共利益最大化。这一目标也确定了中国粮食国际贸易管制问题的研究体系与研究内容。

4 粮食国际贸易管制方法及策略

本书粮食国际贸易的管制研究的主要内容集中于粮食国际贸易的数量、价格与品质。在基于国家公共利益最大化假设之下，利用管制经济学研究方法，构建福利分析模式，利用经济学管制分析方法，分析各种管制方法的福利影响及方法的适用性。利用其分析结果，确定管制策略。

4.1 粮食国际贸易数量管制方法

粮食国际贸易管制首先面临的问题是进出口数量管制问题。无论从理论上分析还是实践的运用，政府对粮食进出口数量管制是必要的和现实存在的。粮食的数量供给水平不仅会影响粮食产业的发展，也会影响一国的福利水平，特别是当粮食处于安全底线水平时，因此，粮食的数量管制也是解决粮食供给水平，提高国家福利水平，解决粮食产业外部性问题的手段。另一方面，粮食产品的余缺虽然可以通过国内的库存量进行调节，但在贸易自由化的环境下，国际市场始终是调节国内供需矛盾的一种途径和明智选择。因此，如何选择合理的方法利用国际市场进行合理调节便成为关键的问题。

国际贸易数量管制方法是进出口配额、自愿出口配额、许可证和禁运等，不同的方法其适用环境、成本与效果是不同的。

4.1.1　进出口配额

4.1.1.1　进出口配额种类

进出口配额其实质是一种直接性的进出口数量限制。限制的程度是根据配额数量大小或金额多少确定的。当配额数量或金额确定为零时，即是粮食禁运。

进出口配额，分为进口配额与出口配额（Import/Outport Quotas），粮食进出口配额是国家实行进出口数量限制的重要手段之一，主要有绝对配额和关税配额两大类。因我国对粮食配额管制主要采用进口配额，很少有出口配额，因此以下主要分析粮食进口配额。绝对进口配额（Absolute Quotas）管制方法对进出口数量具有很强的控制力，政府可严格地控制粮食进出口的数量。这种方式在实施中又有以下两种形式：第一种是全球配额（Global Quotas），也称为非歧视性配额（Non – discriminatory Quota）；第二种是国别配额（Country Quotas），也称为选择性配额（Selective Quota）或歧视性配额（Discriminatory Quota）。实行国别配额可使进口国家根据它与有关国家或地区的政治经济关系分配给予不同的配额，这种管制方法有利于国家控制其粮食进口源，对粮食进口源进行战略性的布局。

关税配额（Tariff Quotas）管制方法是通过关税管制达到数量管制目的，优点是其方式符合世界贸易组织规则。根据管制程度的不同分两种：一种是优惠性关税配额；另一种是非优惠性关税配额，即对关税配额内进口的粮食征收原来正常的进口税，一般按最惠国税率征收，对超过关税配额的部分征收较高关税以至惩罚性关税（朱钟棣，1999）。

进口配额根据配额的产生方式不同，又可分为单方配额和协议配额。单方配额（Unilateral Quota），也称自主配额（Autonomous Quota），可分为综合性单方配额和分摊性单方配额或分配性配额（Allocated Quota）。协议配额（Negotiated Bilateral or Multilateral Quota）一般是委托供应国向出口商发放进口国的进口许可证。协议配额还可能以一种转换的形式出现，即"自动出口配额"。采取单边配额通常会招致出口国的不满并引起报复，一般只能在一定的世界贸易组织协议框架中进行，相比之下，协议配额的方式则较为温和。

4.1.1.2　进口配额的经济效应

先以完全竞争条件下的全球配额为例来分析配额的经济效应，参见图 4-1。图 4-1 中，D 代表国内需求，S_D 代表国内供给，P_0 代表世界市场价格。在自由贸易条件下，国内生产者提供 Q_0 的该产品，消费者消费 Q_3，总供给（国内加国外）由供给曲线 S_{F+D} 代表，供求平衡点为 E_1，其中 Q_0Q_3（$=Q_5$）是通过进口获得。现在假定该国对该进口产品实施配额，配额为 Q_1Q_2，S'_{F+D} 代表新供给曲线，新的供求平衡点为 E_2。供求平衡的价格变成 P_1，即价格从 P_0 上升到 P_1。现在消费量变成了 Q_2，消费则下降了 Q_2Q_3。国内供给上升到 Q_1，上升了 Q_0Q_1。进口量等于配额，即 $Q_1Q_2 = Q_4$。配额的效果是使得进口函数 M_0 变成一条垂直的直线 M_1，因为进口数量现在不受价格影响。

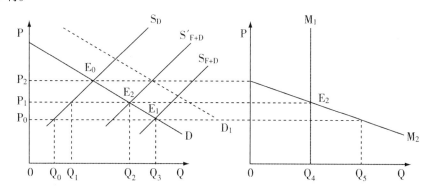

图 4-1　完全竞争条件下全球配额的效应

配额的效果有很多方面是与关税效应相同的，不同的在于实行关税时政府所获得的关税收入 M 在实行配额时被持有进口证的进口商所瓜分，$M = P_1P_0 \times Q_4$，即进口价格 P_1 和国内价格 P_0 之差与进口配额的乘积。如果采用拍卖方式分配或对进口许可证收费方式，M 可以部分或全部地通过"租"的方式转到政府手中。当配额拍卖价格等于 P_1P_0 时，拍卖配额的收入等于 M，这样其作用等同于关税。因此，进口配额可能会使部分获得配额的进口商享受国内市场价格与国际市场价格差带来的额外收益，除非政府通过许可证制度收取租税收入，如果将国内销售权给予国外出口国的政府，租税收入被转移到国外出口商或政府。

如果国内需求上升，导致需求曲线从 D 移动到 D_1，倘若配额没有增加，所有增加的需求就必须由较高成本的国内生产来满足，结果，价格将上升到 P_2。而在关税的情况下，需求的增加可以通过进口来满足，价格可以不变动。

现在再看存在垄断时的情况，参见图 4 - 2 可知，D 和 S 是该国无国际贸易时的需求和供给曲线。在自由贸易时，价格为 P_0，国内供给为 Q_0，消费为 Q_1，进口为 Q_0Q_1。

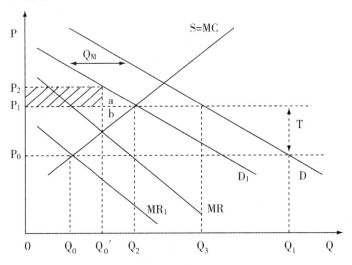

图 4 - 2　存在垄断时的配额效应

当该国征收税率为 T 的关税时，价格上升为 P_1，国内供给增加到 Q_2，消费减少到 Q_3，进口相应减少了 $Q_0Q_2 + Q_3Q_1$，为 Q_2Q_3。如果该国采用配额而不是关税来限制进口，达到与关税率为 T 时效果的配额水平是 Q_M，即进口量同为 Q_2Q_3，价格水平也是 P_1。

但如果该国存在垄断时，这一配额的效果就会不同。配额水平 Q_M 意味着该国需求 Q_2Q_3 的数量由进口满足，国内垄断供应商面临的需求是减去允许进口数量之后的量，在需求曲线上表示为原曲线 D 向左平行移动相当于 Q_M 的水平距离，为 D_1。原与 D 相对应的边际收益曲线 MR 也随之向左平移，与

D_1 相应的是一条新的边际收益曲线 MR_1。为了获取最大利润，垄断供应商不会像在完全竞争的情况那样将产量扩大到与需求曲线的交点处，而是根据边际收益等于边际成本即 MR 与 MC 的交点决定产量为 $Q_0{}'$，国内产量小了，但价格水平却可以更高，达到 P_2，从而使得垄断供应商享受垄断利润，等于垄断使国内价格提高的幅度乘上国内垄断产量，即 $Q_0{}' \times P_1P_2$，如图 4 - 2 中阴影所代表的矩形。但国民福利要比关税时多损失一些，a 代表在价格水平从 P_1 上升到 P_2 时消费量的进一步减少，是消费者剩余的损失。b 是由于产量减少造成的生产者剩余的损失。

总体上看，配额锁定了数量进口水平，使得国内粮食垄断供应商可以通过限制供给量来提高价格，获取垄断利润。在关税条件下就没有这种确定的效果，虽然垄断供应商也可以减量提价，把国内价格提到高于 P_1 水平来取得垄断利润。但国内供给量的缺口以及垄断利润的存在，将刺激更多的外国粮食以 P_1 的价格水平进口来与国内垄断供应商竞争和分享垄断利润，进口增多使得价格下降并最终回到 P_1 的水平，垄断利润消失。除非是禁止性关税，否则关税不能帮助国内垄断供应商保持垄断地位，而配额则为垄断供应商提供一种绝对保护。

4.1.2 自愿出口配额

4.1.2.1 自愿出口配额种类

自愿出口配额（Voluntary Export Quotas），又称自愿出口限制（Voluntary Export Restraints，VER），并不是必须采取政府间协定的形式，进出口国的相关行业间也可能达成这种协定，有一些是进口国政府与出口国非政府集团达成这种限制协定。自愿出口配额有两种不同形式，非歧视性与歧视性自愿出口配额。歧视性自愿出口配额（或歧视性自愿出口限制）在国际贸易实践中更广泛地被运用，大部分自愿出口限制都是针对特定资源和特定出口来源的。粮食禁运是一种绝对化的歧视性自愿出口配额。

需要注意的是，在许多国家政府间协定指的是一种市场秩序安排（Orderly Marketing Arrangement）。比如在美国，市场秩序安排和行业作为参与者的协定是有区别的，两国间达成的市场秩序安排受法律约束和保护，未经双方同意不能更改。这种自愿限制安排（Voluntary Restraint Arrangement）的涵盖范围往往较大（温思美，2002）。

4.1.2.2　自愿出口配额的效果

（1）无歧视性自愿出口配额。如图 4 - 3 所示，D 为进口国对某产品的需求曲线；S_d 为国内供给曲线；S_w 为包括国内供给和国外供给的综合供给曲线，该曲线的弹性大于国内供给曲线。P_0 是自由贸易条件下的均衡价格，在此价格水平上国内消费数量为 Q_4，其中国内生产为 Q_1，进口为 Q_1Q_4。

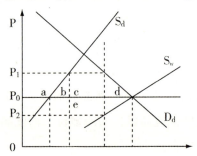

图4-3　自愿出口配额的效果（进口国）

假定现在进口国要限制进口数量，例如使进口减少到 Q_2Q_3，加上国内供给的增长，使得总需求水平控制在 Q_3，如果进口限制通过出口国的自愿出口配额来实施，效果也会跟进口国实施进口配额相似：均衡价格水平上升到 P_1，国内消费减至 Q_3，国内供给上升到 Q_2，进口下降到 Q_2Q_3。但是，尽管进口国的市场价格升至 P_1，出口国的价格却降到 P_2 了。由于出口国实施出口配额，减少了供给量，进口国减少了进口，短期边际成本相应降低，出口国可得相当于 e 的额外利润。

现在来看实施自愿出口配额后的利得变化：c + e 代表的面积是外国供给者的租收入，而在进口配额的情形下，这一部分为进口者的租收入。但两种情形下都是消费者剩余的损失，只不过在自愿出口配额情形下还代表着进口国的福利净损失。消费者剩余的总损失为 a + b + c + d；进口国的福利净损失为 b+c+d+e，明显大于关税或进口配额时的福利净损失。因为自愿出口配额提高了进口国的进口成本（均衡价格为 P_1），使进口国的贸易条件恶化。而这种情况在关税和进口配额时不会发生。

（2）歧视性自愿出口配额。假定有三个国家：进口国、不受限贸易伙伴国和受自愿出口配额限制的贸易伙伴国（后两类可以是多个国家）。D_d 为进口国对某产品的需求曲线；S_d 为国内供给曲线；S_w 为国外供给曲线，S_{df} 为包括国内供给和国外供给的综合供给曲线。再假定进口国为小国，不能影响世界的供给价格。

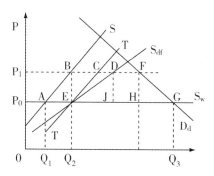

图 4-4 歧视性自愿出口配额的效果（进口国）

在图 4-4 中，P_0 是对于进口国而言的自由贸易均衡价格，国内消费为 Q_4，其中国内生产为 Q_1，进口 Q_1Q_4。在 Q_1Q_4 中，Q_1Q_2 来自有贸易关系的伙伴国家，通常不受自愿出口配额限制，Q_2Q_4 来自其余国家，可能受自愿出口配额限制。假定现在进口国决定增加国内生产到 Q_2，因而与"其余"国家谈判商定实行自愿出口配额为 DF，而有贸易伙伴关系的国家仍然享有自由贸易的待遇。结果就会是相对于进口国的均衡价格上升到 P_1，国内消费减少到 Q_3，国内生产增加到所需要的 Q_2，进口 Q_2Q_3。进口的 Q_2Q_3 中，BD 来自有贸易伙伴关系的国家，DF 来自其余国家。

自愿出口限制的效果之一是增加了从贸易伙伴国的进口，从绝对量上看，这些进口从 AE 增加到 BD，从相对份额来看，从 AE/AG 增加到 BD/BF。而总进口和从其余国家的进口都减少了。因此，歧视性自愿出口配额有着一种贸易转移（Trade Diversion）的效果，相当一部分贸易量从"其余"国家转移到进口国的贸易伙伴。

实施歧视性自愿出口配额后的福利分配也发生变化，过 E 点作一条平行于 S_d 的国内供给曲线 TT，由于 BC = AE，CD 便代表了因自愿出口配额直接刺激的从贸易伙伴国的进口的增加。由于更多的贸易发生在成本比"其余"国家更高的贸易伙伴国，贸易转移就导致了一种全球资源配置的损失，这一损失在图 4-4 中为三角形 EDJ，代表在贸易伙伴国多生产产量 EJ 所需要的额外资源。进口国的福利损失为消费者剩余损失减去生产者剩余收益，即 $P_0 P_1 FG - P_0 P_1 BA = BAGF$。贸易伙伴国得到增加的生产者剩余 ABDE，其中 CDE 是由贸易转移增加出口 CD 而来。"其余"国家由于实行自愿出口配额使价格提高从而获得相当于 DFHJ 的租税。

4.1.2.3　自愿出口限制管制方法应用原因

选择自愿出口限制的管制方法有来自进口国和出口国两方面原因，进口国选择这一方法的理由是：第一，国际协定限制了各国提高关税、征收进口附加税或实施进口配额的权利，自愿出口限制是关税和进口配额等贸易壁垒的替代形式，却不表现为进口国的直接贸易限制措施，同样达到限制进口的目的，所以进口国越来越多采取与出口国达成自愿出口限制的方式来控制进口。第二，自愿出口限制可以成为进口国针对某特定产品或某国家实施歧视性待遇的工具。例如，根据关贸总协定的规定，进口国如果提高关税或实施进口配额，必须按照无歧视原则对所有其他贸易伙伴一视同仁。而自愿出口限制则往往是进口国与个别出口国进行谈判达成双边协定，直接针对过度出口使进口国市场发生问题的国家。出口国选择这一方法的理由是：第一，自愿出口限制可以为出口国带来直接经济利益。实施自愿出口限制后的贸易量小于自由贸易时的贸易量，前面分析过的结果（见图 4-4）是进口国内部价格上升到 P_1，出口国的供给价格下降到 P_2，配额的数量有限性导致租金产生，这部分租金为出口国的出口配额持有者（商行或政府）所获得，因为它们是自愿出口限制协定的执行者，享有限量出口的好处，它们以 P_2 的价格购买或生产受限产品，以 P_1 的价格卖给进口国，中间的差价便是表现为租金的一笔"横财"，可以弥补因限制出口带来的某些损失。第二，出口国为了维护与进口国已有的贸易关系，面对进口国的要求和压力时，出口国也不得不在控制出口方面予以配合，它们会担心如果不进行合作，可能导致进口国长期的、更严厉的正式进口配额或其他限制措施，甚至是进口国因出口国不接受自愿出口限制安排而采取的某种报复。

4.1.3 许可证

许可证（Licence System）指的是一种凭证进出口的制度。许可证制度属于数量限制措施，是一种对贸易的行政管制和直接干预，分进口许可证和出口许可证。但一般进口许可证较为多见。

根据许可证有无配额，可以将其分为有配额的进口许可证和无配额的进口许可证。根据其对进口管制的程度，许可证可以分为公开的一般许可证（Open General Licence），亦称公开许可证和特种进口许可证（Specific Licence）。

进口许可证制度另一目的是保证将有限外汇资源用于国民经济发展最急需的进口。MOFTEC 根据外汇、国内生产和市场供需情况的变化，决定申请许可证的进口商品种类。许可证由 MOFTEC 或 MOFTEC 特派员办事处签发，大多数商品由地方各省签发。我国 MOFTEC 配额许可证事务局发证农产品目录有：粮食、植物油等；MOFTEC 各特派员办事处发证农产品目录：粮食、植物油等。

类似进口许可证，出口许可证也分为一般许可证和特种许可证。一般出口许可证是由海关直接审批，特种出口许可证由贸易管理局直接审批。

4.1.4 粮食禁运

4.1.4.1 粮食禁运动因

粮食禁运是指一国政府对粮食的进出口数量进行强制性政策限制，禁止与某一国或所有外国粮食进出口，包括出口禁运与进口禁运。出口禁运（Export Embargo）是指限制和禁绝粮食出口贸易；进口禁运（Import Embargo）是指限制和禁绝粮食进口贸易。"贸易配额"是贸易数量约束中最常见的形式，当配额数量为零时即为禁运。

禁运可以是单边的，也可以是多边的，即一个国家或多个国家对某一国家或多个国家实施粮食禁运。禁运措施包括惩罚向禁运对象国出口禁运商品的第三方，最严格的禁运实质上是封锁，即用武力禁止所有国家向某国的所有出口，如海湾战争以后伊拉克所受到的惩罚。禁运以目的不同分，有制裁性禁运与经济性禁运，制裁性禁运为利用粮食消费的特性的特殊性，将粮食作为"粮食武器"进行使用，以达到国家外交政治目的，具有很强的针对性；经济性禁运则是出于对本国消费者和生产者保护的目的，限制粮食进出口量。政府制定粮食禁运政策有以下几种主要原因：一是为一定的外交政治目的；二是为本国粮食安全；三是为保护本国粮食产业的利益。

一般来说，出台粮食进出口禁运政策的国家有：第一类是为实施外交政治目的粮食出口国，一般要求其禁运国对之具有较强的粮食进口依赖，如美国曾在 1980～1981 年对苏联实施出口禁运政策；第二类是粮食处于严重短缺，为限制和禁绝本国粮食出口的国家；第三类是本国粮食生产仍处于劣势，需要进行产业保护避免国际市场冲突的国家；第四类是处于供需失衡、国际或国内粮价剧烈波动、国内供给充足的国家。如美国 1973 年因担忧国内大豆价格急升对其中国内消费者造成重大不利影响，对苏联和若干东欧国家实施短期大豆禁运。

4.1.4.2　粮食禁运效应分析

粮食禁运会对相关的许多国家产生影响。对禁运实施国，粮食禁运是一把双刃剑，要期望收到禁运效果的同时承担着一定的风险；对被禁运国，禁运可能会产生直接的影响，正如禁运实施国所期待的；对于其他国家，由于与禁运实施国或被禁运国两者有进出口的关联，贸易格局的改变对其产生波动影响。由于粮食禁运主要是出口禁运，因此，下面集中分析出口禁运福利效应。

禁运效应是基于受制裁国粮食需求的刚性、无替代性和对制裁国粮食供应的依赖性，即受禁国国内粮食短缺，没有能力在短期内提高粮食自给率，不会有第三方向该国提供粮食。在缺乏上述假设的前提下，实施禁运并不等于禁运目的就能达到，受禁方可以轻易摆脱禁运之困，使禁运无效，实施方却要蒙受政策损失。

对于粮食的净出口大国，由于其粮食生产在世界上具有一定的垄断地位，具有对世界粮食市场的控制力，因此有一定的能力相对限制第三国对其禁运目标国的粮食销售，在短期内达到禁运的目标效果。因此，可将粮食作为"粮食武器"进行使用，也就是说，可以针对某国实施的政治性出口禁运，通过粮食供应制裁达到外交政治目的。相反，对于净出口小国，由于缺乏对世界市场的控制力，简单地使用禁运手段，往往只能使自己受损，而达不到任何禁运的目的，我们可能从福利效应分析中清晰地得出这一结论。

首先分析没有第三国对受禁国提供粮食的情况。如图 4 - 5 所示，A 国为出口禁运的实施国或称制裁国，B 国为出口禁运的目标国或称受制裁国。

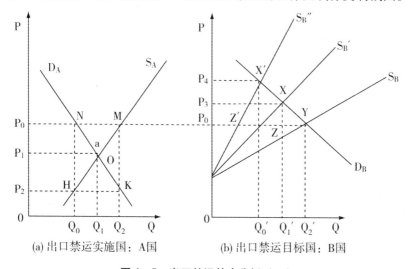

(a) 出口禁运实施国：A 国   (b) 出口禁运目标国：B 国

图 4 - 5　出口禁运效应分析（一）

在图 4 - 5（a）中，对于 A 国，禁运前，A 国的国内供给曲线是 S_A，需求曲线是 D_A，国内供应价格为 P_0，国内销售量为 Q_0，出口量为 Q_2Q_0；禁运后，需求曲线 D_A 不变的，A 国的国内供给增加，要消耗粮食原有供给量，国内供应价格需要下降到 P_2，A 国粮食产业的福利损失为 P_0P_2HM 面积的量，其中，国内消费者剩余增加 P_0P_2NM 面积的量，A 国福利变化为 OMN - HOK

面积的量，当 $P_0P_1 > P_1P_2$，A 国福利减少；当 $P_0P_1 < P_1P_2$，A 国福利增加；当 $P_0P_1 = P_1P_2$，A 国福利不变。若 A 国将一部分供给转化为储存量，供给量与需求量达成均衡，交于 O 点，国内供应价格为 P_1，A 国粮食产业的福利损失为 P_0P_1OM 面积的量，其中，国内消费者剩余增加 P_0P_1ON 面积的量，A 国福利损失为 MNO 围合面积的量，即等于出口收益 a。

在图 4-5（b）中，对于 B 国，禁运前国内的供给曲线是 S_B，需求曲线是 D_B，国内供应价格为 P_0，国内销售量为 Q_0，进口量为 $Q_2'Q_0'$（$Q_2'Q_0' = Q_2Q_0$）；禁运后，需求曲线 D_A 不变的，供给减少，供给曲线变为 S_B'，国内供应价格上升为 P_3，国际市场供应量为 0，国内市场供应量从 Q_0' 增加 Q_1'。B 国内消费者剩余减少 P_0P_3XY 面积的量，B 国粮食产业生产者剩余增加 P_0P_3XZ 面积的量，B 国福利变化为生产者剩余增加与消费者剩余减少之差，为负值，福利损失为 ZXY 面积的量。B 国供给曲线弹性越低，国内供应能力越有限，B 国福利损失量越大。当国内供应曲线为 S_B'' 时，意味着国内粮食生产量无法增加，国内粮食供应量维持在 Q_0'，粮食价格上涨到 P_4，国际市场供应量为 0，B 国内消费者剩余减少 $P_0P_4X'Y$ 面积的量，B 国粮食产业生产者剩余增加 $P_4P_0Z'X'$，B 国福利减少了 $Z'X'Y$ 面积的量。更为严重的问题是，如果减少的进口量 $Q_2'Q_0'$ 是部分或全部 B 国粮食的刚性需求量，则一方面会造成国内部分居民没有必需的粮食供应，生存有可能得不到保障；另一方面会由于高昂的粮食价格使一部分居民失去购买能力，买不起粮食，从而也使生存问题得不到保障；另外，高昂的物价也会使国内经济产生波动与混乱。

其次分析在有第三国对禁运目标国提供粮食的情况。如图 4-6 所示，同图 4-5 A 国为出口禁运的实施国或称制裁国，B 国为出口禁运目标国或称受制裁国，C 国为其他国家，不参与对 B 国的制裁，但对 B 国有粮食出口供给；S_A、S_C 和 D_A、D_C 分别是 A 国和 C 国本国粮食的供应与需求曲线；S_B、S_{BB} 和 D_B 分别是 B 国的总供应曲线、国内供应曲线与需求曲线；S_{AB} 和 S_{CB} 分别是 A、C 两国对 B 的出口供给曲线。在没有贸易制裁时，A、C 两国均向 B 国出口，B 国总进口供给曲线为 $S_{AB} + S_{CB}$，B 国总供应曲线

$S_B = S_{AB} + S_{CB} + S_{BB}$，供求均衡时的价格为 P_0。假定此时 A、C 两国各向 B 国出口该产品 Q_A（$Q_A = Q_{A2}Q_{A1}$）和 Q_C（$Q_C = Q_{C2}Q_{C1}$）单位，各自的出口收益为 a 和 c。

如图 4-6，当 A 国开展对 B 国的粮食出口禁运时，A 国不再向 B 国出口粮食，结果是 B 国市场上粮食的供应减少，价格上升，需求减少，同时刺激 C 国增加对 B 国的出口，在新的价格 P_1，C 国对 B 国的出口增加到 $Q_C{'}$（$Q_C{'} = Q_{C4}Q_{C3}$）个单位。

如图 4-6（a）所示，出口禁运的福利影响，就 A 国而言，减少了出口收益 a，国内粮食产业生产者剩余减少了 P_0P_2OY 面积的量，消费者剩余增加了 P_0P_2OX 面积的量，总福利损失为 OXY 面积的量，等于 a。

如图 4-6（b）所示，就 B 国而言，消费者剩余为减少了 P_1P_0YX 面积的量，即 c+d；禁运前，B 国市场 A、B、C 三国生产者总剩余量为 P_0MY 面积的量，即 a+b；禁运后，B 国和 C 国的生产者剩余增加了 P_0P_1ZX 面积的量，即 c，其中 B 国本国生产者剩余增加了 $P_0P_1Z{'}X{'}$ 面积的量，A 国减少了 a；B 国总福利减少了 $X{'}Z{'}YX$ 面积的量，其中 $X{'}Z{'}ZX$ 面积的量转化为 C 国增加的生产者剩余，即 d 为直接的社会总福利损失。

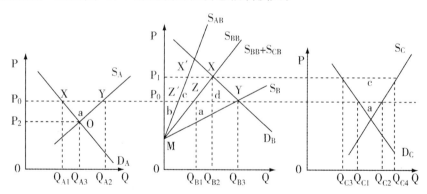

（a）出口禁运实施国：A国　（b）出口禁运目标国：B国　（c）其他国家：C国

图 4-6　出口禁运效应分析（二）

如图 4-6（c）所示，就 C 国而言，A 国由于制裁 B 国，因此放弃了 B 国市场，C 国从中得益，扩大了出口，出口量增大提高了价格，增加了收益 c。

从上述分析可知，出口禁运时，禁运实施国会因出口数量下降影响出口收入，也会使本国国内粮食的价格下降，生产者收入降低，也将导致禁运目标国的福利损失，出口的数量减少量决定了影响度。对 A 国而言，生产者剩余一定会因为禁运而减少，除非国家给予同等的补贴。在发达国家，如美国，由于粮食生产的高度集约化，农民组织成为具有政治影响力的小利益集团，他们会千方百计地反对和阻止政府出台粮食禁运政策，使政府的粮食禁运政策选择上的代价越来越高，实施变得越来越难。

对于粮食净出口大国，作为贸易制裁性禁运，会使本国生产者福利受损，政府则不得不花费大量的资金，或是对生产者进行直接贴补，或通过价格补偿刺激国内消费，或增加库存粮食收购。由于出口禁运而导致的市场丢失，也会使之后重新付出开辟市场的代价。

而对于粮食比较短缺的国家，为提高本国粮食的自给率和增加国家粮食安全性可能会制定出口禁运政策。在没有良好的价格保护或进口限制等配套措施时，出口禁运会增加国内消费者的福利，但会使国内粮食生产者利益受损，从而丧失扩大生产的积极性，达不到禁运目标；在有良好的价格保护或进口限制等配套措施时，国内粮食生产者利益得到保护，但国内消费者的利益可能由于粮食垄断利润的存在而受损。国内粮食生产者也可能由于有较好的利润而不注重生产效率的提高与产品结构的改善。

4.1.4.3　粮食禁运风险与效果

对于出口禁运目标国而言，由于粮食在生活中的特殊地位，如果一国的粮食国际贸易依存度很高，禁运将会危及政治、社会的安定。粮食出口禁运可能造成目标国进口粮食格局与数量急剧变化，在没有替代进口国的情况下，可能进一步造成国内粮食的严重短缺，从而导致国内粮食价格的上涨，从而造成国内经济甚至社会的动荡。对进口禁运实施国而言，同样可能导致国内粮价上涨，国内消费者福利损失。对于出口禁运实施国而言，出口禁运以破坏与损害贸易国双边国际关系为代价，同时可能损失粮食出口带来的利益，造成国内粮食过剩，价格下跌，国内粮食产业萎缩。而这种风险对于进口禁运目标国而言同样存在。出口禁运的潜在风险是禁运可能带来贸易格局的改变，禁运实施国放弃禁运目标国市场后，其他国家正伺机以待，增大了其出口份额，抢占市场。这种变化发生时，禁运目标国是被迫的，可能付出较高的代价，但一经改变，逆转就较为困难。

粮食禁运政策的实施与否往往取决于效果、风险和成本的对比。一是粮食国际贸易依存度。粮食国际贸易总量占国内需求与供给总量的比重。如果比重很小，则依存度低，影响性小；如果比重很大，则依存度高，影响性大。如粮食出口大国出口禁运政策，对粮食进口依赖度高的净进口大国会产生较大影响，对进口依赖度高的净进口小国会产生短期的影响。粮食需求量大的国家，若自给自足程度高，回旋余地一般较大，对其进行粮食贸易制裁的成功率就低。因此，大国应控制粮食自给率。对于小国，虽然其有较高的粮食国际贸易依存度，但由于国内需求量相对有限，而国际粮食供给源较广泛，因此，一国的贸易制裁往往只能在短期内影响其供给，而不会产生较长久的影响。因此，小国应合理控制国内库存量和贸易结构。二是禁运的目标。不同的禁运目标，运作的成本不同，达到的效果也不同。制裁性禁运目标的达成是具有较大难度的，相对影响因素较为广泛。而相对地为了保护本国粮食安全而制定的出口禁运目标达成难度较小。三是禁运的时间。一般来说，禁运政策在出台的近期会对相关各方产生较大的影响，制裁性禁运政策制定到实施的时间越短，被制裁国需求和供给的弹性越低，粮食生产周期较长，贸易格局的调整需要一定的时间，在短期内来不及准备不容易调整，禁运制裁效果明显。但随着某一禁运政策维持时间增长，或禁运制裁从提出到真正实行的间隔过长，被制裁国就可以作出调整或找到取代的办法，禁运的作用也就下降了。经济性禁运一般设置的时间会长一些，对国内粮食产业的扶持政策与促进粮食产业发展而设置的禁运政策，则与前述的相反，只有在维持一定的时期后，才能达到效果。但对于意在短期内利用禁运调节国内供需的禁运，则实施的时间与效果没有直接的强化与削弱关系（尤利群，2009d）。

4.2　粮食国际贸易价格管制方法

粮食国际贸易涉及的另一重要问题是粮食贸易的价格问题。在贸易自由化的环境下，价格是决定粮食竞争力的重要因素。当国际粮价低于国内粮价时，将导致粮食的大量进口而挤占国内粮食市场，进口数量将可能大大超出国内粮食需求缺口，进而导致国内粮食产业与生产者利益受损。而当国际粮价高于国内粮价时，又会出现国内粮食大量流入国际市场而使国内粮食得不到供应保证，即出口数量大大超出了国内粮食供需出超部分，而导致国内粮食正常需求不能得到满足，损害国内消费者利益，也会使大量投资于粮食的财政扶持资金转移而使国外消费者或政府（通过征收进口税）获益。因此，价格管制是必要的，政府通过进出口粮食的价格管制既可以一定程度上控制粮食进出口数量，也可以保护国内粮食及相关者利益，并能从控制上获得一定的财政收益以避免财政支付外流。与此同时，关税是世界贸易组织环境下最为常用的贸易管制手段，进出口补贴也仍是各国常用的贸易保护手段。另外，倾销与反倾销也是影响粮食贸易价格的重要因素。本节主要讨论关税与补贴这两种方法。

4.2.1　关税制度

关税（Tariff）是最古老的一种国际贸易管制政策，也是许多国家的重要收入来源。关税是指一国政府通过海关向进出口粮食征收税赋。关税的种类较多，有从量关税与从价关税，有进口关税与出口关税。从一定意义上讲，关税是政府宏观政策之一，但对于国际贸易的微观行为主体而言，关税将直接影响粮食生产者、经营者或消费者的福利水平，干预其决策行为，因此，相对应也是管制政策之一。关税的征收直接影响了进出口粮食的价格，当征收进口关税时，进口的粮食的成本与价格就上涨，使进口粮食在市场上的价格竞争力削弱，从而减少进口量，保护国内粮食产业免受国外的部分挤压。如19世纪时期英国运用高进口关税来保护其粮食产业不受法国的竞争。当征收出口关税时，同样会促使出口粮食的成本与价格上涨，使出口粮食在市场上的价格竞争力削弱，从而减少出口量，保障国内粮食供应量。关税也是政府重要的收入来源。

世界贸易组织的规则中有两点直接与关税有关：一是非关税措施的关税化；二是关税的削减，削减后的关税应得到约束，不得再进一步提高，即关税作为最主要的贸易保护措施，应当被削减和约束，不允许超过约束关税水平。

4.2.1.1 进口关税

（1）进口从量关税。从量关税（Specific Tariff）是指按粮食单位进口量征收关税，单位粮食进口量关税率是固定不变的，它不根据粮食进口量的多少而变化，也不考虑粮食的国际国内价格的高低及波动情况，只是在现有单位粮食的价格基础上加上了一定数量的关税。由于中国在多数情况下是粮食国际贸易的大国，因此，本书主要讨论大国情形下的福利影响。

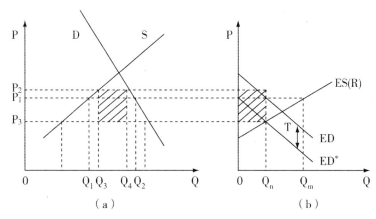

图 4-7 从量进口税的影响：贸易大国的情形

如图4-7，若假设B国为粮食进口大国，贸易的数量将对国际粮食市场价格产生影响，ES（R）具有正斜率，粮食进口关税为T，贸易大国实行关税将对国内市场产生一种价格上推效应。同时，由于关税使B国进口量从 Q_m

下降至 Q_n，外国供应商必须将供应给 B 国的粮食销给其他国家，结果使粮食的世界贸易价格下降，从 P_1 降到 P_3，差额为 T，新的粮食世界贸易价格为 P_3，国内价格上升到 P_2，进口量为 $Q_4 - Q_3$（$= Q_n$）。B 国的关税收入为 $Q_n T$，即阴影部分的面积。虽然进口商必须为每单位的粮食进口支付关税，但关税实际上最终是由外国供给商和国内消费者共同支付，支付的比例取决于 ED 曲线与 ES（R）曲线的相对斜率，即价格弹性。斜率相等，则关税在国内与国际市场间均等地分配，若 ED 曲线的斜率大于 ES（R），则国内价格上涨幅度比国际价格下降时要多些，相反则国内价格上涨幅度比国际价格下降时要少些。如中国是一个小麦进口大国，最高年份占世界小麦出口总量的 15% 左右，占国内总产量的 15% ~ 18%，如果我国政府对进口小麦增收一定量的进口关税，国际小麦价格可能下降，中国国内的小麦价格将上涨。增加的小麦价格加上市场价格大致等于新的关税税率。

在其他条件不变的情况下，贸易大国的进口关税政策对国内生产者的保护作用要小于贸易小国的同量关税。这是因为贸易大国的关税政策所产生的价格上推效应有一部分转移到国际市场，引起国际市场价格下降。减少的进口量也少于小国情形下国际价格不变时的状况，因此，同量关税大国关税总收入也大于贸易小国的情况。

（2）进口从价关税。从价关税（Ad Valorem Tariff）是指按粮食进口价格的一定比率征收关税，也就是进口粮食的价格越高，则每一单位进口粮食的征收税额越高。当国内粮食供给充裕，从价关税能增加财政收入，同时免于国外过多的粮食进口。进口从价关税政策在一定程度上是鼓励低价粮食的进口，阻止高价粮食的进口。但当国际市场粮食供给量较充裕，而国内粮食也较充裕时，从价关税不能起到保护国内粮食产业的目的，反而会导致国外粮食供应商低价抛售粮食甚至倾销。

图 4-8 中表明任一进口量上 ED 和 ED* 从价关税之间的垂直距离是每单位商品从价关税 T 的可变值。沿着 ED* 曲线，国际价格越高，T 值越大；相反，国际价格越低，T 值越小。ED* 曲线与 ES（R）曲线的交点就是从价税据以计算的国际市场价格。从价税通常用进口价格的百分比表示，如 10%。

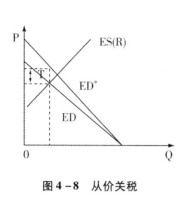

图 4 - 8　从价关税

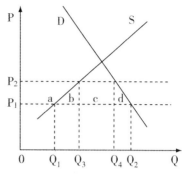

图 4 - 9　关税的福利影响

（3）进口关税对福利的影响。进口关税有利于国内的粮食生产者，他们受进口关税的保护而享受较高的国内价格。相反，粮食的国内消费者由于价格的上涨而可能受损。参见图 4 - 9，国内生产者的剩余增加由面积 a 来表示，消费者剩余减少的量则由面积 a + b + c + d 表示。面积 c 所表示的是政府关税收入。面积 b 所表示的是由于关税引起粮食生产规模增大的"效率损失"。面积 d 所表示的是由于关税引起消费方面的"额外经济损失"。生产方面的效率损失加上消费的额外经济损失，就构成了政府关税政策的代价（b + d 面积），也就是国内经济损失的总量。b + d 面积的大小取决于关税诱导的国内价格变化度及国内供需曲线的弹性大小，只要关税会引起国内粮食价格的上涨，这种损失就会存在。

（4）进口关税税率的确定。在关税税率设置上，存在两种不同内涵的最优关税选择方案，即基于本国关税收入最大化的最大收入关税（Maximum-revenue Tariff）和基于本国福利最大化的最佳福利关税（Optimum-welfare Tariff）。最大收入关税的关税政策着眼于政府的关税收入本身，而最佳福利关税则会考虑国内经济福利的得失。在粮食进口关税税率确定时应采用何种方法也是应根据具体的情况而定，当国内与国际粮食市场较为稳定时，政府设置粮食进口关税的目的并非是管制粮食的进出口数量与价格，而是从政府的租税收入出发，则可采用最大收入关税税率设置方法。而当政府设置关税的出发点是在于追求国内福利最大化，即本书设置的管制目标时，则应选择最佳福利关税税率。如果进口国是贸易大国，就有足够的力量通过关税影响国际市场，使关税引起的国内效率损失减少到最低限度，本国利用关税所获得的利益大于相应的效率损失。

（5）可变关税。可变进口关税，也称"差价税"（Variable Levy）和"最低进口价格制"（Minimum Price Scheme），是粮食国际贸易管制方法中最有效的保护手段之一，通常可与国内生产者价格保证计划结合使用，是欧盟和其他欧洲国家农业政策的基本形式。可变进口关税大小取决于国内保证价格水平和国际市场价格之间的实际差额，它能有效地将粮食的国内价格与国际价格隔离起来。同时，可变关税管制方法成功地将国内供需的波动通过进口量的变化转嫁到国际市场，并最终转嫁到其他国家的国内市场，因此所产生的国际影响力也可能较大。

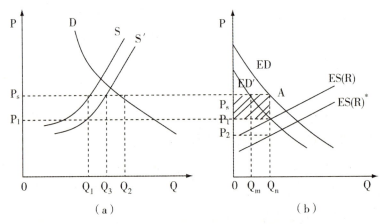

图 4 - 10　可变关税的经济影响

图 4 - 10 描绘的是一个贸易大国的可变进口关税政策。P_s 表示国内的保证价格，世界其余国家的过剩供给曲线在 ES（R）与 ES（R）* 之间上下波动。在没有保护性贸易措施的条件下，由于国际贸易价格低于国内贸易价格，国内价格保证的目标是无法实现的。曲线 ED 是该国在自由贸易条件下的过剩需求曲线，ES（R）是征收可变关税前世界其余国家的过剩供给曲线。当国际价格低于 A 点时，过剩需求曲线完全无弹性，进口量将不会有任何变化。当国际市场价格等于 P_1 时，可变进口关税等于 $P_s - P_1$，可变关税产生的关税收入为（$P_s - P_1$）Q_n，即阴影部分的收入；当国际市场价格等于 P_2 时，可变进口关税等于 $P_s - P_2$，关税收入扩大为（$P_s - P_2$）Q_n。只要国内条件不

发生变化，进口量将稳定在 EB 的水平上。当国际价格高于国内价格时，价格保证是多余的，可变关税会自动停止实施，进口量将下降。如果国内供给曲线从 S 变为 S′，这样 ED 曲线也相应在从 ED 平移到 ED′，这时国内的粮食生产增加了 $Q_3 - Q_1$，进口数量减少了 $Q_n - Q_m$（$= Q_3 - Q_1$），国内的消费量仍然不变，为 Q_2。

由于粮食产品的国内供给呈现季节性波动和年度波动，这种保证价格稳定的措施并不一定能保证粮食生产者收入的稳定；相反，也有可能使粮食生产者的收入更不稳定。对于粮食进口大国，当国内粮价与世界市场粮价相联系时，由于丰年和歉年在世界范围内存在地区交叉分布的特点，国内总体粮价波动将趋向平稳。当国际粮价低于国内粮价时，采用可变进口关税政策，可对粮食国内粮价达到较好的管制效果，不仅可使政府获得一定的财政收益，而且可以促进国内供给曲线向右移动，减少进口数量，提高粮食的自给率。可变进口关税政策是关税贸易总协定谈判的一个难点，也是国际贸易争端的一个焦点。

4.2.1.2 出口关税

出口关税是政府对国内粮食进入国际市场征收税赋，也分从量税和从价税。

政府对粮食征收出口关税的主要原因：一是考虑当国内供给不足，无论国内粮价高低，为了保证国内粮食供给，保护国内消费者的利益，政府用出口关税进一步提高出口粮价，从而形成出口障碍，阻止或减少国内粮食出口，保证国内供给。许多国家粮食出口关税是因此原因而设置的，如大米与小麦由于是许多国家的主要口粮，为了保障国家粮食安全，政府会采用这种政策保障国内粮食供给。但这种政策通常都会不利于国内生产者和出口商，也会影响一国的外汇收入和外国购买者的利益。如印度 20 世纪 80 年代中期，小麦刚刚实现自给并在丰年略有节余出口，为了防止出口量增加太多，政府征收小量的出口税。二是粮食出口量占国内产量的比例很大，国内消费量的比例小或生产成本较低，政府可以通过出口税将那些粮食生产者的部分利益转移到政府手中，增加政府的财政收入，这种情况发生的概率较小。三是由于国内粮食生产过程中补贴比较多，而国内的粮价又大大低于国际粮价，为了避免不必要的粮食倾销贸易争端，使国内的财政补贴利益流入国际市场，采用出口关税调节利益分配。四是同样是由于国内粮食生产过程中补贴比较多，而国内的粮价又大大低于国际粮价的情形下，又出现了国内粮食的短缺，政府若不采用出口管制政策，则必然会导致一些进出口商利用国内与国际粮食价格差进行投机，大量出口的同时又大量进口，从中获利。为防止这种行为发生，必须设置出口屏障，如采用高出口关税。

4.2.2 补贴制度

粮食补贴是一国对本国农业支持与保护体系中最主要、最常用的工具，是政府对粮食生产、流通和贸易等领域进行的转移支付，即政府通过政策干预，将资源转移到粮食生产与经营领域，以支持本国的粮食生产的发展和保证本国粮食消费的水平。政府实行粮食补贴的目的一般是增加农民收入、保证粮食安全和提高本国农业可持续发展能力。

4.2.2.1 粮食出口补贴

粮食出口补贴是政府给予出口商每单位粮食的补偿，目的是使出口商能够以较高的价格收购国内粮食，以低于国内的购买价向国际市场出售粮食。出口补贴提高了国内粮食在国际市场上的竞争力，增加了粮食出口量。若国有粮食贸易机构以较高的价格收购粮农的粮食而以低价向国外抛售，其实质是一种出口补贴。出口补贴可以是从量性质，也可以是从价性质。

（1）出口补贴的福利影响。当每单位粮食的出口补贴金额固定不变时，这种补贴就属于从量出口补贴。从量出口补贴有不同的方式：一种是政府对每单位出口粮食支付特定的量的现金；另一种是采取减免国内营业税或增加出口退税或信贷补贴。

由于中国粮食出口量占世界出口量的比重不高，因此采用小国情形的分析模式，参见图 4-11。ED（R）是世界其他国家对国际市场的需求，ES 为国内过剩供给曲线，当每单位出口粮食的从量出口补贴额为 S，ES 下移 S 的量，变为 ES*。出口补贴使国内价格从 P_1 增加到 P_2，国内出口量增加了

Q_mQ_n，国内消费量减少 $Q_1 - Q_3$，政府财政支出增加或财政收入减少的量为 $Q_nS = (Q_4 - Q_3)S$，即阴影部分的面积。

值得注意的是，出口国用出口补贴使粮食的国内价格高于相应的国际价格，无论这种政策的目的如何，都必须辅之以进口控制以限制同种产品或其替代品的进口，否则，将使国家的财政补贴通过进出口同类商品或替代品而落入经销商手中或国外政府囊中，非但不能达到扩大出口的目的，反而会促使进口增加，白白损失财政收入。

出口补贴有利于国内的粮食生产者，不利于国内粮食消费者。参见图 4-11，国内生产者的剩余增加的量则由面积 a+b+c 表示，价格上涨使可变生产要素从其他部门转向受补贴的生产部门，使粮食产出增加了，其他部门的产出减少，并导致社会福利损失了 d，出口补贴的总额是 b+c+d，国内消费者剩余减少由面积 a+b 来表示。B 是消费者剩余的净损失，总之，b 与 d 是由于出口补贴引起的社会效率损失。从价出口补贴的情形与从量出口补贴额是完全相同的。

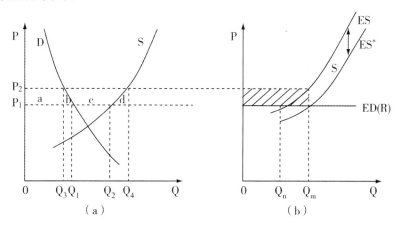

图 4-11　从量出口补贴的经济影响

（2）可变出口补贴。可变出口补贴，又称不定额出口补贴（Open Ended Export Subsidy），与可变出口关税一样通常与国内价格稳定政策（如价格保证计划）相联系，出口补贴率完全由国际价格与国内保证价格的差额决定，在出口大国的情形下，国际价格因出口政策而变化。因此，出口补贴水平也随之发生变化。与可变关税一样，可变出口补贴政策也是最有效的农业保护政策之一，它成功地将国内市场与国际市场分隔起来，保证国内农业政策实施的有效性，因此被许多国家广泛用于出口促进计划和国内农业计划。

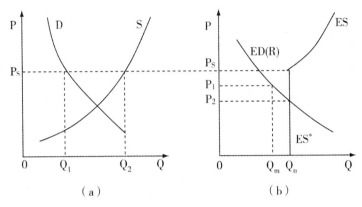

图4-12　可变出口补贴的经济影响

如图4-12，假设国内粮食的保证价格定为P_S，它高于自由贸易条件下的最初价格水平P_1，在P_S的保证价格水平上，国内粮食生产增加，消费量减少。这时国内剩余供给曲线在P_S及其以下部分完全垂直。它表明，只要国内价格等于P_S，剩余供给恒等于Q_n，要解决这部分国内剩余粮食必须依赖出口，但由于国际市场价格这时下降到了P_2，因此，每单位粮食出口需要出口补贴等于P_S-P_2，才能保证国内P_S的价格水平。这时政府支出的出口补贴总额等于$(P_S-P_2)Q_n$。如果是出口大国，需要的出口量很大，并且增加出口使价格显著下降的话，则政府通过出口补贴促进出口并保证国内价格的财政代价就非常昂贵。而且这一政策将使国际粮食市场上的其他出口国遭受由于大国补贴带动的价格下降造成的损失，导致市场竞争力降低。

4.2.2.2　粮食的生产补贴

粮食的生产补贴基本目的是为了促进国内生产，扩大出口，提高国内生产者的福利。一般来说，生产补贴并不是严格意义上的贸易政策。由于生产补贴会产生较大的贸易影响效应，不像出口补贴那样引人注意，可引用"绿箱"政策避免引起贸易纠纷，因此，也被许多国家用作贸易管制政策。

（1）固定生产补贴。固定生产补贴是对单位粮食产出支付一定量的价格补贴，也可以对主要生产投入进行价格补贴，使单位粮食生产成本下降，从而使生产者获得收益或通过价格的下降使消费者获益。

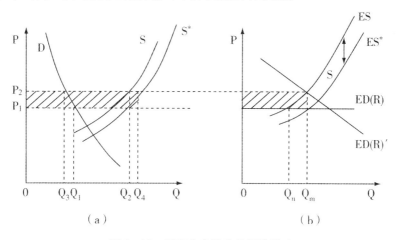

图 4 – 13　固定生产补贴的经济影响

参见图 4 – 13，假设是出口小国进行生产补贴。补贴后，国内供给曲线从 S 下降到 S*，这是补贴政策使国内生产成本下降或获得增加，从而降低了粮食的市场供给价格，S 与 S* 的垂直距离等于单位产品的补贴额，该国的供给曲线向右移动导致该国的剩余供给曲线向右移到 ES*。由于是贸易小国，其余国家的需求曲线是水平的，该国的生产补贴使出口量扩大，其数量等于 $Q_m - Q_n$，财政补贴支出等于 $(P_2 - P_1)S$，相当于阴影部分的面积。生产性补贴直接提高了国内生产者的收入，包括扩大产出效应和提高单位产品价格的效应。由于国内消费价格并没有发生变化，所以这种产量扩张和出口扩张性的生产补贴对消费者并不会产生不利影响。但就像对出口补贴分析的那样，这一政策也会引起一定的生产效率损失。

假设是出口大国进行生产补贴，补贴后国际价格将下降，政府的补贴支出将部分被国际市场的价格下降消化掉，国内消费量将增加，出口量为小于国内消费的增加量。

（2）可变生产补贴（差额补贴）。出口国的可变生产补贴与出口的生产者价格保证政策相联系，出口国的可变生产补贴是在国内价格保证水平已经确定的情况下，政府对生产者支付的补贴等于出口价格与保证价格的差额，所以又称"差额补贴"。在政府不干预国内市场消费者价格的条件下，粮食的全部产出量都享受同量的补贴，而不仅仅是用于出口的部分。这种市场力量决定了国内产量在出口和国内消费的分配。

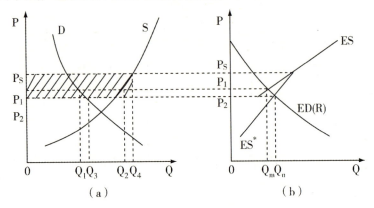

图 4 - 14　可变生产补贴的经济影响

参见图 4 - 14，假设国内粮食的保证价格定为 P_S，它高于自由贸易条件下的最初价格水平 P_1，P_1 是可变生产补贴前的过剩曲线 ES 与其他国家的过剩需求曲线 ED（R）的交点，要保证向农民提供 P_S 这一价格水平，国内的政府就必须用可变生产补贴支持农民，这时的剩余供给曲线变为 ES^*，国内生产者的保证价格实施后国际价格沿 ED（R）下降到 P_2，出口量增加了 $Q_m Q_n = Q_4 Q_2 - Q_3 Q_1$，国内消费增加了 $Q_3 Q_1$。出口量的增加来自补贴政策的两个效应的综合作用：一是补贴使国内生产量增加了 $Q_4 Q_2$（因生产者价格从 P_1 上涨到 P_S）；二是消费需求量增加了 $Q_3 Q_1$（因国内消费价格从 P_1 下降到 P_2），政府的补贴支出总额等于（$P_S - P_2$）Q_4，相当于阴影部分的面积。与出口补贴相比，生产补贴需要更多的政府补贴才能支持同量的出口增长。但是生产补贴使国内消费价格下降，使消费者从中获得部分好处。因此，生产补贴是对消费者的补贴。不过生产补贴对出口的促进作用没有出口补贴那么有效，这是因为生产补贴所增加的国内产出有一部分增加了国内消费，因此出口量将小于同量的出口补贴。

4.2.2.3　粮食进口补贴和消费补贴

进口补贴与消费补贴是有利于国内消费者的一项政策。在农业贸易政策中，进口补贴和消费补贴涉及的产品大致有两类：一类是低收入国家消费的主要食品，如大米与小麦等谷物类产品，这一政策的目的是保证低收入的基本食品需要，保证国内低廉的粮食价格。另一类是农业生产资料，如化肥、农药、良种和主要农用设备等。这类补贴的基本目的在于降低农产品的直接生产成本。生产资料的进口补贴也可以被称作农业的生产补贴。

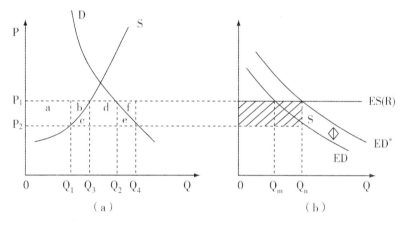

图 4 – 15　进口补贴的经济影响

（1）粮食进口补贴。参见图 4 – 15，假设 A 国（贸易小国）政府对进口商每单位粮食进口支付 S 的进口补贴，进口补贴使 A 国进口商以国际价格购进并以较低的国内价格销售，A 国有效进口需求曲线向右移动，过剩需求曲线从 ES 移到 ES*，垂直距离等于单位进口粮食补贴额 S。进口补贴最初使国内的粮食价格下降，国内需求量增加，生产量减少，进口量上升。政府补贴总额等于 $Q_nS = Q_4Q_1$（$P_2 - P_1$），相当于阴影部分的面积。

在补贴的情形下，粮食的消费者剩余增加了 a + b + c + d + e 的总和，生产者剩余减少了 a + b，财政承担了全部补贴费用，等于 b + c + d + e + f，国内福利增加与减少相比净损失为 b + f，b 是由于补贴政策使国内粮食价格下降从而使粮食原有的固定生产要素的作用没有充分发挥导致生产者的剩余损失，f 是由于消费效率损失。

政府要想成功地保护国内粮食低价，则需要进口相当的数量来调节市场，同时加以限制性的政府价格干预。若进口量很小，则对国内粮食价格影响不大。值得注意的是，政府对进口粮食实行直接补贴必须有相应的粮食出口管制政策相配套，否则进口补贴将转移成粮食经销商的获利。

（2）直接消费补贴。消费补贴与进口补贴一样，都是一种降低国内粮食价格的贸易政策。消费补贴旨在降低粮食生产投入物购买成本，尽管它不直接影响进口，但可以间接地鼓励进口。假设政府为促进国内粮食生产，决定对其所用化肥、农药、良种和主要农用设备等进行补贴。无论这些生产资源是进口还是国内生产的，粮食生产者购买时都可获得政府一定量的补贴。

在消费补贴情形下，粮食消费者剩余增加了 a + b + c + d + e，生产者剩余没有减少，财政承担了全部补贴费用，等于 a + b + c + d + e + f，国内福利增加与减少福利相比净损失为 f，是由于消费效率损失。消费补贴与进口补贴相比，社会总福利损失要少一些，但是消费补贴所需的政府总支出要大于进口补贴总额，这是因为同等数量的国内价格下降，消费补贴政策必须对全部进行补贴，包括国内生产部分，而进口补贴只限于该产品的进口量。

4.3 粮食国际贸易品质管制方法

粮食国际贸易涉及的第三个重要问题是粮食的品质问题。粮食的品质是决定了粮食交易的基本要素。品质的差异一方面是迎合不同的消费需求偏好，另一方面会影响贸易价格。当消费者购买力强时，会偏好于更多地选择消费高品质的粮食，从而促进高品质粮食的进出口。粮食品种与品质的差异是造成粮食国际贸易中产业内贸易的最主要因素。另外。在世界贸易组织关税减让和禁止数量限制的约束下，由品质管制标准构成的一些技术性贸易壁垒正成为国际贸易最为重要的非关税壁垒构成要素。品质管制也是贸易争端涉及最多的问题。

粮食的品质是关系生活质量的重要因素，也是政府管制的一项重要内容，是属于社会性管制的一种。粮食国际贸易品质管制涉及三方面的问题：一是转基因粮食管制问题；二是常规性粮食质量问题；三是利用质量标准设置贸易壁垒问题。由于第一个问题内容较新，是粮食国际贸易的新问题，且同时也包含了后两个问题的关键要素，因此本书主要研究转基因粮食的管制问题。

4.3.1 转基因粮食管制

4.3.1.1 转基因粮食生产与消费的经济影响

假设 A 国在没有转基因粮食市场供给之前，其国内需求曲线是 D，供给曲线是 S，国内消费量为 Q_1，生产量为 Q_2，出口量为 $Q_2 - Q_1$，参见图 4 - 16 (a)。若 A 国国内生产与消费转基因产品，转基因粮食的生产成本更低且产量更大，则由于转基因粮食的投产国内生产量会有所扩大，供给曲线向右移到 S'。假设 A 国是粮食出口小国，且市场开放，其粮食供给的增加不会影响国际市场价格，国内市场价格与国际价格保持一定的一致性，保持在 P_1 的水平。供给量扩大为 Q_3，国内市场价格没变，因此需求量仍为 Q_1，出口量为 $Q_3 - Q_1$，出口量扩大了 $Q_3 - Q_2$。因此，A 国可从国际贸易中获得更大的利益，增加的出口额为 $(Q_3 - Q_2) P_1$。若假设 A 国是贸易大国，A 国出口量的增大将促使国际市场价格的下降，价格从 P_1 下降到 P_2，A 国国内需求量将增大到 Q_4，A 国的生产量为 Q_5，出口量为 $Q_5 - Q_4$，出口量扩大了 $Q_5 - Q_2$。同样，A 国也可从国际贸易中获得更大的利益，增加的出口额为 $(Q_5 - Q_2) P_2 - (Q_2 - Q_1)(P_2 - P_1)$。由于大国的供应量较大，因此，从总体上获得水平要远远大于小国。

从消费来看，若 A 国消费者完全接受转基因粮食，并将其视作非转基因粮食的完全替代品，则转基因粮食的生产并不影响消费曲线。但若 A 国部分消费者认为转基因粮食可能存在着不可预测的健康风险，而对非转基因粮食存在消费更强的消费偏好，需求曲线将发生改变。为了便于分析，下面将 A 国的消费者分成两类：一类偏好消费非转基因粮食；另一类对非转基因粮食无特殊偏好，认为转基因粮食是非转基因粮食的完全替代品。第一类消费者的需求曲线为 D_1，第二类消费者的需求曲线为 D_2，总需求曲线为 D，非转基因粮食供给曲线为 S_1，转基因粮食供给曲线为 S_2，总供给曲线为 S'（曲线 S 是不生产转基因粮食之前的总供给曲线），参见图 4 - 16 (b)。若国内不消费转基因粮食，则国内的非转基因粮食价格将上升到 P_3；若价格保持在 P_1，一部分消费者消费非转基因粮食，数量为 Q_6，另一部分消费者消费转基因粮食，数量为 Q_7，也会达到消费均衡，此时 $Q_6 + Q_7 = Q_1$。但若所有的消费者均认为非转基因粮食品质上要高于转基因粮食，则意味着消费非转基因粮食消费者必须支付较高的价格，价格高于 P_1，介于 P_1 与 P_3 之间。而消费转基因粮食者可享受一定的价格优惠，价格低于 P_1。

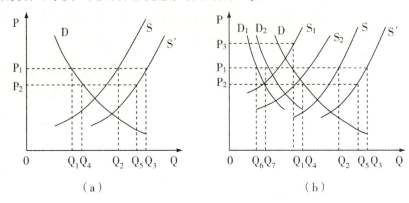

（a）　　　　　　　　　　　　（b）

图 4 - 16　转基因粮食生产与消费的经济影响

4.3.1.2　转基因粮食贸易对进口国影响

假设 B 国是转基因粮食的进口国，转基因粮食与非转基因粮食在市场上共存。B 国的国内需求曲线是 D，供给曲线是 S，加入进口量后供给曲线为 S_w，当允许转基因粮食进口时，供给曲线为 S_w'。国内消费量为 Q_2，生产量为 Q_1，进口量为 $Q_2 - Q_1$，参见图 4 - 17（a）。当进口转基因粮食时由于粮食价格的下降，导致 B 国粮食从 P_1 下降到 P_2，国内生产量降低到 Q_3，消费量增加到 Q_4，进口量增加到 $Q_4 - Q_3$，生产者剩余降低了 a，消费者剩余增加了 a + b + c + d，国家总福利增加了 b + c + d。如果 B 国自己不生产转基因粮食而单纯进口转基因粮食，会使国内粮食供给减少，国内生产者受损。

若假设 B 国的消费者也分成两类：一类偏好消费非转基因粮食；另一类对非转基因粮食无特殊偏好，认为转基因粮食是非转基因粮食的完全替代品。第一类消费者的需求曲线为 D_1，第二类消费者的需求曲线为 D_2，总需求曲线为 D。为了便于分析，假设 B 国国内没有转基因粮食的供给，其国内供给曲线即是非转基因粮食供给曲线从原有的 S 曲线变为 S′，假设 B 国进口的部分是转基因粮食,加入进口量后总供给曲线为 S_w'(曲线 S_w 是不进口转基因粮食的总供给曲线),参见图 4 - 17(b)。若国内粮食价格位于 P_1 时,国内的粮食生产量(非转基因粮食的供给量)正好等于国内第一类消费者消费量,则第二类的消费者正好消费进口的粮食数量。若由于转基因粮食的进口使国内粮价下降,从 P_1 下降到 P_2。在没有价格区分的情况下,由于国内非转基因粮食供给量的减少,必然会使价格上升,则第一类消费者必须支付较高的价格 P_3 才能得到 Q_3 的消费量(国内产出的非转基因粮食量),经一段时间平衡后,将回落到 P_1,消费量达到 Q_1,进口量等于第二类的消费者消费量。转基因粮食进口后,B 国实际福利的增加要少于图 4 - 17(a)的情况。

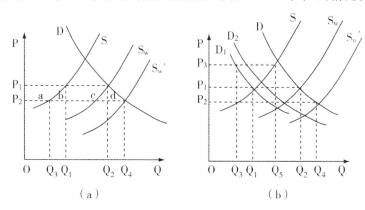

图 4 - 17 转基因粮食对进口国的经济影响

4.3.2 转基因粮食贸易标签管理

假设 B 国是进口国,B 国对进口的转基因粮食没有加以有关加贴标签和特性保管时,B 国的粮食市场转基因粮食和非转基因粮食必然是被混合的。同上,假设 B 国有两类不同的消费者:一类偏好消费非转基因粮食;另一类对非转基因粮食无特殊偏好,认为转基因粮食是非转基因粮食的完全替代品。但由于没有标签识别,第一类消费者虽然排斥转基因粮食,却没有能力区分其消费的粮食产品是否是转基因产品。第二类消费者期望消费非转基因粮食,但心理可接受的消费价格却是转基因粮食价格。因此,市场上无论是转基因或是非转基因粮食,均以混合后价格存在。

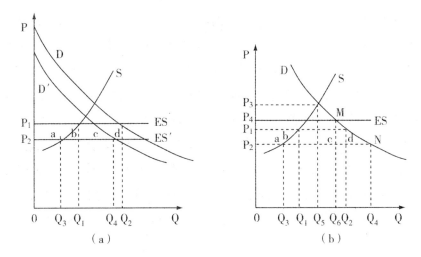

图4-18 转基因粮食未贴标签对进出口国的经济影响

假设 A 国是出口国，且 A 国的消费者都是第二类消费者，即认为转基因粮食可完全替代非转基因粮食，因此，A 国将大量生产转基因粮食，由于转基因粮食的生产成本低，在国际市场上没有要求对转基因粮食加贴标签的情况下，必然出口转基因粮食。这样 B 国也就只能获得进口转基因粮食。

若 B 国是进口小国，其进口量不影响国际市场价格，在进口非转基因粮食时价格为 P_1，国内消费量为 Q_2，生产量为 Q_1，进口量为 $Q_2 - Q_1$，参见图 4-18（a）。进口转基因粮食后，价格降到 P_2。但转基因粮食在没有标签管理的情况下，B 国的第一类消费者降低部分需求量，使 B 国的国内需求曲线向左偏移至 D′。国内生产量降低到 Q_3，消费量增加到 Q_4，进口量增加了 $Q_4 - Q_3$，生产者剩余降低到 a，对于第一类消费者其消费则减少了曲线 D 曲线 D′与直线 ES 和纵坐标围合的面积。由于价格的下降，使 B 国所有消费者受益，增加的消费者剩余是 a + b + c，特别是对于第二类消费者，可直接从降低的价格中受益。B 国在不考虑第一类消费者的福利损失时，净收益是 b + c。而对于第一类消费者的福利变化情况就较为复杂。福利是增加或是减少取决于其对非转基因粮食的偏好程度和这类消费者的数量。由于价格降低所增加的福利额是相对固定的，因此，偏好越强，这类消费者的数量或比例越大，则可能造成的福利损失就越大。

当 B 国第二类消费者数量很大，B 国政府可能会迫于第二类消费者的压力而采用禁止转基因粮食的进口。一种可能是 B 国国内增加粮食生产量，由本国解决粮食问题，价格上升到 P_3，国内消费量下降到 Q_5，参见图 4-18 (b)，但由于粮食消费是具有一定的同时刚性的，B 国进口粮食中若有刚性需求，则选择自产是不明智的，且成本代价更高。若从第三国进口，价格也可能上升到 P_4，国内消费数量为 Q_6，虽然这种政策能满足国内的粮食需求，但相比与进口转基因粮食而言，消费者剩余减少了 P_4P_3MN 的量（不考虑第一类消费者损失情况下）。很显然，在完全禁止转基因粮食进口情况下，会使 B 国第二类消费者的福利受损。另外，当粮食价格较高时，许多消费者可能会迫于购买力水平而转向接受低价的转基因粮食。

解决第一类消费者非转基因粮食偏好需求与第二类消费者低价需求这一矛盾的良策是对进口的转基因粮食实施标签管理。将 B 国消费者按需求进行分离，粮食市场的供给上也对应地严格地区分出转基因粮食与非转基因粮食。在分离状况下，要求对进口的转基因农产品加贴强制性标签，B 国消费者既可以在非转基因市场上选购粮食，也可以在转基因市场上选购粮食。第一类消费者仍然停留在非转基因农产品市场上，第二类消费者转向价格较低的转基因粮食市场。然而，转基因粮食的低价也会吸引原有第一类消费者由于购买力因素或利益的比较，使他们克服了对转基因产品的反感，转向转基因粮食市场，第一类消费者数量减少。所以，转基因农产品的价格 P_2 较低时，非转基因农产品的需求曲线将从 D_1 左移至 $D_1{}'$，转基因农产品的需求曲线将从 D_2 右移至 $D_2{}'$，参见图 4-19 (a)。非转基因粮价受两个反向的因素影响。一方面，由于进口的非转基因农产品不再可获或获得代价高，使其价格受到上涨的压力；另一方面，由于一些消费者转向消费转基因农产品，使非转基因农产品的价格又受到下降的压力，第一类消费者数量下降为 Q_5，价格低于 P_1，为 P_3。

假设 A 是出口国，参见图 4-19 (b)，在不生产转基因粮食之前供给曲线是 S，出口量为 Q_2-Q_1，当其研发并生产转基因产品后，国内粮食产量增加，生产成本下降，供给曲线从 S 右移到 S'。价格从 P_1 下降到 P_2，提高了其粮食产品的国际市场竞争力，出口量增加到 Q_4-Q_2，增加了 $Q_4-Q_2-Q_3+Q_1$，国内的总体福利水平提高了。

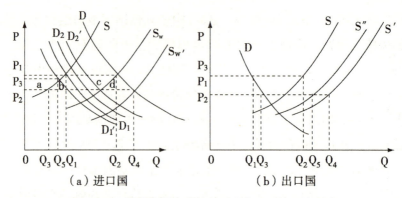

图 4 – 19　转基因粮食贴标签对进出口国的经济影响

　　当国际市场上进口国严格要求对转基因粮食加贴标签时，出口的转基因粮食成本会有所增加，导致国内供应量下降，供给曲线从 S′左移到 S″，出口量回缩到 $Q_5 - Q_3$，消费者剩余不变，而生产者剩余减少。因此，对于出口国加贴标签是不利的，是均可选择的。

　　就整个社会体系而言，加贴标签将增加加贴标签所产生的直接损失。对进口国的第一类消费者而言，得到了消费偏好需求的保障，增加支付成本。但对第二类消费者而言，将部分地分担由于加贴标签所产生的福利损失，分担加贴标签所导致的价格上升而多支付的成本代价。对于国内的生产者而言最为有利的是不进口粮食，或禁止转基因粮食的进口，而进口加贴标签的转基因粮食使其能享受国内第一类消费者消费忠诚而获得的收益。对出口国而言，加贴标签一方面直接增加了其出口粮食的成本，降低了产品竞争力；另一方面，也导致其在国际市场中的销售风险。

4.4　中国粮食国际贸易管制策略分析

　　中国粮食国际贸易管制策略是根据管制战略与管制方法结合中国具体情况而确定的。策略的制定需综合考虑以下几个要素：一是有助于战略目标的实现；二是管制方法的合理运用；三是遵循世界贸易组织等机构制定的国际规则；四是结合中国的具体情况；五是综合权衡政治与经济、长期与短期、生产者与消费者、垄断大企业与粮食生产农户、环境保护与生产发展、国际合作与国际竞争、财政收入与财政支出、粮食产业与其他产业等相关关系与利弊得失。在综合考虑上述要素基础上，相机而择灵活地选择管制策略。

4.4.1　中国粮食国际贸易管制子目标

由于策略选择更具有时间的阶段性与内容的针对性，因此先结合中国粮食国际贸易战略，在分析中国粮食国际贸易数量、价格与品质管制的影响因素基础上，确定数量、价格与品质管制子目标，从而为制定策略打基础。

4.4.1.1　中国粮食国际贸易数量管制目标

粮食国际贸易数量不仅受国内粮食供需平衡的影响，而且也受国际粮价、国际贸易格局、世界粮食生产与消费结构、粮食供求状况、国家经济实力与居民购买力水平、市场预期和国际关系等众多其他因素的影响，参见图 4-20。

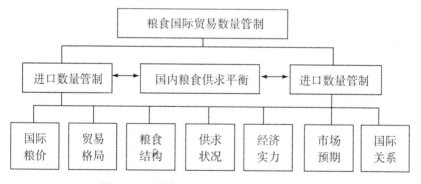

图 4-20　粮食国际贸易数量管制影响因素

粮食国际贸易数量管制目标：一是保障国家粮食安全。利用粮食国际市场保障国内粮食的需求，补充国内粮食的供给不足。这是中国粮食国际贸易数量管制的首要目标，因为中国粮食产业的发展与粮食生产量受耕地资源的客观限制，中国粮食供给在一定程度上必须依赖进口，在粮食安全的情况下，相对扩大粮食进口量能使中国获得更大利益。但粮食需求特点决定了政府必须优先考虑粮食安全。二是调整国内粮食品种，优化国内生产与消费结构。

目前我国粮食既有进口也有出口，且净进口与净出口交替出现，贸易量较大，说明粮食品种调剂量较大，产业内交易量较大。三是促进国内多余粮食的出口，保障国内粮食生产者利益，获得国际贸易利益。四是运用国际管制，抵制国外粮食管制中的不合理政策，防止一些国家利用粮食作为政治外交手段，通过扰乱粮食市场，最终达到本国的政治目的。

4.4.1.2　中国粮食国际贸易价格管制目标

粮食国际贸易价格管制受国际粮食粮价、国内粮价和国内政府对粮食贸易的管制政策等因素影响，参见图 4 – 21。

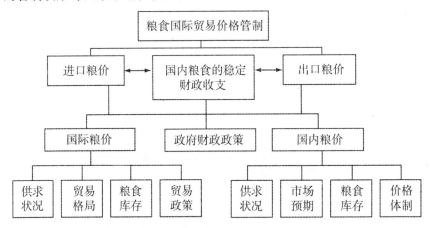

图 4 – 21　粮食国际贸易价格管制影响因素

中国粮食国际贸易价格管制的目标：粮食的国际贸易价格是各国政府制定贸易政策，实施管制的一项重要内容。粮食国际贸易的价格管制的目标：一是保证国内粮食价格的稳定；二是保障国内粮食生产者和消费者的利益；三是提高粮食国际竞争力；四是调节财政收支；五是调控粮食进出口数量。

4.4.1.3　中国粮食国际贸易品质管制目标

品质管制的影响要素与质量本身影响要素是不同的。政府对国内粮食交易与国际粮食交易均是有品质管制。粮食国内交易的品质管制更多的是考虑粮食的食用安全性问题，确保国内居民消费的安全。而国际粮食贸易的品质管制不仅是要考虑粮食的食用安全性问题，还需考虑粮食产业的国际贸易管

制战略目标。在许多情况下，发生的国际贸易粮食交易品质争端不是品质本
身问题，而是各国政府人为的目标差异问题，如有意设置的非关税贸易壁垒。
粮食国际贸易品质管制的影响要素主要有国际粮食品质、国内粮食品质、国
际粮食标准、贸易规则、贸易政策等，参见图 4 - 22。

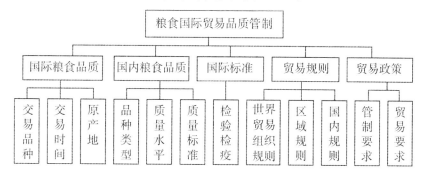

图 4 - 22 粮食国际贸易品质管制主要影响因素

中国粮食国际贸易品质管制的目标：一是保障进口粮食食用安全和环境
安全；二是保障本国出口粮食的品质声誉；三是作为政策手段，控制粮食的
进口数量或限制进口。

4.4.2 中国粮食国际贸易管制策略选择

研究表明，国际贸易管制其实质是贸易保护主义思想的体现，在自由贸
易思潮和世界贸易组织环境下，管制政策的选择是多目标利益均衡的结果。
中国粮食国际贸易政府管制策略选择是在遵循国家利益最大化前提下，综合
考虑各方因素，相机而择。第一是明确管制目标，从战略目标到子目标到具
体策略阶段目标；第二是明确选择标准与假设前提，本书假设政府以追求国
家利益为目标，政府行使行政管理职能，实施管制是以实现国家利益（公共
利益）最大化为决策标准的[①]；第三是兼顾各方利益的均衡，如权衡政治与

---

① 对于世界贸易组织等国际组织环境，每一国家均可被视作是一个经济决策主体，是以其个
体利益最大化为追求的，虽然世界贸易组织等国际组织成立的初衷是为了促进国际社会总福利水平的提
高，但事实上更偏向于利用世界资源为部分发达国家服务，在管制经济学上更能用公共选择理论作解
释，但对于国内本书的假设是采用公共利益学说的理论。

经济、长期与短期、生产者与消费者、垄断大企业与粮食生产农户、环境保护与生产发展、国际合作与国际竞争、财政收入与财政支出、粮食产业与其他产业等相关关系与利弊得失；第四是考虑各种方法的适用性与世界贸易组织相关管制要求；第五是要考虑管制在不同阶段、对不同国家、不同粮食品种的策略区分；第六是要与国家的有关政策相配套。

4.4.2.1　策略选择的利益平衡

（1）平衡阶段性战略目标与长远目标。任何一个国家均有阶段性战略目标，管制政策的选择在一定程度上是长期战略与短期目标的一个均衡，是粮食国际贸易战略体系中阶段性目标的体现。因此，应考虑战略目标与策略选择的差异性，在战略总目标的约束前提下，灵活运用策略，达到长期目标与短期目标的协调。

（2）平衡粮食获得的稳定性与经济性。粮食产业既是一个古老的、高度资源依赖性产业，又是一个弱质的、政治敏感的产业，每一国家均有其特定的发展历史，均会将本国的粮食安全置于重要的地位。在制定粮食国际贸易管制策略时，应兼顾国际经济与政治关系和国际粮食市场获得的经济性，特别是进口国在合理布局时，既要考虑粮食国际贸易天然性资源分布格局，也要考虑粮食贸易国与本国的政治经济关系，在保证粮食供给源稳定、安全、可靠的基础上追求经济效益。

（3）平衡粮食国内市场供需与国际贸易。粮食国际贸易应作为国内粮食供求平衡的调节器，在国内粮食供不应求时，适度进口；而在国内粮食供大于求时，适度出口。粮食国际贸易进出口不仅调节总量，也调节品种结构。在粮食国际贸易管制中控制贸易总量、时间与结构。

（4）平衡粮食生产者、经营者和消费者等相关利益。中国粮食在生产上，具有高度分散的特点，生产方式与国外相比规模效应较差。在制定政策时，既要考虑大量分散的粮农利益，也要考虑适度促进粮食生产的集中化，提高生产效率，鼓励粮食生产企业规模的扩大。在消费上，具有大市场的特点，疆域的巨大决定了最终消费地的分散，人口的巨大决定了消费量的庞大，粮食价格波动对于国家物价水平具有较强的联动作用，特别是粮价的上升具有更强的物价上升推动力，因此要兼顾各个层次的消费者利益。不仅如此，由于粮食消费结构中还有一大部分是工业消费和饲料消费，因此也必须兼顾不同用途消费数量与价格结构。在粮食的经营上，存在国有企业与私有企业、国内企业与外国企业，在国际规则要求平等、公正、国民待遇呼声下，如何兼顾规则与国家利益成为必须考虑的因素。

（5）平衡社会效益与经济效益。现代农业发展是一种多功能的发展思路，而非追求一味的产业扩张和经济效益的获得。如何均衡粮食产业发展过程中带来的正外部性效应与由于过度发展粮食产业及采用不当的产业生产方式导致环境破坏产生的负外部性效应，是政府必须考虑的问题。适度控制粮食产业的生产量，既可减少耕地对森林的挤占，也可减少粮食生产中的农药、化肥和地膜产生的染污，适度的休耕还可增加国内粮食供给弹性。适度控制粮食生产规模，会导致进口增长而出口减少，从而导致国内福利损失，也会直接减少产业效益。

（6）平衡效益与效率。任何一种经济策略或政策均有效益与效率问题，政府无论是加强管制或是放松管制，必须考虑政策的目标效益、支付的成本和达成目标的可能性与效率。

4.4.2.2 管制方法选择策略

虽然在上一节内容中列举了多种数量管制的方法，也论证了每一种方法可能带来的福利影响。而事实上，现实中可采用的方法是有限的，特别是加入世界贸易组织后，由于受世界贸易组织管制的限制，能采用的方法更为有限，各种方法的基本情况参见表4-1。

表4-1　粮食国际贸易管制方法

类别	方　法	管制内容	使用频度	管制效果	作用过程	世界贸易组织要求
A	进口关税配额	数量	较多	较强	直接	配额范围内
	绝对进口配额	数量	较少	较强	直接	取消
	全球配额	数量	较多	较强	直接	取消
	国别配额	数量、进口源	较少	较强	直接	取消
	配额外禁运	数量	很少	强	直接	取消
	关税配额	数量	较多	中	间接	配额范围内
	优惠性关税配额	数量	较多	弱	间接	允许
	非优惠性关税配额	数量	较多	中	间接	允许

类别	方　法	管制内容	使用频度	管制效果	作用过程	世界贸易组织要求
A	附加税或罚款	数量	很少	强	直接	允许
	高关税	数量	很少	强	直接	允许
	自愿出口配额	数量	很少	强	直接	允许
	非歧视性	数量	很少	强	间接	允许
	歧视性	数量	很少	强	直接	允许
B	许可证	数量、外汇	较少	强	直接	取消
	配额 + 许可证	数量、外汇	较多	强	直接	允许
	许可证	数量、品种	一般	强	直接	取消
C	禁运	数量	很少	强	直接	取消
D	关税	价格	最多	强	间接	允许
	进口从量、从价关税	价格	较多	强	间接	允许
	进口可变关税	价格	较多	强	间接	允许
	出口从量、从价关税	价格	较多	强	间接	允许
	出口可变关税	价格	较多	强	间接	允许
E	补贴	价格	较多	中	间接	允许
	出口补贴	价格	较多	中	间接	取消
	出口生产补贴	价格	较多	中	间接	允许
	进口补贴	价格	较少	中	间接	取消
	消费补贴	价格	较少	中	间接	允许
F	质量标准	品质	较多	中	间接	允许
	入境检验	品质	较多	强	直接	允许
	出境检验	品质	较多	中	直接	允许
	加贴标签	品质	较多	中	间接	允许
G	反倾销	数量、价格	较多	强	直接	允许

　　在数量管制方法上，许可证制度强化了管制管理的弹性。从管制经济学的"管制俘虏理论"（参见本书第 1 章 1.3.1.1）的角度，许可证的发放存在着"租"的问题，政府决策主体可能由于政府政策的"寻租"制度设计或其个体的"寻租"利益追求而影响许可证发放制度设计的本意。因此，许可证制度往往会花费更大的社会成本。由于信息的不完全公开性，加之国有企业可较大规模地参与申请许可证，也使政府对粮食贸易的数量管制力量更强。

自愿出口配额在中国作为出口方时可适当地采用。这是由于自愿出口配额在确定时有一个贸易利益交换过程的谈判，若中国粮食协会组织能利用谈判机会争取必要的利益，则适度地自愿限制出口数量可能会获得更大的利益。在贸易存在限制的情况下，许多国家并非严格地遵循世界贸易组织的有关规定限制，主动的谈判与利益交换是自愿出口配额状况下出口方获得利益的前提。在自愿出口配额情况下，"租"收入从进口方转移到了出口方，因而对出口方存在着交换利益之外的"租"收益。出口禁运对于中国而言发生的可能性很小，但当国内粮食供给十分紧缺时，出口限制的极端或自愿出口配额为零时，实际就发生了出口禁运。进出口关税配额是目前最为普遍的一种数量管制方法，也是世界贸易组织规定允许的一种管制方法以及中国政府管制粮食进出口数量最常用的方法。

在价格管制方法上，关税管制问题需要确定的是采不采用关税，对什么品种采用什么关税及关税的税率是多少的问题。由于粮食是关键物资，目前国内的价格与国际价格上存在的一定的差异，且数量管制十分必要而在一般情况下又不能直接采用数量限制的方法，因此保留关税配额管制是必要的。在关税配额管理方法方面，中国农产品进口配额的管理方法在短短几年内发生了显著变化。新的关税配额政策打破了原有的行政性垄断，引入竞争机制。出口补贴是在国内价格改革还没有到位，国内价格与国际价格脱节的情况下，为弥补外贸企业的亏损而提供给企业的财政补贴。中国加入世界贸易组织，承诺不使用农产品出口补贴政策。事实上发达国家普遍使用巨额农产品出口补贴，对中国农产品取消出口补贴造成了极为不利的影响，可探索采用一些间接的补贴方式。出口退税制度是我国流转税制度的重要组成部分，始于 1985 年，是鼓励出口的一种方法，对出口粮食竞争力的提高有益，运用了财政资源，但没有直接补贴，时效性较差。补贴应分粮食品种实施，对供大于求且国内粮价偏高的品种采用这种方法较有效。"绿箱"政策补贴运用余地较大。反倾销已成为世界各国合理合法的贸易保护政策措施。

在品质管制上，质量标准非常关键，是控制粮食进出口质量、设置绿色壁垒和技术壁垒的依据，而出入境检验是实施品质法规的手段，其检验水平直接关系到品质管制效果。转基因加贴标签管制则是针对新情况而订立的特殊管制法则。对于转基因粮食同样需要质量标准与进行出入境检验。

另外，反倾销也已成为粮食国际贸易管制的重要手段。

4.5　本章小结

在基于国家公共利益最大化假设之下，利用管制经济学研究方法，构建福利分析模式，利用经济学管制分析方法，分析各种管制方法的福利影响及方法的适用性，结论是不同的方法其适用环境、成本与效果是不同的，政府应根据战略目标制定管制策略。

国际贸易数量管制方法是进出口配额、自愿出口配额、许可证和禁运等。进出口配额其实质是一种直接性的进出口数量限制。限制的程度是根据配额数量的大小或金额的多少确定的。当配额数量或金额确定为零时，即是粮食禁运。关税配额是符合世界贸易组织规则最常用的一种数量管制手段。配额锁定了进口数量水平，有可能使国内垄断供应商可以通过限制产量来提高价格，获取垄断利润，为垄断供应商提供一种绝对保护。自愿出口配额表现为两国政府就出口国限制其向进口国出口的谈判结果。自动出口限制并不是必须采取政府间协定的形式，进出口国的相关行业间也可能达成这种协定，有一些是进口国政府与出口国非政府集团达成这种限制协定。粮食禁运是一种绝对化的歧视性自愿出口配额。许可证制度是一种对贸易的行政管制和直接干预。粮食禁运是指一国政府对粮食的进出口数量进行强制性政策限制。

关税和补贴是世界贸易组织环境下最为常用的贸易管制方法。关税也是最古老的一种国际贸易管制政策，是许多国家的重要收入来源。不同关税及不同税率将直接影响粮食生产者、经营者或消费者的福利水平，对其决策行为产生干预作用。一般贸易大国的进口关税政策对国内生产者的保护作用要小于贸易小国的同量关税。粮食补贴是一国对本国农业支持与保护体系中最主要、最常用的工具。由于受世界贸易组织国际规则的限制，粮价的直接补贴受到限制。

粮食品种与品质的差异是造成粮食国际贸易中产业内贸易的最主要因素，也是贸易争端涉及最多的问题。粮食国际贸易品质管制涉转基因粮食管制问题、常规性的粮食进出口质量问题和利用质量标准设置贸易壁垒问题。在世界贸易组织关税减让和禁止数量限制的约束下，由品质管制标准构成的一些技术性贸易壁垒正成为国际贸易最为重要的非关税壁垒构成要素。本书主要针对转基因粮食管制问题进行研究，转基因粮食贸易将产生多重影响，实施转基因粮食加贴标签管理是一种管制趋势。

研究表明，国际贸易管制其实质是贸易保护主义思想的体现，在自由贸易思潮和世界贸易组织环境下，管制政策的选择是多目标利益均衡的结果。中国粮食国际贸易政府管制策略选择是在遵循国家利益最大化前提下，综合考虑各方因素，结合中国具体情况，相机而择。政府应区分内外市场管制决策标准，对内适度放松管制，促进市场化与竞争，优化资源配置；对外适度强化管制，争取国家利益最大化。

5 中国粮食国际贸易管制政策设计

管制的主体是政府，管制的所有策略均是通过一定的法律、法规、规章与制度实施的，政府对粮食国际贸易管制的设想与策略最终必将落实到具体的政策之中。本章结合中国粮食国际贸易具体情况，借鉴国外成功经验，提出相关的政策建议，以期为政府制定相关管制政策作参考。

5.1 中国粮食国际贸易基本情况

5.1.1 中国粮食国际贸易的发展

中国粮食进出口数量状况见表 5 - 1。中国粮食国际贸易在 1950 ~ 2009 年大致可分为四个发展阶段：

第一阶段：1960 年以前，为粮食净出口期。20 世纪 50 年代，我国粮食主要出口稻米和大豆，少量进口小麦用以填补消费缺口。从战略上是服从国家 "以农促工" 战略需求，以粮食换机器，粮食出口国主要是苏联。出口粮价由政府确定，且价格较低，这一时期的出口对粮食生产者（农民）的福利损失较大。

第二阶段：1960 ~ 1979 年，以粮食净进口为主。20 世纪 50 年代末，中国由于自然灾害等因素使粮食供给严重不足，国家为解决粮食供给缺口，从

1961年开始大规模进口粮食，使粮食从净出口转为净进口。这一时期小麦累计进口达4328.51万吨（中国商务部，2009），占进口粮食的98%以上，进口量在20世纪60年代约为世界小麦进口总量的10%，是世界最大的粮食进口国之一，具有进口的大国效应。进入20世纪70年代后，中国粮食国际贸易量仍呈上升趋势，进出口比为2.58∶1，累计出口粮食2495.5万吨，进口粮食6444.23万吨，其中小麦占82%，占世界进口总量的7%，主要填补口粮消费缺口（瞿商，2006）。这一时期粮食主要进口国有加拿大（1961年与中国订立提供购粮贷款长期协议）、美国和阿根廷。大米是中国大陆主要出口品种，主要出口至中国香港、马来西亚、新加坡、古巴、印度尼西亚、斯里兰卡等相邻国家和地区，出口量仅次于美国和泰国。

第三阶段：1980~1996年，以粮食净进口为主，是国际大米、大豆和玉米的重要进出口国。这一时期由于农村经济体制改革减少粮食征购基数，使粮食供给缺口加大，导致粮食进口数量增大。17年间粮食净出口年份只有4个，累计进口粮食21541.19万吨，出口粮食9274.84万吨，净进口量达到12007.75万吨，进出口比为2.3∶1，小麦进口占世界进口量的4%~13%。出口量最大的是玉米（2502.03万吨，占26.98%），其次是大米（1366.59万吨，占14.74%）和大豆（1214.84万吨，占13.1%）（瞿商，2006）。

第四阶段：1997~2010年，粮食净进口与净出口交替出现。国内粮食供大于求，如小麦和玉米由于供大于求从进口转向出口，大豆和大麦由于国内需求增大，进口量也增大。粮食净进口与净出口交替出现主要是由国内粮食供求变化引起的，短期内需求量的快速变化显示了中国粮食国际贸易的大国效应。如1999~2003年连续五年粮食减产，市场粮价大幅度上涨，2004年进口急剧增加，2006年回落。但由于受世界粮食主产国减产和生物燃料需求旺盛等因素的影响，粮食国际市场近年波动较大。2007年后中国粮食进口有所上升，2008年粮食进口量有所下降，但大豆进口还是快速增长，占了粮食进口八成左右，出口量低位运行。2009年粮食出口有较大幅度的增长。据海关统计的数字显示，2010年1~7月，中国粮食进口达到3846.9万吨，同比增长20.5%。玉米进口量同比增长56倍，创15年新高，而大豆进口量在5年间翻了一番。小麦进口总量102万吨，同比增长1倍。

表 5-1　中国粮食国际贸易量　　　　　　　单位：万吨

年份	出口	进口	净出口	年份	出口	进口	净出口
1950	122.58	6.69	115.80	1980	161.83	1342.93	-1181.10
1951	197.11	0	197.10	1981	126.08	1481.22	-1355.14
1952	152.88	0	152.80	1982	125.12	1611.69	-1486.57
1953	182.62	1.40	181.10	1983	196	1344	-1148.00
1954	171.10	3.00	168.10	1984	357	1045	-688.00
1955	223.34	8.20	205.10	1985	932	600	332.00
1956	265.12	4.90	250.20	1986	942	773	169.00
1957	209.26	6.60	192.50	1987	737	1628.00	-891.00
1958	288.34	2.30	265.90	1988	717	1533.00	-816.00
1959	415.75	0.20	415.50	1989	656	1658.00	-1002.00
1960	272.04	6.63	265.41	1990	583.00	1372.00	-789.00
1961	135.50	580.97	-445.47	1991	1086.00	1345.00	-259.00
1962	103.09	492.30	-389.21	1992	1364.00	1175.00	189.00
1963	149.01	595.20	-446.19	1993	1365.10	742.50	622.60
1964	182.08	657.01	-474.93	1994	1187.50	924.90	262.60
1965	241.65	640.51	-398.86	1995	102.50	2070.10	-1967.60
1966	288.50	643.78	-355.28	1996	143.60	1195.50	-1051.90
1967	299.44	470.19	-170.75	1997	853.60	705.50	148.10
1968	260.13	459.64	-199.51	1998	906.50	708.60	179.90
1969	223.75	378.63	-154.88	1999	759	772.10	-13.10
1970	211.91	535.96	-324.05	2000	1401.30	1356.80	44.50
1971	261.75	317.32	-55.57	2001	903.10	1738.40	-835.30
1972	292.56	475.62	-183.06	2002	1514.30	1416.70	97.60
1973	389.31	812.79	-423.48	2003	2229.90	2282.80	-52.90
1974	364.39	812.13	-447.74	2004	514.40	2998.30	-2483.90
1975	280.61	373.50	-92.89	2005	1058.80	3286.30	-2227.50
1976	176.47	236.65	-87.18	2006	578	2964	2386
1977	165.70	734.48	-568.78	2007	986	155	831
1978	187.72	883.25	-693.53	2008	181	154	21
1979	165.08	1235.53	-1070.45	2009	132	315	-183

资料来源：1950~2005 年数据来自历年《中国对外经济贸易年鉴》、历年《中国海关统计年鉴》、2006~2009 年数据来自历年《中国统计年鉴》。

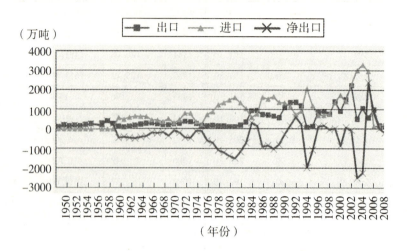

图 5 – 1　中国粮食国际贸易量

资料来源：同表 5 – 1。

　　总体来说，利用国际市场调节国内主粮品种供求，是保障中国粮食安全的有效途径之一。中国稻谷和小麦进出口总量基本平衡，但略偏紧，玉米和大豆由于饲料与工业加工需求逐年增加，进口数量正逐渐增加。中国在粮食进口数量的增大，对世界粮食市场将产生一定的影响。从目前国际粮食市场发展前景来看，世界粮食供求将会在近中期呈现偏紧的态势，供给相对不足。为此，中国政府应根据不同品种、不同阶段的粮食国内供求与国际市场状态，制定粮食进出口政策，实施有效的管制，保证国内粮食供需，提高国家福利水平。

5.1.2　中国粮食国际贸易数量特征

5.1.2.1　中国粮食国际贸易总量特征

　　中国粮食主要品种产量占世界粮食各品种总产量的比例情况见表 5 – 2 和图 5 – 2。从粮食产量在世界粮食产量的比例来看，稻谷、小麦和玉米占世界各粮食品种总产量的比重均较大，表明中国是世界粮食生产大国。

表5-2 中国粮食主要品种产量占世界粮食各品种产量的比重 单位:%

年份	1999	2000	2001	2002	2003	2004	2005	2006	2007	2008	2009
世界	100	100	100	100	100	100	100	100	100	100	100
稻谷	32.80	31.70	30.00	30.60	28.30	29.75	29.58	29.75	29.15	29.96	28.72
小麦	19.40	17.00	15.90	15.70	14.60	14.56	15.60	17.46	18.84	18.41	18.77
玉米	21.10	17.90	18.60	20.10	17.90	18.32	19.63	20.88	15.12	15.36	15.67

资料来源:根据联合国粮农组织《粮食展望》历年数据整理计算所得,2009年为预测数。

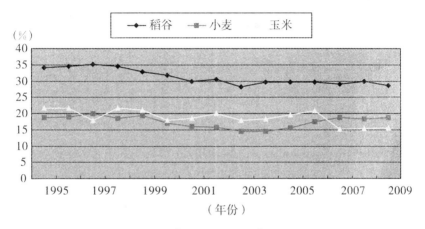

图5-2 中国粮食产量占世界粮食产量的比重

资料来源:同表5-2。

表5-3 中国粮食消费量占世界粮食消费量的比重 单位:百万吨

年份		2000/2001	2001/2002	2002/2003	2003/2004	2004/2005	2005/2006	2006/2007	2007/2008	2008/2009
稻谷	世界	394.10	409.90	407.30	412.90	415.00	416.40	420.40	437.90	449.80
	中国	134.40	134.60	134.80	123.60	135.10	123.60	123.40	126.30	127.20
	比重	34.10	32.84	33.10	29.93	32.55	29.68	29.35	28.84	28.28
小麦	世界	583.80	585.40	601.60	585.30	608.00	619.30	626.70	2126	2202
	中国	110.30	1087.40	105.20	101.00	102.00	101.00	105.10	390.00	400.00
	比重	18.89	18.57	17.49	17.26	16.78	16.31	16.77	18.34	18.17
玉米	世界	609.20	622.30	626.80	682.60	682.60	682.60	728.00	1073.70	1107.10
	中国	120.20	123.10	125.90	134.00	134.00	134.00	142.50	161.70	168.60
	比重	19.73	19.78	20.09	19.63	19.63	19.63	19.57	15.06	15.23

资料来源:2000/2001~2004/2005年度数据根据USDA资料整理,2005/2006~2008/2009年度数据根据联合国粮农组织《粮食展望》历年数据计算所得。

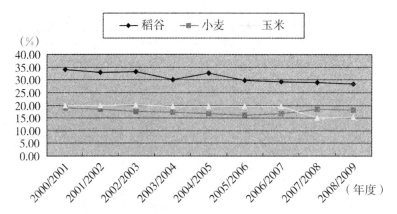

图 5 - 3 　中国粮食主要品种消费量占世界粮食各品种消费总量的比重

资料来源：同表 5 - 3。

从我国粮食消费量上分析，我国粮食主要品种消费量占世界总消费量的比重也较大，见表 5 - 3 和图 5 - 3，稻谷消费量占比在 30% 左右，近年有一定下降趋势。小麦的消费量占世界总消费量的 18% 左右，略有一些波动。玉米的消费量占总消费量的 19% 左右，近年有些下降。总体上，说明中国是粮食的消费大国，这在根本上是由其自身巨大的人口基数决定的。从中国粮食消费结构上分析，各主要粮食品种占世界消费量的比例基本稳定，中国粮食消费量与世界粮食消费总量基本保持一致的上升趋势，其中稻谷和玉米消费量占比略有下降，小麦略有上升，显示我国粮食消费具有较大的刚性。

从世界粮食供求的总体情况看，近年来世界粮食产量增长缓慢。随着世界人口接近 70 亿，世界粮食需求将不断增长。针对国际粮食市场的变化，中国政府必须关注粮食进口量在国际贸易中比重的变化，关注国内粮食消费对国际市场的依赖度。一般情况下，在粮食数量管制的目标范围内，依据国际贸易自由化准则，可适度放松管制；当可能危及粮食安全情况下，应加强对粮食国际贸易量的管制，保证国内粮食安全。

5.1.2.2 　稻谷国际贸易数量特征

（1）世界稻谷国际贸易数量特征。稻谷是中国的一大主要粮食品种，中国是世界稻谷的生产大国和消费大国。从全球来看，稻谷生产遍及除南极以外的世界各大洲，其中亚洲是主产区，约占世界总产量的 90%，且主要集中

于发展中国家，这与亚洲的地理环境及饮食习惯有关。其次是非洲，占
3%~4%，近年来有所增长。其他洲的产量较低，参见表5-4和图5-4。
这说明稻谷的生产具有明显的区域性特征，这种区域性特征可能导致区域之
间的互补性较差。区域性的气候变化可能导致大面积的稻谷减产，使稻谷全
球供应量下降，区域性的特征也可能使稻米市场产量与价格的关联性更敏感，
连锁反应更迅速。这就需要政府在稻谷国际贸易管制上更注重区域的合作、
进出口来源的设计与规划及国内库存量的合理规划。

近年来世界稻谷产量逐年增加，不仅传统的稻谷种植地区产量稳中有升，
美国与拉丁美洲等国家和地区越来越多的耕地也用于稻谷种植，但随着世界
人口的增加，稻谷需求压力仍然存在，2008年稻谷国际市场价格的大涨大跌
波动，反映了国际粮食市场的不稳定性。

表5-4   世界各大区域稻谷产量占世界总产量的比重   单位：%

区域	1980年	1985年	1990年	1995年	2000年	2005年	2006年	2007年	2008年	2009年
欧盟15国	0.42	0.41	0.43	0.39	0.40	0.45	0.43	0.43	0.39	0.41
北美洲	1.67	1.31	1.37	1.44	1.44	1.68	1.48	1.43	1.41	1.55
大洋洲	0.16	0.19	0.18	0.19	2.93	0.05	0.17	0.02	—	0.02
非洲	3.61	3.06	2.59	3.52	3.40	3.22	3.35	3.41	3.73	3.96
亚洲发达国家	3.07	3.12	2.53	2.46	1.97	3.08	2.95	2.80	2.78	2.69
亚洲发展中国家	—	—	—	88.86	89.18	87.22	87.95	88.12	87.66	87.32

资料来源：1980~2000年数据来源于安玉发：《世界主要农产品贸易格局分析》，中国农业出版
社，2004：44。2005~2009年数据根据联合国粮农组织《粮食展望》（2005~2009）历年数据计算整
理而得，其中2009年数据根据预测数计算。

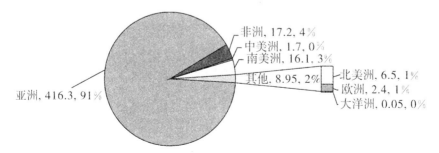

图5-4   2009年世界各大洲稻谷产量及其占世界稻谷产量的比重

注：产量单位为百万吨，数值为预测值。

资料来源：联合国粮农组织：《粮食展望》，2009：6。

从稻谷产量排名来分析，稻谷产量排在前五位的国家分别是中国、印度、印度尼西亚、越南和泰国，2008 年分别占世界总产量的 29.9%、21.5%、8.26%、5.61%、4.52%。中国是世界上最大的粮食生产国，其次是印度，两国合计产量占世界总产量的 50% 左右。世界上其他国家占世界稻谷产量的比例均少于 10%，美国也是稻谷产量相对较高的一个国家，占世界稻谷产量的 1.5% 左右，见表 5 - 5。

表 5 - 5　主要稻谷生产国产量占世界总产量的比重　　单位：百万吨,%

年份	1999	2000	2001	2002	2003	2004	2005	2006	2007	2008	2009	2010
世界总产量	611	603	578	576	584	607	422	420	440	460	456	466
世界	100	100	100	100	100	100	100	100	100	100	100	100
中国	32.80	31.70	30.00	30.60	28.30	29.80	29.60	29.80	29.20	29.90	29.60	29.00
日本	1.88	1.97	1.89	1.93	1.96	1.80	1.94	1.83	1.80	1.74	1.69	1.67
泰国	3.95	4.25	4.51	4.50	4.66	3.91	4.62	4.64	4.82	4.52	6.32	4.39
印度	22.00	21.80	23.40	20.20	21.30	21.10	21.60	21.70	21.90	21.50	19.50	21.50
印度尼西亚	—	—	—	—	8.88	8.92	8.08	8.17	8.19	8.26	8.90	8.78
越南	5.14	5.40	5.35	5.91	6.01	5.95	5.66	5.69	5.44	5.61	5.68	5.59
美国	1.53	1.44	1.63	1.66	1.70	1.73	1.68	1.48	1.43	1.41	1.51	1.58

资料来源：根据联合国粮农组织《粮食展望》历年数据计算而得，2010 年为预测数。

从稻谷主产国的结构上分析，稻谷生产大国也往往是人口大国，饮食消费习惯与人口基数决定了这些国家对稻米存在刚性的需要。稻谷主要出口国包括印度、巴基斯坦、泰国、美国和越南。国与国之间的稻谷国际贸易，一方面可能发生在不同稻谷品种的交易与流通，即产业内国际贸易，如我国稻谷在许多年份已供大于求，但近年来从泰国进口的数量呈上升趋势；另一方面可能是由于价格与数量的不同而导致的贸易，如日、韩两国由于受耕地资源的限制，总产量相对有限，是中国的主要出口国。

世界各主要稻谷生产国的稻谷单产存在着一定的差距，其中单产最高的是美国，其次是日本，中国稻谷单产位于第三，但与美国有一定的差距，与日本基本接近，远远高于泰国、印度和世界平均水平，具有一定的竞争力，见图 5 -5。

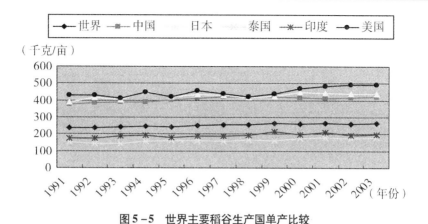

图5-5 世界主要稻谷生产国单产比较

资料来源：联合国粮农组织历年数据。

从单产趋势来分析，各国稻谷单产均有一定的增幅，但增幅不大，主要是受科技水平与自然条件的限制。从稻谷单产上分析，中国稻谷高单产可使稻谷的生产成本下降，但由于中国水稻生产经营方式是分散性经营，因此成本并不具有明显优势。相反，由于单产已相对较高，依赖提高单位的空间变小，因此如何充分利用耕地资源将会成为政府管制的一个重点。值得注意的是，泰国虽然单产不足中国的一半，但由于其生产的长粒籼米在品质上具有竞争力，出口比例较大，也是中国的主要稻谷进口国。从国际贸易的角度，中国在稻谷生产上需要进一步提高品种质量，发展优质品种的水稻生产，加大对优质大米生产上的支持力度，通过鼓励出口提高水稻种植的经济效益，保障水稻种植农户的利益。在国际贸易管制上，更多地考虑交易的结构性问题。

世界稻谷的主要消费地区集中在亚洲，参见图5-6。亚洲是稻谷的生产区也是稻谷的主要消费区。与其他大部分粮食品种一样，人们主要的粮食消费是来自本地的粮食生产。在本地自然条件许可情况下，解决粮食消费的最主要途径是食用本地的粮食产品。粮食国际贸易的总量与消费量相比占比并不大，一般不到10%。如2008年世界稻谷的进口量为30.2百万吨，仅占稻谷世界总消费量的6.8%（联合国粮农组织，2009d）。从另一个侧面看，中国的粮食问题也必须主要依赖本国粮食生产，粮食的进出口只能作为消费品种调节与消费数量少量调节的手段，不能作为主要的粮食来源，粮食国际贸易的数量管制也必须建立在保障本国粮食安全消费水平基础上。

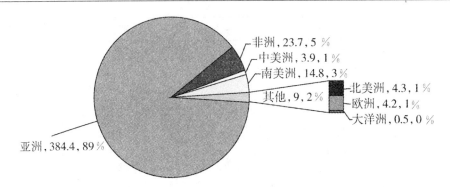

图 5 - 6　2009 年度世界各大洲稻谷消费国占比

资料来源：联合国粮农组织：《粮食展望》，2009：6。

从稻谷消费量各国排名上分析，排名前六位的国家分别是中国、印度、印度尼西亚、越南、菲律宾和泰国，2008 年消费量分别为 126.3 百万吨、89.1 百万吨、37 百万吨、19.9 百万吨、12.7 百万吨和 11.8 百万吨，分别占世界总消费量的 28.84%、20.34%、8.45%、4.55%、2.9% 和 2.69%（联合国粮农组织，2009d）。除泰国以外，世界稻谷消费国的排名与生产国的排名基本一致，泰国是世界稻谷的最大出口国。与世界上其他国家相比，中国稻谷的消费量较大，这意味着中国不可能通过进口稻谷解决国内大米消费问题。相反，当国内与世界稻谷供给均紧张时，特别是可能危及国家粮食安全时，实行国际贸易出口量管制政策是可考虑或必要的。

世界稻谷库存主要集中在稻谷主产国和消费国。中国的稻谷库存位居世界第一，2010 年末库存量为 7060 万吨；其次是印度，为 1500 万吨；再次是缅甸、泰国、越南、孟加拉国等，大约在 400 万 ~ 500 万吨。中国 2010 年稻谷的库存量占生产量的 43.74%，占消费量的 45.83%。当年世界稻谷库存量为 12620 万吨，占世界稻谷生产量的 27.04%，占世界稻谷消费量的 27.86%。相比之下，我国具有较大的稻谷库存量，占世界当年总库存量的 55.94%（联合国粮农组织，2010），说明我国政府在粮食安全问题上更多地是考虑利用库存来防范生产与市场风险，增加国内稻谷市场稳定性。

亚洲和非洲是最主要的稻谷进口国，2007 ~ 2009 年年均进口量分别为 1420 万吨和 990 万吨，分别占世界总进口量的 46.56% 和 32.45%。2010 年进口量分别为 14.5 百万吨和 9.8 百万吨，分别占世界总进口量的 47.08% 和

31.43%（联合国粮农组织，2010）。世界上稻谷出口最多的国家是泰国，占世界出口总量的30%；其次是越南、印度和美国，占10%~20%；再次是中国、乌拉圭等国，占5%以下。参见表5-6。

表5-6　世界主要稻谷出口国出口量占世界总出口量比　　单位：%

年份	1999	2000	2001	2002	2003	2004	2005	2006	2007	2008	2009	2010
总出口量	38.84	36.15	41.23	28.10	27.10	25.52	29.40	29.20	31.00	30.20	30.20	30.80
世界	100	100	100	100	100	100	100	100	100	100	100	100
中国	10.50	12.50	7.05	7.47	7.74	3.13	2.38	4.45	4.52	3.31	3.31	2.59
泰国	26.90	26.10	28.50	25.97	27.67	32.13	25.51	26.37	30.97	33.11	33.11	26.90
越南	17.60	14.60	13.70	11.38	14.39	16.07	17.68	16.10	14.52	15.56	15.56	22.73
印度	7.35	6.40	8.07	23.49	14.76	13.32	18.02	15.07	16.12	12.25	12.25	7.46
日本	0.47	0.16	1.72	1.07	2.21	0.37	0.68	0.68	0.64	0.66	0.66	0.65
美国	10.80	12.10	10.20	11.74	13.28	14.10	12.90	11.64	9.67	10.93	10.93	11.36
乌拉圭				2.13	2.21	2.74	2.38	2.74	2.58	2.65	2.65	2.27

注：总出口量为世界总出口量，单位为百万吨。

资料来源：根据联合国粮农组织历年《粮食展望》数据计算而得。

（2）中国稻谷国际贸易数量特征。中国稻谷产量占世界稻谷总产量的30%左右，2002年略有下降，但下降幅度很小，基本保持稳定，稻谷的总消费量也占世界总消费量的近30%，说明中国稻谷的生产与消费均在世界稻谷市场中占有重要地位。2008年中国出口量占世界出口量的3.31%，进口量占世界进口量的2.65%（联合国粮农组织，2009d），具有一定的规模，但相比与中国粮食生产基数而言，稻谷出口的比例不高。说明中国稻谷生产量大部分用于国内消费，利用出口储备粮食生产能力、调节粮食供给余缺能力还不高。

中国稻谷1995年出口量为5.69万吨，1998年增加到375.49万吨，平均每年以3倍多的速度增长，1999~2003年，出口的数量保持在200万吨左右。2004年后有所回落。相对地，稻谷进口的数量变化并不多，除1995年进口数量较多，为164.53万吨外，大部分年份保持在30万吨以下，特别是1998~2003年净出口量较大，在150万~350万吨以上，参见表5-7。说明稻谷的生产与国内市场的需要基本平稳，国内稻谷产量基本上保证了国内的稻谷消费需要量，进出口基本持平，出口略大于进口。中国稻谷的进口价格在大部分年份高于出口价（见表5-7），出口中籼米缺乏价格优势，而粳米较具竞争力，主要是由于进口籼米（主要是泰国香米）质量较高，满足一部分东南沿海和大中城市高收入居民改善品质的需求，填补高端大米的供给不足。1998年以来，中国优质籼米进口占稻米进口的比重在95%以上，随着居民收入水平的提高和购买力的增强，预计中国对进口优质籼米的需求还将进一步增加，也将进一步带动进口量的增长，说明中国大米品质有待于进一步提高，在管制政策上需进一步加大结构调整力度。

表5-7　中国稻谷国际贸易数量与金额

年份	出口量 (万吨)	出口额 (万美元)	出口均价 (美元/吨)	进口量 (万吨)	进口额 (万美元)	进口均价 (美元/吨)	净进口量 (万吨)
1995	5.69	2049.28	360.15	164.53	43459.14	264.14	158.84
1996	27.74	11729.97	422.85	77.45	28953.19	373.83	49.71
1997	95.17	26981.26	283.51	35.92	14653.04	407.94	-59.25
1998	375.49	93023.75	247.74	25.99	12348.05	475.11	-349.50
1999	273.54	65525.82	239.55	16.13	8522.99	528.39	-253.42
2000	296.20	56436.16	190.53	24.86	11593.93	466.37	-271.34
2001	187.04	33317.79	178.13	29.34	10677.14	363.91	-157.70
2002	199.13	38635.41	194.02	23.80	8031.02	337.44	-175.32
2003	261.75	50180.64	191.71	25.87	9727.73	376.02	-235.88
2004	90.90	23949.99	263.48	76.63	25469.02	332.36	-14.27
2005	68.59	23232.74	338.72	52.15	19937.73	382.32	-16.43
2006	125.29	41723.57	333.02	72.99	29368.92	402.37	-52.30
2007	135.72	49086.23	361.67	48.75	22805.88	467.81	-86.97
2008	97	48326	498.21	33	20841	631.55	-64
2009	79	52506	664.60	36	21558	598.80	-43

资料来源：农业部信息中心。2008~2009年数据来自《中国统计年鉴》（2010）。价格由计算获得。

我国的稻谷出口国相对比较分散，主要是科特迪瓦、俄罗斯，占总出口额量的30%左右（参见表5-8），另外还有韩国、日本、利比里亚、波多黎各、巴布亚新几内亚等，2007年出口这些国家的稻谷量占总出口量的55%。我国稻谷出口主要集中在国境以北区域。

中国稻谷的进口国来源国家和地区比较单一，主要是泰国，占我国稻谷进口数量的90%以上，个别年份达到了99%以上。特别是1997～2003年中国从泰国进口的稻谷占总量的96%以上（参见表5-8）。近几年，越南和缅甸稻米的进口量也有较大幅度增长。这种集中一方面是由于1997～2003年中国稻谷净出口量较大，进口数量较少；另一方面是由于城镇居民收入提高导致的高品质大米消费需求增加及人民币升值，如从泰国主要是进口香米等高质量稻米，满足国内高收入消费者的需要。说明中国对个别国家的粮食进口形成了一定的依赖度，随着人民生产水平的提高与粮食国际贸易的自由化，可能会导致中国稻谷在区域性丰年时增加进口量从而强化对进口的依赖度而损伤国内稻谷生产者的利益，而在区域性歉收时将进一步遭遇供给国际市场的供给短缺加剧粮食危机。值得重视的是泰国离中国较近，与中国稻谷生产周期较一致，面临的自然灾害影响也会较一致。进口渠道的单一性会影响稻谷短缺时期的粮食供给，如2007年在世界稻谷供应短缺时，泰国也曾一度限制稻谷出口数量。目前，中国除泰国和越南外，还从印度、印度尼西亚、日本、韩国、老挝、缅甸、美国、意大利、澳大利亚等十多个国家和地区进口数量极少的稻谷。

表5-8 中国稻谷主要贸易国及贸易量　　　　　单位：万吨,%

年份	出口量	主要出口目的国及出口量			进口量	主要进口国及进口量		
	总计	科特迪瓦	俄罗斯	比重	总计	泰国	越南	比重
1995	5.69	0.00	0.33	5.80	164.53	116.90	43.59	97.54
1996	27.74	0.00	0.92	3.31	77.45	61.69	12.11	95.29
1997	95.17	10.00	2.43	13.06	35.92	35.34	0.00	98.39
1998	375.49	17.99	1.84	5.28	25.99	25.81	0.00	99.31
1999	273.54	42.11	16.12	21.44	16.13	18.42	0.00	96.29
2000	296.20	86.96	21.48	36.61	24.86	24.77	0.00	99.64
2001	187.04	89.78	7.56	52.04	29.34	29.24	0.00	99.66
2002	199.13	73.97	21.73	48.06	23.80	23.26	0.00	97.73
2003	261.75	101.59	26.67	49.00	25.87	25.85	0.01	99.96
2004	90.90	20.21	12.08	35.52	76.63	73.62	2.94	99.91
2005	68.59	4.36	11.93	23.75	52.15	47.91	4.15	99.83

续表

年份	出口量	主要出口目的国及出口量			进口量	主要进口国及进口量		
	总计	科特迪瓦	俄罗斯	比重	总计	泰国	越南	比重
2006	125.29	21.58	14.86	29.08	72.99	67.87	3.55	99.34
2007	135.72	30.54	1.48	23.59	48.75	43.87	2.65	98.89
2008	97.00	20.21	0.00	20.08	33.00	28.64	0.13	87.18

资料来源：农业部信息中心。2008 年数据来自国家粮油信息中心。

由于大米是中国南方最主要的口粮，因此政府从粮食安全角度出发管制进出口数量与价格具有一定的必要性。对于中国政府而言，对稻谷国际贸易管制需要关注品种、数量与价格，需要设立科学合理的安全性的预警，控制进出口数量与结构。中国稻谷对国际市场供给的依赖主要集中在优质精米。由于优质的精米价格弹性较大，供应国集中，进口的数量在一定程度上取决于泰国大米市场供给量与价格。从潜在问题看，中国稻谷生产量与消费量均很大，一旦国内生产出现问题，国际市场可填补缺口的潜能较小。因此，中国必须特别关注稻谷的国内生产与供给量，不可过多地依赖于国际市场。从管制经济学的角度分析，中国稻谷的进口具有一定的大国效应，当稻谷国际市场供给短缺时，或贸易国之间存在一定政治摩擦时，大量的进口基数与集中化的进口区域特点会提高中国稻谷国际贸易风险度。从粮食安全的角度来看，由于稻谷是中国居民的主要口粮消费品种，且世界供应源相对集中且有限，区域地理接近我国，中国政府有必要加强对稻谷供给安全性的预警，加强对国内稻谷供求平衡状态的监控与管制。因此，中国政府在涉及粮食安全问题的情况下，应更多关注国际贸易中的数量管制与价格管制。而在通常情况下，更多的是要促进贸易与调整生产结构，改善品种，提升本国稻谷的国际竞争力。

5.1.2.3　小麦国际贸易数量特征

（1）世界小麦国际贸易数量特征。小麦是人类的主要食物，根据联合国粮农组织统计资料，全球约有 40% 的人口以小麦为主食，主要产地集中于欧洲、北美洲和亚洲。世界上小麦生产国或区域共计 130 多个，其中近年来年均总产量在 500 万吨以上的国家有 20 多个，2001~2007 年的世界小麦收获面积平均为 2.15 亿公顷，居三大谷类作物首位；总产量平均为 5.98 亿吨，约占谷类作物总产的 1/3；平均单产为 2783 公斤/公顷（联合国粮农组织，2008）。小麦的生产主要集中在亚洲、欧洲与北美洲，参见图 5-7。相对于稻谷，小麦的生产与消费区域更为分散。一是由于小麦种植特性，其适宜种植的地区更为广泛；二是由于小麦的需求特性，小麦与稻谷相比具有更多的用途。小麦的种植区域与需求区域广泛性也给小麦国际贸易区域广泛性带来了可能。

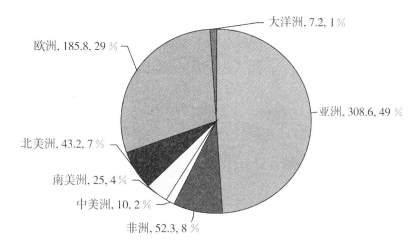

图 5-7   2007 年世界各大洲小麦消费量及其占世界小麦消费总量的比重

注：单位为百万吨。

资料来源：联合国粮农组织：《粮食展望》，2009：6。

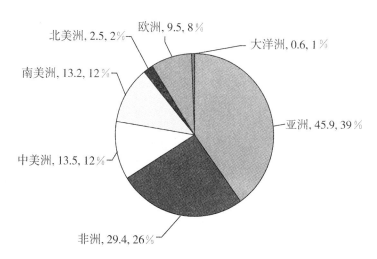

图 5-8   2007 年世界各大洲小麦进口量及其占世界小麦进口总量的比重

注：单位为百万吨。

资料来源：联合国粮农组织：《粮食展望》，2009：6。

　　从小麦的主要消费区域分析，小麦消费量最大的地区主要是亚洲、欧洲、非洲与北美洲，参见图 5 - 8。对比小麦的消费结构与生产结构，结构上存在一定的差异性，说明小麦在全球范围内存在着生产与消费区域的一定分离。亚洲与非洲的消费量偏大，而生产量不足，生产量不足消费量部分需要依赖进口进行填补。相对应的是欧洲与北美洲的生产量大于消费量，因此会有较大量的小麦出口填补其市场需求不足，参见图 5 - 8、图 5 - 9。

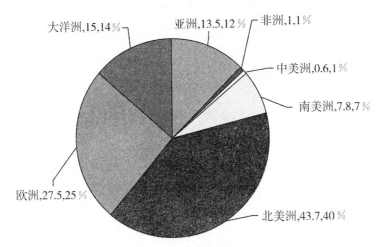

图 5 - 9　2007 年世界各大洲小麦出口量及其占世界小麦出口总量的比重

注：单位为百万吨。

资料来源：联合国粮农组织：《粮食展望》，2009：6。

　　从小麦产量排名来分析，小麦产量排在前五位的国家分别是中国、印度、美国、俄罗斯、加拿大，2007 年产量分别为 10180 万吨、7350 万吨、5920 万吨、4600 万吨、2430 万吨，分别占世界总产量的 16.2%、11.6%、8.26%、9.4%、7.3%、3.89%（联合国粮农组织，2009d）。我国的小麦生产在世界上占有的比例最高，近年来小麦收获面积占世界收获总面积的 10.72%。我国小麦总产量占世界总产量的 15% ~ 18%，参见表 5 - 9；消费量占世界总消费量的 15% ~ 18%，参见表 5 - 3，生产量与消费量基本保持平衡。

表5-9　中国与世界主要小麦生产国的产量占世界总产量比　　单位:%

年份	1999	2000	2001	2002	2003	2004	2005	2006	2007	2008	2009	2010
产量	588	586	591	573	583	561	624	596	605	682	683	648
世界	100	100	100	100	100	100	100	100	100	100	100	100
中国	19.40	17.00	15.90	15.70	14.60	14.56	15.60	17.53	17.52	16.50	16.80	17.83
美国	10.60	10.40	9.02	7.68	9.12	11.37	9.18	8.27	9.28	9.97	8.85	9.28
加拿大	4.58	4.53	3.48	2.74	2.98	4.21	4.29	4.24	3.32	4.19	3.93	3.43
澳大利亚	4.21	3.77	4.21	1.64	3.79	4.58	4.02	1.64	2.16	3.13	3.18	3.55
印度	12.10	13.00	11.80	12.50	12.50	11.60	10.98	11.64	12.53	11.52	11.82	12.45

注：产量为世界总产量，单位为百万吨。

资料来源：根据联合国粮农组织历年数据计算所得。

我国小麦生产量与世界主要小麦生产国的比较见表5-9。从数据来分析，我国小麦的产量较高，占世界小麦总产量的比重较稳定，但出口量并不高，2007年我国小麦出口量仅占生产量与消费量的1%，进口量占2%（联合国粮农组织，2009d），消费量略大于生产量，进口略大于出口，基本保持平衡。

世界小麦主要出口国是美国、加拿大、法国、澳大利亚、阿根廷、德国、哈萨克斯坦、乌克兰、英国、匈牙利、中国、印度等，参见表5-10。美国是世界上粮食生产大国与出口大国，虽然其生产量仅占世界小麦总产量的9%左右，但出口量却占世界总出口量的30%左右。欧盟也是小麦的主要生产地区与出口地区，生产量占世界生产总量的20%左右，出口量占世界总出口量的11%左右（联合国粮农组织，2009d）。小麦出口国比较集中，进口国比较分散，总数多达194个。消费上，年均消费量100万吨以上的国家有30个左右，约占世界消费总量的80%。进口上，200万吨以上的国家有18个，约占世界总进口量的68%（贺德先，2009）。

表5-10　全球主要小麦出口国或地区年均出口量　　单位：百万吨,%

国家和地区	1981~1990年			1991~2000年			2001~2005年			2006~2010年		
	出口量	比重	排序	出口量	比重	排序	出口量	比重	排序	出口量	比重	排序
美国	35.00	35.20	1	30.40	28.10	1	26.80	23.00	1	28.60	23.30	1
欧盟	20.60	20.70	2	26.10	24.10	2	24.30	20.80	2	17.70	14.40	2
加拿大	18.20	18.30	3	19.10	17.70	3	14.10	12.10	4	17.70	14.40	2
澳大利亚	12.10	12.20	4	13.40	12.40	4	14.40	12.30	3	12.30	10.00	4
阿根廷	5.70	5.70	5	7.20	6.70	5	9.30	8.00	5	8.00	6.50	5

续表

国家和地区	1981～1990 年			1991～2000 年			2001～2005 年			2006～2010 年		
	出口量	比重	排序	出口量	比重	排序	出口量	比重	排序	出口量	比重	排序
哈萨克斯坦	—	—	—	2.70	2.50	6	3.30	2.80	8	7.40	6.00	6
乌克兰	—	—	—	1.20	1.10	7	4.10	3.50	7	6.40	5.20	7
小计	91.60	92.10		99.00	91.50		96.00	82.30		98.10	80.00	
世界总和	99.50	100.00		108.20	100.00		116.70	100.00		122.60		

资料来源：联合国粮农组织历年数据。

世界各主要小麦生产国的单产存在着一定的差距，其中单产最高的是法国，中国小麦单产仅低于法国，略高于其他国家但基本接近，具有一定的竞争力，参见图 5 - 10。

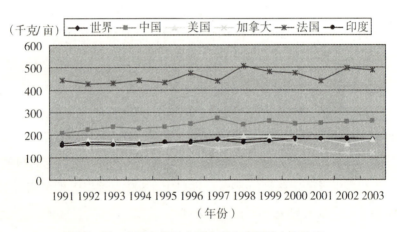

图 5 - 10　中国与世界主要小麦生产国的小麦单产

资料来源：联合国粮农组织历年数据。

（2）中国小麦国际贸易数量特征。中国小麦占世界各粮食小麦总产量的比重在 18% 左右，略有波动，总的供给量 1999～2004 年有缓慢下降趋势，2005 年后回升，基本保持平稳，参见表 5 - 2。我国小麦的总消费量也占世界总消费量的 18% 左右，略有波动，2002/2003～2006/2007 年度有所下降，在17% 左右，其他年份基本保持有 18% 略多一些，参见表 5 - 3。中国小麦虽然在生产量上具有一定规模，但仍然存在需求缺口，需要依赖进口填补。虽然占中国小麦总消费量的比例不大，但绝对数仍具有一定规模。

中国小麦 1995 年出口量为 22.52 万吨，1995~2000 年出口量保持在一个较小的比例。2001 年有所增加，达到 71.32 万吨，2002 年出现净出口，2003 年出口有较大幅度的增加，达到了 252.57 万吨，净出口量达到了 207.83 万吨，参见表 5-11。事实上，这一期间国内小麦的生产并不稳定，产量大幅减少，中国小麦 2000~2003 年连续三年减产，据国家粮油信息中心预计，2002/2003 年度中国小麦的总供给量为 9023 万吨，年度总需求量为 10810 万吨，产需缺口为 1787 万吨，三年小麦生产与消费缺口累积达 4426 万吨（郭天财，2003）。中国这一时期主要出口的是饲料小麦，目的主要是缓解库存压力和轮换库存。2005 年中国小麦出口有所回落，为 60.46 万吨。2007 年又有较大的增加，为 307.23 万吨，表现出一定的波动性。2006 年之后中国小麦进口保持在一个较高的水平，均超过了 100 万吨。2006~2008 年，中国的小麦是净出口的，出口量大的原因还是低品质小麦的存量过剩。相对地，中国小麦进口的数量变化较大，1995 年进口数量最多，为 1162.73 万吨，1996~1998 年保持在 150 万吨以上。1999~2003 年有明显的回落，保持在 100 万吨以内。2004~2005 年又有明显增加，特别是 2004 年猛增到 725.87 万吨，2005 年仍有 354.41 万吨。2006~2008 年又有所回落。中国小麦大部分年份是净进口的，小麦进口的主要原因是进口小麦产品的品种、质量、口感更能满足居民对小麦的高品质需求。如 2003 年中国硬粒小麦进口量占当年小麦产品进口总量的 85.18%（韩俊，2010）。由于进口的多为优质小麦，因此价格较高。而中国出口的多为饲料小麦，价格较低，因此大部分年份小麦进口价格高于出口价格，参见表 5-11。

表 5-11 中国小麦国际贸易数量与金额

年份	出口量	出口额	出口均价	进口量	进口额	进口均价	净进口量
	（万吨）	（万美元）	（美元/吨）	（万吨）	（万美元）	（美元/吨）	（万吨）
1995	22.52	5673.32	251.92	1162.73	203679.05	175.17	1140.21
1996	56.59	15894.93	280.88	829.86	190408.56	229.45	773.27
1997	45.78	12541.91	273.96	192.18	38429.03	199.96	146.40
1998	27.49	7527.84	273.84	154.83	29406.00	189.92	127.34

续表

年份	出口量	出口额	出口均价	进口量	进口额	进口均价	净进口量
	（万吨）	（万美元）	（美元/吨）	（万吨）	（万美元）	（美元/吨）	（万吨）
1999	16.45	4577.31	278.26	50.52	10281.52	203.51	34.07
2000	18.85	4558.53	241.83	91.87	16234.81	176.72	73.02
2001	71.32	10521.00	147.52	73.89	13853.70	187.49	2.57
2002	97.66	13185.40	135.01	63.16	11271.26	178.46	-34.50
2003	252.57	32604.70	129.09	44.74	8552.63	191.16	-207.83
2004	108.79	18930.19	174.01	725.87	164963.74	227.26	617.08
2005	60.46	12290.88	203.29	354.41	77406.87	218.41	293.95
2006	150.94	25829.29	171.12	61.28	11929.53	194.67	-89.66
2007	307.23	69137.70	225.04	10.05	2871.07	285.68	-297.18
2008	125.95	30528.00	242.38	31.87	7330.00	230.00	-94.08

资料来源：农业部信息中心。2008 年数据来自《中国海关统计年鉴》(2009)。价格由计算获得。

表 5 - 12　中国小麦主要贸易国及贸易量　　　单位：万吨, %

年份	出口量	主要出口目的国及出口量			进口量	主要进口国及进口量		
	总计	韩国	菲律宾	比重	总计	加拿大	美国	比重
1995	22.52	0.02	0.00	0.09	1162.73	486.28	384.66	74.91
1996	56.59	0.07	0.00	0.13	829.86	361.62	216.86	69.71
1997	45.78	0.04	0.09	0.28	192.18	133.55	19.42	79.60
1998	27.49	0.00	0.00	0.00	154.83	96.33	34.19	84.30
1999	16.45	0.00	0.00	0.00	50.52	12.54	18.56	61.56
2000	18.85	0.03	0.00	0.16	91.87	62.76	15.82	85.53
2001	71.32	36.50	7.89	62.20	73.89	40.84	22.96	86.35
2002	97.66	53.83	3.30	58.50	63.16	37.74	16.36	85.66
2003	252.57	88.67	65.33	60.97	44.74	20.83	21.53	94.68
2004	108.79	32.11	27.86	55.12	725.87	253.60	283.41	73.71
2005	60.46	1.04	20.86	36.22	354.41	145.20	49.76	55.01
2006	150.94	41.54	52.12	62.07	61.28	9.48	18.96	46.41
2007	307.23	101.47	53.92	50.58	10.05	4.50	1.74	62.09

资料来源：农业部信息中心。

中国小麦的主要进口国是美国、加拿大、澳大利亚等国，比较集中。其中，加拿大和美国所占比例较高，且比较稳定。1995～2008 年中国从两国进口的比例大多数年份超过 50%，只有 2006 年占 46.41%，最高年份 2003 年达到 94.68%。另外，中国也从法国、英国、阿根廷等国进口一定量的小麦。虽然中国是小麦的生产大国，但由于人口多，国内消费基数庞大，出口量在世界出口总量中仅占 1% 左右，出口国主要为俄罗斯、韩国、菲律宾、印度尼西亚、朝鲜和越南等国。2001 年之后的主要出口国是韩国与菲律宾，大部分年份超过 50%，参见表 5 - 12。

由于小麦是中国的主要口粮之一，因此政府从粮食安全角度出发管制进出口数量与价格具有一定的必要性。对于中国政府而言，对小麦国际贸易管制需要关注品种、数量与价格，需要设立科学合理的安全性的预警，控制进出口数量与结构。中国小麦对国际市场供给的依赖主要集中在优质小麦。由于优质的小麦价格弹性较大，小麦进口的数量在一定程度上取决于国际小麦市场供给量与价格。从管制经济学的角度分析，我国小麦的进口具有一定的大国效应，当小麦国际市场供给短缺时，或贸易国之间存在一定政治摩擦时，大量的进口基数与集中化的进口区域特点会提高中国小麦国际贸易风险度。中国政府应加强对小麦进口的数量与价格监控与管理，适度扩大贸易区域，避免由于进口区域过于集中而增加潜在风险。

5.1.2.4 玉米国际贸易数量特征

（1）世界玉米国际贸易数量特征。玉米由于种植的环境适应性强，生产区域较稻谷与小麦更为分散。除南极洲外，世界各大洲均有种植，其中北美洲、亚洲与欧洲是玉米的主产区，参见图 5 - 11。随着科技进步和气候变暖，玉米在全球的种植区域不断扩大，地域不断地向北与南两个方向延伸。世界玉米年总产量在 10 亿吨左右，约占全球粮食总产量的 40%。在世界玉米生产格局中，美国、中国和巴西依次高居前三位，参见表 5 - 13。虽然玉米种植区域分散，但前十大玉米主产国具有一定的垄断地位，其种植面积占全球玉米总种植面积的 67.1%，占世界总产量的 80.9%。

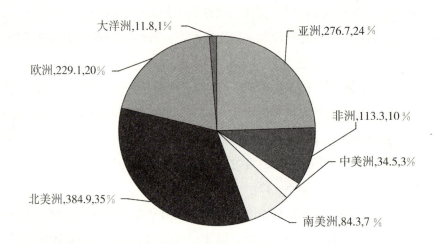

图 5 - 11　2009 年世界各大洲玉米产量占世界玉米总产量的比重

注：单位为百万吨，数值为预测值。

资料来源：联合国粮农组织：《粮食展望》，2009：6。

表 5 - 13　2001 ~ 2010 年度世界玉米主产国玉米产量　单位：百万吨

年份	2001	2002	2003	2004	2005	2006	2007	2008	2009	2010
美国	241.40	227.80	256.30	299.90	282.30	280.40	357.50	307.40	333.00	318.50
中国	114.10	1213.00	115.80	130.30	139.40	156.70	160.30	166.00	164.00	166.00
巴西	35.50	44.50	42.00	35.00	35.10	45.00	53.80	59.00	51.20	55.60
阿根廷	14.70	15.50	15.00	20.50	20.50	18.30	26.50	22.00	13.10	22.70
南非	10.10	9.70	9.70	11.70	11.70	7.30	7.50	13.20	12.60	13.60
全球	599.70	603.00	625.70	712.20	710.00	985.20	1077.50	819.60	622.60	630.60

资料来源：2001 ~ 2004 年数据来自美国农业部 2007 年 3 月 WASDE 报告，2005 ~ 2010 年数据来自联合国粮农组织历年《粮食展望》。

　　玉米的消费主要用于饲料与工业加工，消费区域也比较分散，参见图 5 - 12。各大洲玉米的生产量与消费量基本平衡，其中亚洲的缺口较大。因此，亚洲玉米进口量最大。2006 ~ 2010 年，亚洲玉米年均进口量为 44310 万吨，占其生产量的 19.5%，占其消费量的 17.3%（联合国粮农组织，2010）。世界玉米出口的集中度较高，主要集中于北美洲、欧洲与南美洲。

其中，美国的出口量最大，占全球玉米出口量的50%左右。日本是世界上最大的玉米进口国，占全球玉米进口量的17%左右，其次是墨西哥、沙特阿拉伯、韩国、中国等。美国是日本、墨西哥的最主要玉米进口国。

从玉米生产的单产上分析，中国玉米的单产呈缓慢上升趋势，但与美国存在着较大的差距，与世界平均水平接近，参见图5-13。说明中国玉米种植上技术增产的潜力还很大。

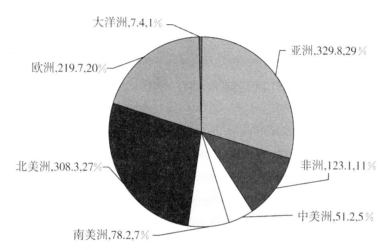

图5-12　2009年世界各大洲玉米消费量及其占世界玉米消费总量的比重

注：单位为百万吨，数值为预测值。

资料来源：联合国粮农组织：《粮食展望》，2009：6。

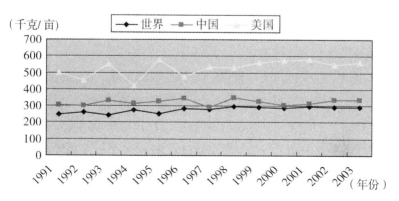

图5-13　中国与世界主要玉米生产国的玉米单产

资料来源：联合国粮农组织历年数据。

（2）中国玉米国际贸易数量特征。玉米自 16 世纪中叶传入中国以来，已有 400 多年的种植历史，是中国三大粮食作物之一。中国常年玉米产量和消费量都在 1.5 亿吨以上，属于世界玉米生产和消费大国。中国玉米生产量 2006 年之前占世界玉米总产量的 19% 左右，2006 年后具有明显的下降趋势，比例降至 15% 左右。从数据上分析，中国 2006 年后玉米的总产量具有上升的趋势，2006~2008 年分别为 14550 万吨、16310 万吨、17550 万吨。但世界玉米的总产量上升的幅度更迅速，特别是美国玉米的产量上升速度较快。中国玉米的消费量 2000/2001~2006/2007 年度占世界总消费量的 19% 以上，之后 2007/2008 和 2008/2009 年度有所回落，在 15% 左右，参见表 5 - 2。从消费用途看，中国玉米主要是用于饲料消费和工业消费，占总消费量的 90% 左右。

我国玉米在 1983 年之前大部分年份均是净进口。随着中国玉米生产水平的提高，1983 年后玉米的进口量有所下降，1985 年出现净出口局面。1984~1994 年，中国成为玉米净出口国，1993 年达到一个高峰，为 1639 万吨。玉米出口量占中国粮食出口的 50% 以上。1994 年由于玉米国际市场价格下降，出口量有所下降（乔娟，2004）。中国玉米 1995 年和 1996 年由净出口转为净进口，出口量分别为 11.53 万吨和 23.83 万吨。1997 年之后一直保持净出口。1997 年有较大幅度的增长，达到 667.11 万吨，1999 年实施的玉米出口补贴刺激了中国玉米出口的增加，之后出口数量一直持续在较高水平。2002 年和 2003 年出口增长较快，2003 年达到 1639.10 万吨，主要受益于国际市场玉米价格大幅度上涨和中国玉米出口实施零增值税率政策。2004 年中国从宏观国家粮食安全的角度出发，对玉米的进出口政策进行了调整，相对限制了玉米出口，减少玉米出口配额，同时也取消了对玉米的出口补贴政策，2004 年玉米出口下降为 232.36 万吨，比 2003 年下降了 85.82%。2005 年在国内玉米大幅增产的背景下，中国又取消了限制出口管制政策，转向鼓励出口，出口量又有较大回升，为 864.38 万吨。2006 年，由于国内饲料业的发展，玉米存在供给短缺，出口量有所下降，为 310.27 万吨。由于 2007 年国际粮食价格大幅上升，为保障国内粮食安全与粮食供应，我国政府先后颁布了取消出口退税、征收出口暂定关税、实行出口配额管理三大措施。2008

年，我国玉米出口量大幅下降，仅为 25 万吨左右，是 2007 年的 5% 左右。

我国玉米进口数量 1995 年较高，为 526.43 万吨，之后有较大幅度的回落，其他年份进口总量较小，除 1996 年和 2008 年超过 40 万吨外。除 1995 年和 1996 年外，其他年份我国玉米是净出口，参见表 5 - 14。从总体上看，我国玉米进出占世界玉米进出口量的 3%~5%，具有较大规模的贸易量，并呈现一定的波动性。

表 5 - 14   中国玉米国际贸易数量与金额

年份	出口量（万吨）	出口额（万美元）	出口均价（美元/吨）	进口量（万吨）	进口额（万美元）	进口均价（美元/吨）	净进口量（万吨）
1995	11.53	1399.60	121.39	526.43	83019.59	157.70	514.90
1996	23.83	4500.51	188.86	44.67	7569.44	169.45	20.86
1997	667.11	86829.25	130.16	0.65	102.09	157.06	-666.46
1998	469.27	53257.25	113.49	25.18	3253.40	129.21	-444.09
1999	433.23	45289.48	104.54	7.94	1093.48	137.72	-425.29
2000	1049.83	104898.38	99.92	15.30	1583.30	103.48	-1034.53
2001	600.03	62576.51	104.29	3.95	629.24	159.30	-596.08
2002	1167.48	116709.79	99.97	0.81	242.87	299.84	-1166.67
2003	1639.10	176690.77	107.80	0.27	71.01	263.00	-1638.83
2004	232.36	32570.88	140.17	0.34	101.04	297.18	-232.02
2005	864.38	110799.69	128.18	0.40	147.73	273.57	-863.97
2006	310.27	42227.43	136.10	6.54	1206.35	184.46	-303.74
2007	485.24	86530.67	178.33	3.54	691.24	195.27	-481.70
2008	27.34	73472.00	290.93	4.92	1242.10	252.46	-203.37

资料来源：农业部信息中心。2008 年数据来自《中国海关统计年鉴》(2008)。价格由计算获得。

中国玉米的主要进口国是美国，1995~2000 年和 2003 年、2006 年从美国进口玉米的比例超过 60%，最高年份 1996 年达到 96.07%。其他主要进口国还有澳大利亚、印度尼西亚、泰国、缅甸、越南、秘鲁、阿根廷、德国等国。中国玉米主要出口国是日本、马来西亚和印度尼西亚等，中国出口日本和马来西亚这两国的玉米在 1997~2007 年一直占出口总量的 60% 以上，最高是 2004 年，达到 93.29%，参见表 5 - 15。

表5-15　中国玉米主要贸易国及贸易量　　　　单位：万吨,%

| 年份 | 出口量 | 主要出口目的国及出口量 | | | 进口量 | 主要进口国及进口量 | |
	总计	日本	马来西亚	比重	总计	美国	比重
1995	11.53	0.95	3.37	58.10	526.43	505.72	96.07
1996	23.83	3.04	0.61	40.66	44.67	34.52	77.24
1997	667.11	15.13	128.66	75.15	0.25	0.22	88.00
1998	469.27	21.89	119.33	84.56	25.18	18.98	75.38
1999	433.23	10.64	144.45	64.71	7.94	5.38	67.76
2000	1049.83	11.21	209.89	78.46	0.30	0.21	70.00
2001	600.03	41.08	135.10	80.77	3.95	0.28	7.09
2002	1167.48	31.65	248.59	76.68	0.81	0.17	20.99
2003	1639.10	130.98	246.42	72.07	0.07	0.06	85.71
2004	232.36	59.66	25.20	93.29	0.24	0.06	25.00
2005	864.38	83.77	48.01	83.44	0.40	0.07	17.50
2006	310.27	43.33	36.54	89.40	6.54	5.91	90.37
2007	485.24	71.24	48.21	90.24	3.54	0.38	10.73

资料来源：农业部信息中心。

　　从国际贸易管制的角度分析，中国玉米的进出口量差距不大，生产的潜力还较大，因此应力求提高玉米的生产量和生产经济效益，改良玉米品种，提高国际竞争力，适度扩大产量与出口量。值得注意的是，随着中国居民对肉类消费需求的增加，中国近年来进口玉米作为牲畜的饲料的数量在增加。2011年1~7月中国玉米的进口量同比增长了56倍；仅在7月就进口玉米19.4万吨，同比增长了148倍。据美国农业部的长期预测，中国的玉米进口量在未来10年里将稳步增至每年800万吨。虽然中国玉米采购量在世界贸易中所占份额不大，但中国的采购还是具有大国效应，会影响国际市场玉米的供求状态与价格。另外，中国玉米进口量扩大的原因之一是国外的转基因玉米具有价格的竞争优势。

5.1.2.5　大豆国际贸易数量特征

　　（1）世界大豆国际贸易数量特征。大豆产品主要包括大豆、豆粕和豆油，世界大豆生产主要集中在北美洲、南美洲、亚洲和非洲，其中北美洲大豆的产量占世界总产量的50%以上。近年来，南美洲的巴西与阿根廷等国依赖其得天独厚的地理优势扩大种植面积，并依赖其低价优势扩大出口量，参见表5-16。

单位:%

表5-16　各国大豆产量占世界大豆产量的比例

年份	1991	1992	1993	1994	1995	1996	1997	1998	1999	2000	2001	2002	2003
产量	103	114	115	137	127	130	144	160	158	161	177	180	182
世界	100	100	100	100	100	100	100	100	100	100	100	100	100
中国	9.40	9.00	13.30	11.70	10.60	10.20	10.20	9.50	9.00	9.60	8.70	9.10	8.70
美国	52.30	52.10	44.10	50.10	46.60	49.80	50.70	46.60	45.80	46.50	44.50	41.30	43.10
巴西	14.50	16.80	19.60	18.30	20.20	17.80	18.30	19.60	19.60	20.30	21.50	23.30	23.30

注：产量为世界总产量，单位为百万吨。

资料来源：联合国粮农组织数据，转引自庞守林：《中国主要农产品国际竞争力研究》，中国财政经济出版社，2006：67。

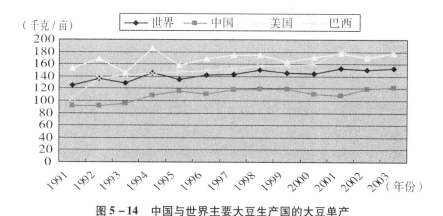

图5-14　中国与世界主要大豆生产国的大豆单产

资料来源：联合国粮农组织数据。

（2）中国大豆国际贸易数量特征。中国大豆产品也主要包括大豆、豆粕和豆油，产量逐年有所增加，总产量仅次于美国、巴西、阿根廷等，生产量与消费量占世界总量的15%左右。

中国大豆的出口比例很少，仅占世界出口量的0.5%左右。出口的数量不多，近几年略有增长，幅度较小。中国大豆近年来进口量的增长幅度很快，1996年达到32034.80万吨，1997年增长到81955.32万吨，1998年和1999年保持在80000万吨左右，2000年又达到一个新高，为226913.02万吨，之后一直保持较大的增幅。玉米的进口价格低于出口价格，参见表5－17。中国大豆进口量增大的原因主要是国内榨油业的发展对大豆需求的增加及国际转基因大豆价格的低廉。

表5－17　　中国大豆国际贸易数量与金额

年份	出口量	出口额	出口价	进口量	进口额	进口价	净进口量
	（万吨）	（万美元）	（美元/吨）	（万吨）	（万美元）	（美元/吨）	（万吨）
1995	37.51	9967.43	265.73	29.39	7548.82	256.85	－8.11
1996	19.17	6618.30	345.24	110.75	32034.80	289.25	91.58
1997	18.57	7321.61	394.27	279.20	81955.32	293.54	268.63
1998	16.97	6329.01	372.95	318.37	80213.14	251.95	301.39
1999	20.39	6178.01	302.99	431.53	88909.49	206.03	411.14
2000	20.99	6303.91	300.33	1041.62	226913.02	217.85	1020.63
2001	24.83	7710.85	310.55	1393.72	280874.80	201.53	1368.89
2002	27.57	7664.95	278.02	1131.65	248280.22	219.40	1104.07
2003	26.74	8697.90	325.28	2074.36	541748.78	261.16	2047.62
2004	33.46	14477.99	432.70	2017.77	695664.22	344.77	1984.31
2005	39.61	16935.41	427.55	2659.03	777736.67	292.49	2619.42
2006	37.88	14580.40	384.91	2828.42	748957.94	264.80	2790.54
2007	43.01	18659.55	433.84	3081.83	1146502.85	372.02	3038.82
2008	47.00	35146.00	747.79	3744.00	2181265.00	582.60	3697.00

资料来源：农业部信息中心。2008年数据来自《中国统计年鉴》（2008）。价格由计算获得。

中国大豆主要进口国是美国、巴西、阿根廷、俄罗斯、加拿大等，其中美国和巴西占进口总量的70%以上。主要出口国家和地区为韩国、日本、朝鲜、中国香港、东南亚等，其中日本占50%左右，韩国占20%左右，参见表5－18。

从国际贸易管制的角度分析，中国大豆的进口量大于出口量，近年来进口量有增长趋势，主要是中国大豆生产成本较高，单产量偏低，缺乏国际竞争力，在国际市场开放情况下，大量低价大豆冲击国内市场，造成了对大豆产业的影响。因此中国政府应关注大豆的进口数量与价格，提高大豆的生产技术与品质，力求降低生产成本，提高国际竞争力。

表 5 - 18　中国玉米主要贸易国及贸易量　　　单位：万吨，%

年份	出口量	主要出口目的国及出口量			进口量	主要进口国及进口量		
	总计	日本	韩国	比重	总计	美国	巴西	比重
1995	37.51	19.09	0.005	50.91	29.39	14.39	0.70	51.34
1996	19.17	16.68	0.01	87.06	110.75	85.97	5.27	82.38
1997	18.57	15.44	0.00	83.14	279.20	228.56	43.99	97.62
1998	16.97	12.62	0.58	77.78	318.37	175.00	94.12	84.53
1999	20.39	13.42	1.62	73.76	431.53	244.47	86.01	76.58
2000	20.99	12.30	3.12	73.46	1041.62	541.38	211.95	72.32
2001	24.83	13.17	4.30	70.36	1393.72	572.64	316.03	63.76
2002	27.57	13.46	4.80	66.23	1131.65	461.88	391.08	75.37
2003	26.74	14.11	5.44	73.11	2074.36	829.37	647.14	71.18
2004	33.46	18.58	6.38	74.60	2017.77	1019.77	556.31	78.11
2005	39.61	18.28	9.22	69.43	2659.03	1104.76	795.22	71.45
2006	37.88	15.10	7.30	59.13	2828.42	988.52	1164.96	76.14
2007	43.01	13.53	13.75	63.43	3081.83	1163.45	1058.28	72.09

资料来源：农业部信息中心。

5.1.3　中国粮食国际贸易价格

5.1.3.1　我国粮食价格体系

中国粮食的价格体制经历由繁到简，由国家定价到政府定价和市场价共存再到宏观调控下的市场经济机制定价的过程，参见表 5 - 19。

现在我国粮食价格已基本市场化，价格体系中主要包括现货价格与期货价格两部分。粮食现货价格体系中主要包括市场收购价格、批发价格、消费价格、最低收购价。期货价格体系[①]目前已初具规模，玉米、小麦与大豆的期货价格基本上参照芝加哥期货交易所的期货价格，加上一定的升贴水形成，反映国际与国内粮食的供求关系。我国目前已建立起国家、区域和城乡集贸

---

① 1993 年第一个粮食期货交易所——郑州商品交易所成立。

市场的三级粮食市场体系。国家负责管理粮食主批发市场和期货市场，地区政府管理区域性批发市场，完全市场化的城乡集贸市场作为市场的机动与补充，充分利用市场机制功能调节市场，从而形成了以市场供求关系为基础，以国家宏观调控为辅助的市场化价格形成机制。

表 5 – 19　中国粮食价格政策变革历史

年份	国家粮食价格政策内容与主题
1949 ~ 1952	粮价是国家管理，自由市场调节，市场价格主导
1953 ~ 1979	全国范围内统销统购，政府定价
1979 • 1984	统销统购，部分开放粮食集贸市场
1985 ~ 1991	国家制定初期合同订购价订购，实行保量放价
1991 ~ 1996	实行粮食省长负责制，提高粮食收购价，实行保护价收购政策
1997 ~ 2003	保护价收购政策，逐步放开销区，保护产区
2004 年至今	开放粮食收购和销售市场，实施最低收购价

资料来源：安信证券研究中心。

5.1.3.2　中国粮食价格的波动状况

（1）中国粮食价格波动周期。反映粮食价格波动的指标有两种：一是其绝对价格水平，即粮食实际单价；二是其相对价格水平，即粮食价格指数，主要是粮食收购价格或生产价格指数。[①] 纵观 1978 ~ 2007 年粮食绝对价格和相对价格变化，我国粮食价格呈现明显的波动周期性，波动幅度和范围较大的有五次。我国 1991 ~ 2007 年粮食生产价格和零售价格指数参见表 5 – 20、图 5 – 15。

与其他商品一样，粮食价格的波动总是受市场供给的影响，所不同的是中国粮食价格更多地会受到政府的影响，且其波动对物价指数更具有后续的影响力。粮价波动对生产者的影响的一个方面是会导致粮农收益的直接变化，影响粮农种粮的积极性，从而使粮食生产处于不稳定状态，具有一定蛛网效应的粮食市场会放大粮价的影响力，从而对粮食消费市场形成深层次的影响。

---

① 2000 年以前为粮食收购价格指数，后改编为粮食生产价格指数。

粮价波动的另一个方面是影响粮食消费市场，进而全面影响人们的生活消费品市场价格，影响粮食消费者利益。粮价上涨对生产者有益，但会过度刺激生产，导致供大于求与下一轮的粮价下跌。粮食下跌对消费者有利，但会挫伤粮农种粮的积极性，导致供不应求与下一轮的粮价上升。平衡价格的力量从市场机制上看，主要是供求数量，而国内的供求数量是可以通过国内库存量与国际贸易量来调节的；从政府管制机制上看，国内库存量管制、价格管制与国际贸易的数量管制等均是可使用的手段，政府利用政策影响粮食市场主体的行为。当然如何合理地调适市场机制与政府管制机制也是值得研究的课题。

表 5-20　1991~2007 年中国粮食生产价格和零售价格指数　　　单位:%

| 年份 | 粮食生产价格 | | 粮食零售价格 | | 年份 | 粮食生产价格 | | 粮食零售价格 | |
	环比	定基指数	环比	定基指数		环比	定基指数	环比	定基指数
1991	93.80	100	108.60	100	2000	90.20	168.50	90.10	264.30
1992	105.30	105.30	124.30	124.30	2001	107.60	181.30	101.50	268.30
1993	116.70	122.90	127.30	158.70	2002	95.80	173.70	98.60	264.60
1994	146.60	180.10	148.70	236.00	2003	102.30	177.70	102.20	270.40
1995	129.00	232.40	134.40	317.20	2004	128.10	227.60	126.50	342.00
1996	105.80	145.90	107.50	341.00	2005	99.20	225.90	101.40	346.80
1997	90.20	221.80	92.10	314.50	2006	102.30	230.70	102.50	355.50
1998	96.70	241.50	96.90	304.30	2007	110.30	254.40	106.30	377.90
1999	87.10	186.80	96.40	293.40					

注：2000 年（含）以前的粮食生产价格指数为粮食收购价格指数，1991 年为基期。

资料来源：《中国农业发展报告 2007》，《中国统计年鉴》（2007）和国家统计局数据。

1978~1984 年，粮食价格在波动中上升。1978 年中国开始进行以价格改革为着力点的经济体制改革，提高粮食收购价格，促使粮价上升。在此后几年中，陆续开放了农村粮食初级市场，开放粮食集市贸易，部分粮食价格能随行就市。由此粮食价格一改过去长期固定不变的僵局，开始呈现波动态势，1978~1984 年全国粮食总体趋势上升。

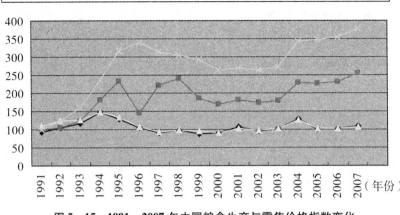

图 5 - 15　1991～2007 年中国粮食生产与零售价格指数变化

1985～1990 年，粮食价格波动幅度增大。1985 年进行了粮食购销体制改革，将粮食统购制改为合同定购制。1985～1990 年粮食价格波动呈现"∧"形特征，粮食收购价格先是逐年上升，1989 年后又连续下降。

1991～1996 年，粮食价格大幅度波动。1989～1990 年粮食丰收，出现农民"卖粮难"和国家收储调销难的问题，1990～1991 年粮食收购价格分别比上年下降了 2.6% 和 2.0%。1990 年城镇粮食零售价格指数降为 93.5，粮价下跌严重影响农民种粮的积极性，种植面积减少，粮食产量下降，1993～1994 年的粮食价格因此大幅度全面上涨，1994 年全国粮食减产 1000多万吨，粮食价格上涨带动其他商品的上涨，1994 年零售价格指数上升了48.7%，造成了中国严重的通货膨胀，影响到国民经济的整体运行。

1997～2003 年，粮食价格处于平稳状态。1996 年以后中国粮食连续三年大丰收，市场价格出现新一轮下降。1997 年粮价指数全面出现负增长，1999 年粮食收购价格指数下降了 12.2，为此国家出台了超值补贴的政策，粮食存得多，补贴越多。出台了按保护价敞开收购农民手中余粮，粮食企业顺价销售，以收购资金封闭运行为核心的粮食流通体制改革新政策。此后，粮食价格开始逐步走高。从这轮粮食价格的变动中，可以看出，国家根据供求关系，及时调整粮食价格的政策，对于保证我国的粮食价格的稳定十分重要（冷崇总，2008）。

2003～2009 年，粮食价格由大幅上涨到涨幅趋缓。2003 年开始夏粮出现连续第四年减产，产量同比减幅2.4%。受1999~2003年粮食连年减产、供求关系趋紧等因素的影响，从2003年10月开始粮食价格骤升，2004年粮食城镇零售价格指数上升了23.7%，并引起相关商品的全面上涨，粮食安全问题引起人们极大关注。2004年国务院进行了对农民种粮直接补贴和放开粮食购销市场为主的新一轮流通体制改革。加大了对粮食生产的政策支持力度，2005~2007年，国家在主产区及时启动了稻谷、小麦最低收购价执行预案。2007年粮价涨幅趋缓，全国粮食生产价格指数上升10.3%；在主要粮食品种中，小麦价格上涨5.5%、稻谷价格上涨5.4%、玉米价格上涨15%、大豆价格上涨24.2%。2008年，粮食价格受国际市场影响，价格经历了大涨大跌，但涨跌的幅度小于国际市场。2009年国内粮食以稳为主，略有上涨且高于国际水平。国内粮食价格由于受政策的支持，相对独立于国际市场，但粮食主要品种之间存在着一定的差别。

（2）粮食主要品种价格波动。1953~1984年中国的粮价实行统购统销政策，各种粮食品种基本保持平稳。1985年后中国粮食主要品种的价格波动情况参见图5-16，主要粮食品种的零售价格指数波动情况参见图5-17，主要粮食品种的价格情况参见表5-21。从图中的发展趋势上可以看出，我国粮食各主要品种价格波动的趋势基本是一致的，说明粮食各品种无论是生产、需求或是政策均存在较大的关联性。近年来由于大豆进口量的增加，国内大豆市场与国际市场走势比较接近，市场价格的相关度较高。

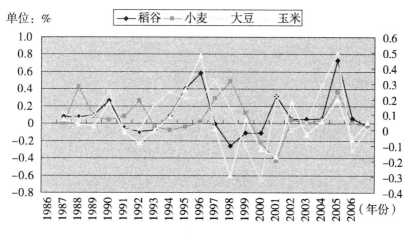

图5-16　中国粮食品种的价格增减波动图

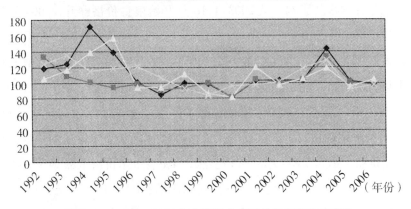

图 5 – 17　1992～2006 年中国粮食主要品种零售价格指数

（3）粮食价格波动的原因分析。一是市场供求矛盾，总量失衡、结构失衡的原因所引起。1984 年粮食供给增加，出现了第一次粮食"过剩"，次年粮食价格呈下降之势。1991 年粮食产量减少，1992 年粮食收购价格上涨，1996 年再次出现供大于求的局面，1997～2000 年粮食收购价格持续低迷，2000 年开始粮食产量连续 4 年大幅度下降，粮食市场出现供不应求的局面。2003 年开始粮食价格回升，2004 年粮食生产价格指数上升，在刺激粮食生产的同时粮食进口量明显增加，使粮食供求矛盾逐步缓和。2005 年全国粮食丰收，进口增加相对较多，粮食消费小幅度增加，致使当年粮食生产价格指数小幅下降。2004～2008 年中国粮食生产实现了连续 5 年的丰收，使国内粮食储备相对充裕，从而也使粮食价格受国际市场缺乏影响较小。二是成本推动。粮食生产成本是制定其价格的基本依据，生产成本的升降会推动价格相应升降，从而引起粮食价格波动。1984～1996 年，除 1986 年粮食生产成本下降8.3%外，其他年份粮食生产成本持续上升。1996 年与 1983 年相比，全国三种粮食平均生产成本上升 485.3%，粮食生产成本的刚性上升，使同期三种粮食平均生产价格上升 448.9%。1997～2001 年粮食生产成本下降 9.5%，同期粮食生产价格下降 20.9%。2002～2007 年粮食生产成本再度上升，粮食价格也随之在波动中上升。三是国家政策的影响。2004 年开始国务院决定在粮食产区对重点粮食品种实施最低收购价政策，对稳定粮食价格起积极的作用。

2004，我国政府首先建立了早籼稻最低收购价为每公斤 1.40 元，中晚籼稻最低收购价为每公斤 0.72 元，粳稻最低收购价为每公斤 0.75 元。为促进粮食生产，调动农民种粮的积极性，国家一再提高粮食最低收购价格，并扩大品种范围，2006 年将小麦纳入最低收购价范围。2009 年国家加大了粮食直补、农资综合直补、农机具购置补贴和粮种补贴力度，并大幅度提高了粮食的最低收购价，白麦、红麦、混合麦最低收购价分别提高到每公斤 1.74 元、1.63 元和 1.66 元，比 2008 年分别提高 0.2 元、0.22 元和 0.22 元，增幅分别达到13%、15.3% 和 15.9%。早籼稻、中晚籼稻和粳稻最低收购价分别提高到每公斤 1.80 元、1.84 元和 1.90 元，均比 2008 年提高 0.26 元，增幅分别达到16.9%、16.5% 和 15.9%。同时政府还扩大了实施最低收购价的地区，将湖南、湖北、江西、安徽、广西、河南和江苏等地的一些粮食品种列入政策执行范围。同时政府针对 2009 年湖北、河南等部分省市受连日阴雨影响出现大面积麦穗歉收等情况，出台了芽麦收购政策，以保护农民利益，减少农民损失。2008 年底，国家在前期已下达 1650 万吨国家储备和临时存储收购计划的基础上，追加临时存储粮食收购计划 1400 万吨，其中稻谷 750 万吨、玉米 500 万吨、大豆 150 万吨，并明确规定在粮食价格低迷时，要保证市场供给，实行顺价销售，这在一定程度上拉动了 2009 年的粮食价格，使粮食价格高于 2008 年水平。[①] 2010 年政府进一步提高主产区稻谷最低收购价，每公斤早籼稻、中晚籼稻、粳稻最低收购价格分别提高到 1.86 元、1.84 元、2.10 元，比 2009 年分别提高 0.6 元、0.10 元、0.20 元，以调动农民种粮积极性，促进粮食生产稳定发展。[②] 四是国际市场价格与进出口的影响。随着经济全球化和中国对外开放的深化，国内市场与国际市场的联系与互动日益加强，国际市场粮食供求关系变化与价格走势不但影响到我国粮食的进出口，而且对国内粮食价格波动产生重要的影响。在各粮食品种中大豆受国际市场的影响度较高。美国农业部报告显示，2008/2009 年度全球大米产量达到创纪录

---

① 资料来源：农业部市场与经济信息司：《中国农产品市场分析报告》，中国农业出版社，2010：72～73。

② 国家发展和改革委员会：关于提高 2010 年稻谷最低收购价格的通知（发改电〔2010〕115号），发展改革委网站，2010.3.9。

的 4.35 亿吨。据国际谷物理事会（IGC）预测值，2008/2009 年度小麦产量将增加 7300 万吨，达到 6.83 亿吨，高于 6.5 亿吨的消费量。加之受国际金融危机的影响，使 2008 年粮食价格下降。2008 年许多国家纷纷解除了大米出口限制，中国也从 2008 年 12 月起，取消了玉米和面粉出口关税。小麦出口关税从 20% 调低到 3%，大米出口关税从 5% ~ 10% 调低到 3% ~ 8%。国际粮食涨跌在一定程度上给国内市场形成了压力。[①]

表 5 - 21 　 1985 ~ 2006 年中国粮食价格和零售价格指数 　 单位：元/千克，%

品种	稻谷			小麦			玉米			大豆		
年份	定购价格	市场价格	零售价格指数	定购价格	市场价格	零售价格指数	定购价格	市场价格	零售价格指数	定购价格	市场价格	零售价格指数
1985	0.35	0.36		0.43			0.31	0.33		0.67	0.76	
1986	0.36	0.44		0.44			0.32	0.40	121.70	0.70	0.88	
1987	0.38	0.51		0.44	0.43		0.33	0.44	111.10	0.74	0.93	
1988	0.40	0.61		0.47	0.51		0.34	0.47	113.40	0.75	1.03	
1989	0.48	0.87		0.51	0.55	124.80	0.37	0.64	137.00	0.78	1.40	
1990	0.51	0.82		0.51	0.63	123.10	0.38	0.63	88.30	0.83	1.33	
1991	0.51	0.73		0.51	0.89	164.60	0.38	0.55	86.40	0.88	1.26	
1992	0.55	0.65	119.00	0.59	0.85	133.50	0.42	0.55	105.40	0.91	1.48	124.00
1993	0.62	0.74	124.60	0.66	0.77	108.50	0.46	0.64	116.30	1.04	1.84	135.10
1994	0.89	1.14	170.50	0.89	0.73	101.00	0.69	0.90	138.10	1.54	2.13	114.60
1995	1.09	1.72	138.10	1.08	0.75	94.00	0.86	1.38	156.40	1.81	2.42	118.60
1996	1.33	1.71	100.80	1.31	1.04	97.9	1.06	1.39	94.30	1.95	2.92	121.20
1997	1.48	1.45	84.90	1.46	1.53	90.60	1.23	1.10	93.60	2.28	3.09	106.00
1998	1.46	1.34	99.70	1.44	1.65	94.40	1.23	1.17	110.20	2.23	2.82	92.60
1999	1.33	1.23	98.60	1.31	1.43	99.00	1.23	1.05	86.20	2.10	2.17	84.10
2000	/	1.55	81.50	/	1.00	81.50	/	0.88	81.20	/	2.49	95.70
2001	/	1.60	102.90	/	1.04	104.20	/	1.06	119.40	/	2.41	96.80
2002	/	1.65	103.30	/	1.05	100.70	/	1.03	97.50	/	2.42	100.50
2003	/	1.71	103.40	/	1.09	103.80	/	1.09	105.20	/	2.86	118.20

---

① 资料来源：农业部市场与经济信息司：《中国农产品市场分析报告》，中国农业出版社，2010：74。

品种	稻谷			小麦			玉米			大豆		
年份	定购价格	市场价格	零售价格指数	定购价格	市场价格	零售价格指数	定购价格	市场价格	零售价格指数	定购价格	市场价格	零售价格指数
2004	/	2.44	143.20	/	1.45	133.40	/	1.29	118.50	/	3.68	128.90
2005	/	2.50	102.20	/	1.46	100.80	/	1.23	95.40	/	3.36	91.20
2006	/	2.47	98.90	/	1.42	97.10	/	1.28	103.90	/	3.29	97.80

资料来源:《中国粮食发展报告》(2003,2007)。1985~1999 年数据来自《2003 中国粮食发展报告》,2000 年后数据来源于《2007 中国粮食发展报告》,稻谷市场价格为中等早籼米市场价,零售价格指数根据市场价格计算获得。

5.1.3.3　中国粮价调控体系

粮食的粮食价格调控体系建设有五种基本思路,参见图 5 – 18 ~ 图 5 – 24,五种模型的主要区别是调节始点不同,而结果均是促使国内粮食供求总体平衡,粮食价格的基本合理,在保障粮食安全需要量的前提下保障人们粮食购买力。

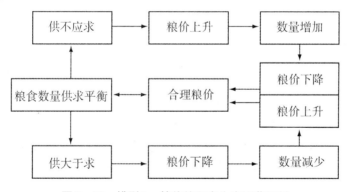

图 5 – 18　模型 1:粮价的国内生产调节机制

模型 1:粮价的国内生产调节机制。粮价的国内生产调节机制表现为粮食数量与粮食价格在市场体系中保持着基本平衡,当粮食供不应求时,粮食价格会上升,粮食上升会导致国内粮食生产的增加,供应量会随之增加,从而使粮食下降,使粮价逐步回复到合理价位;反之,当粮食供大于求时,粮价会下降,会影响种粮者的积极性,从而减少粮食生产,导致市场供应量下降，进而促使粮价上升，使粮食逐步回复到合理价位，参见图 5-18。这种价格的调节机制由于粮食生产具有长周期性特点，因此粮食种植者往往由于市场信息的不充分和农业生产的风险性出现纠偏的失误，表现在粮食供应量与生产量总是不能达到合理的平衡点，价格只能围绕着合理价位上下波动，这种波动会由于信息不充分而放大。粮食的国内生产调节机制是粮价调节的最基本模式，但限于粮食生产周期，反响速度较慢。中国作为粮食生产与消费大国，国内粮食生产是保证粮食供给的基本因素。因此，政府无论是为保证供给量或是为稳定粮价，均应重视对粮食生产信息的发布与宏观调控，重视加强对粮食生产的微观指导与帮助，而管制的途径是加强粮食采购价格、粮食品种、粮食生产条件、粮食播种面积的调控。

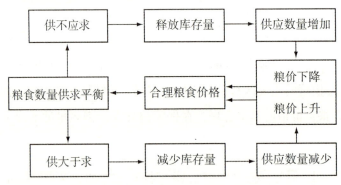

图 5-19　模型 2：粮价的库存调节机制

　　模型 2：粮价的库存调节机制。粮价的库存调节机制是当市场上粮食供不应求或供大于求时，通过释放或吸纳库存粮食来增加市场粮食供给量，调节粮价，参见图 5-19。这种方式的反响速度较模型 1 快，但由于库存粮食的数量有限，因而只能作为微调的手段，只有在粮食缺乏或剩余数量有限的情况下，对价格调节作用能如期实现。一旦粮食缺乏或剩余数量较大，则市场价格会由于数量缺乏或过剩而波动。中国作为粮食消费大国，需要合理地利用库存解决粮食生产与消费的失衡问题，不仅国家要有一定规模的安全储备量和有一定的财政能力吸纳过剩的粮食，也需要动员各级政府及粮食生产者、销售企业有一定的粮食储备能力，参与市场库存体系的调节，增加整个国家总库存的调节能力。

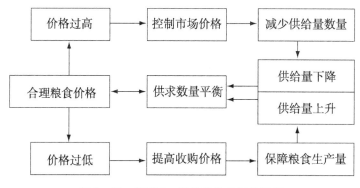

图 5 - 20　模型 3：粮价的价格调节机制

模型 3：粮价的价格调节机制。粮价的价格调节机制是当市场上的粮价存在过高或过低不合理时，通过直接调控市场的最低价或最高价，进行价格管制，来调节市场粮食的供给量，控制粮价，参见图 5 - 20。当价格过高时，制定最高价限制政策，通过增加生产或释放库存量或进口增加粮食供给，控制粮价过高影响粮食安全，保证现期的粮食供给；反之当价格过低时，制定粮价贴补或限制最低销售价政策，通过减少生产或吸纳库存量或出口减少粮食供给，控制粮价过低影响粮食生产与经营者积极性，保证长期的粮食供给。这一模式对粮食价格的反响速度会立竿见影，但由于需要采用生产、库存或进出口等配套措施才能达到市场供求的平衡，因此必须以粮食市场供需基本平衡为基础。若是供求严重失衡导致粮食波动，那么直接采用价格限制的调节机制只能起暂时的作用，而且容易形成黑市交易。从长期来看，人为的调控粮食会使市场信息更为失灵，使供求平衡更难实现。

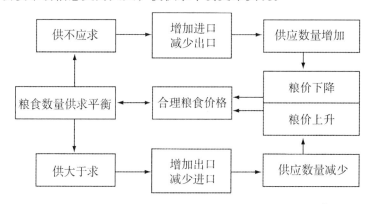

图 5 - 21　模型 4：粮价的进出口数量调节机制

模型4：粮价的进出口数量调节机制。粮价的进出口数量调节机制是当粮食供不应求或供大于求时，通过调节进出口的数量来调节国内粮食市场的供应量，从而调节粮食，参见图5-21。这一模型的反响速度会较快，但效果会受国际市场的供求状况影响。当国内粮食供不应求，可采用增加进口配额、限制出口量等办法鼓励进口限制出口，甚至采取政府直接进口等办法增加国内粮食供给数量；反之，当国内粮食供大于求，可采用减少进口配额、限制进口量等办法鼓励出口限制进口，甚至采取政府援助办法增加出口数量，减少国内粮食供应量，稳定粮价。

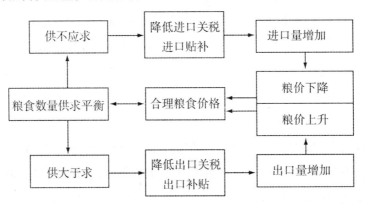

图5-22　模型5：粮价的进出口数量调节机制

模型5：粮价的进出口数量调节机制。粮价的进出口数量调节机制是当粮食供不应求或供大于求时，通过调节进出口的关税与贴补来调节国内粮食市场的供应量，从而调节粮食，参见图5-22。这一模型的响应速度会较快，但效果会受国际市场的粮价状况影响。当国内粮食供不应求，可采用实施进口价格贴补、降低进口关税、增收出口关税等的办法鼓励进口限制出口；反之，当国内粮食供大于求，可采用实施出口补贴、增加进口关税等的办法鼓励出口限制进口，减少国内粮食供应量，稳定粮价。

中国传统的粮食价格调控体系建设思路是建立粮食储备调节制度，通过政府收购、储存、销售粮食来调控粮食市场供给与粮价。主要内容有：第一，在正常情况下，粮食价格主要由市场供求决定，粮食企业按市场价格经营粮食。第二，当粮价过度波动时，政府主要依靠储备粮的吞吐、国际粮食贸易、粮食风险基金、价格调节基金等经济手段，调节粮食市场供求，保持粮食价格的相对稳定。第三，当粮价剧烈波动时，国家可根据《价格法》的规定，实行限价、集中定价和冻结价格等紧急措施，平抑市场粮食价格。这些措施无疑对稳定粮食消费价格是有益处的。如 2003 年下半年至 2004 年上半年粮食价格的全面上涨，国家及时采取了取消部分农业税、抛出大量的粮食储备、出台相关扶持粮食生产等一系列措施，粮食价格过度上涨问题得到了有效的控制（乔娟，2004）。

5.1.3.4 粮食国际市场价格变动

2005 年以来世界粮食经历了一次价格飞速上涨阶段，2009 年有所回落，大宗品种的粮价创下了 10 年最高纪录，参见表 5 - 22。许多专家预测，随着各国人民对肉类、乳品等蛋白质需求量的提高和工业燃料乙醇需求量的提高，世界粮食供不应求状况将长期存在，粮价走高趋势将不可避免，而且随着粮价走高，变动幅度也会加大，这种趋势已在 21 世纪的近几年中有所体现，参见表 5 - 23 和图 5 - 23。

导致世界粮食高价的原因：一是近几年世界经济总体上保持了较快增长态势，较快的经济增速使居民食品消费结构升级，带动粮食（主要是饲料用粮）消费的增加。二是大量增加的工业需求，带动玉米、大豆等可作为生物能源原材料的粮食作物消费的增加，打破了全球以往的粮食平衡体系，使得粮食供给形势更趋严峻，玉米供需不平衡带来的价格上涨，并通过替代效应，造成其他粮食以及食品价格的上涨。三是全球气候变化，出现的气候异常现象增多，也严重地威胁到粮食的生产。四是世界粮食库存严重偏低。由于粮食价格上涨，许多国家释放储备粮以获取暴利，这是导致全球粮食储备降到历史最低点的根本原因，而粮食库存的降低又进一步加大了人们对粮食供应紧张的担忧，刺激粮价的进一步上涨。2007 年世界粮食储备已降至 30 年来的最低点，只够维持 53 天，远低于 2006 年初 169 天的水平；全球大米库存约为 7500 万吨，是 2000 年库存的一半，是 1976 年以来的最低点；全世界小麦库存量已经达到 30 年来最低。五是粮食生产用物资成本的上升导致粮食生产成本上升，最终导致粮食价格上升。

表 5 - 22　世界粮食主要品种价格　　　　　单位：美元/吨

品种 地区 年份	稻谷			小麦			玉米		大豆
	泰国	美国	籼米	美国1	美国2	阿根廷	美国	阿根廷	
2000/2001	207	271	84	128	101	124	86	84	184
2001/2002	197	207	73	127	113	119	90	89	201
2002/2003	201	284	82	161	138	145	107	102	243
2003/2004	201	284	79	161	149	154	115	109	322
2004/2005	244	372	101	154	123	123	97	90	275
2005/2006	291	319	104	175	138	138	104	101	259
2006/2007	311	394	114	212	176	188	150	145	335
2007/2008	335	436	131	361	311	322	200	195	549
2008/2009	695	782	296	344*	268*	303*	199*	205*	523*

资料来源：联合国粮农组织：《粮食展望》（2000~2008）。泰国稻谷指100% B级，曼谷离岸价，示意性成效价。美国稻谷指长粒米，碎米率4%的美国2号离岸价，籼米指优质籼米，价格为当年价。美国1小麦指美国2号硬红冬小麦，美国2小麦指美国2号软红冬小麦，阿根廷小麦指中质小麦。玉米墨西哥交货离岸价。美国玉米指2号黄玉米，墨西哥交货离岸价，阿根廷玉米指上游离岸价。大豆为美国2号黄豆，鹿特丹离岸价。* 为2008年12个月的平均值。

表 5 - 23　世界食品与谷物价格指数　　　　　单位：%

年份	2000	2001	2002	2003	2004	2005	2006	2007	2008
食品价格指数	92	94	93	102	113	116	126	156	191
谷物价格指数	85	86	95	98	107	103	121	167	128
油和油脂	68	68	87	101	112	104	112	169	225

资料来源：联合国粮农组织：《粮食展望》（2009.6）。食品价格指数：由6种主要农产品类别的价格平均数以1998~2000年各类别农产品的平均出口比重进行加权构成：总体指数包括粮农组织农产品专家认为能够代表食品类商品国际价格的共55种农产品的报价。谷物价格指数采用粮食和稻米价格指数并以其1998~2000年平均贸易比重进行加权后编纂得出。粮食价格指数由国际谷物理事会小麦价格指数（这一指数本身由9种不同小麦价格的平均数构成）和1种玉米出口价格构成，其中玉米价格以指数形式表示并把国际谷物理事会指数的基数换算为1998~2000年数值。稻米价格指数由三个部分组成，包括16种稻米的报价平均数：三个部分是籼米、粳米和香米品种，三个部分的权重为其假定（固定）贸易比重。

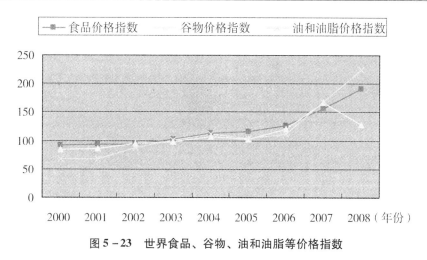

图 5 - 23   世界食品、谷物、油和油脂等价格指数

资料来源：同表 5 - 23。

5.1.3.5   国际价格波动与粮食国内价格波动的关系

世界粮食市场与我国国内粮食市场的粮食价格均处于不停的变动之中。从理论的角度分析，一国进口粮食最为有利的时机是国内粮食价格上涨而世界粮价下跌之时；出口的最佳时机则是国内粮食价格下跌而世界粮食价格上涨之时。即在国内粮食市场和国际粮食市场的价格波动处于相向状态时最为有利，一方面在粮食短缺时可获性强；另一方面价格较为有利，进口代价最低而出口效益较高。反之，若两个市场的价格波动总是处于同步状态时，是最为不利的。

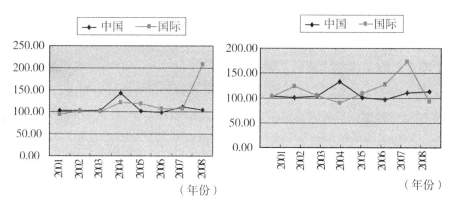

图 5 - 24   稻谷国内与国际价格环比指数   图 5 - 25   小麦国内与国际价格环比指数

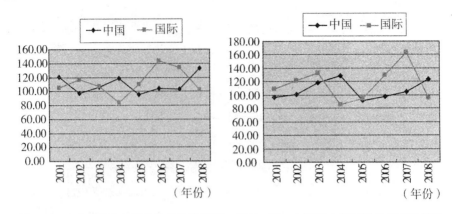

图 5 - 26   玉米国内与国际价格环比指数   图 5 - 27   大豆国内与国际价格环比指数

用 2001 年与 2008 年的数据进行国内外的价格变化幅度对比分析，由于中国稻谷主要是从泰国进口，因此选用泰国的稻米 100B 级，小麦选用美国美国 2 号硬红冬、美国 2 号软红冬小麦及阿根廷中质小麦的价格平均值，玉米选用美国与阿根廷的平均值，国内数据选用市场价格，参见图 5 - 24 ~ 图 5 - 27。从图中可知，国内粮食各品种与国际市场的相关性不是很紧密，稻谷的相关性较好主要是与选用中国主要进口的泰国稻米作为对比有一定关系。国内的一些学者同样证明了这一观点（商业部当代中国粮食工作编辑部，1989）。

5.1.3.6   中国粮食国际贸易价格管制状况

（1）关税配额。中国对小麦、玉米、大米等粮食实行关税配额管理，对大豆等其他农产品实行单一关税管理。从 1992 年起，我国多次单方面下调关税水平，2004 年农产品加权平均关税为 8%，远低于加入世界贸易组织承诺"从 2002 年的 21.2% 降低到 2004 年的 15%"的水平。2005 年农产品的进口关税进一步降低。实际上，目前的关税配额政策还没有达到限制进口的作用。2004 年是中国加入世界贸易组织以来进口最多的年份之一，进口了 802 万吨粮食，配额的使用率也仅为 36%。当实际进口量小于关税配额量时，关税配额的保护效应退化为进口关税，关税配额未能够起到有效的保护作用。由于配额内实施的是优惠税率，关税的保护作用非常有限。以税则号为 10011000 的硬粒小麦为例，关税配额内的税率为 1%，而配额外的税率高达 65%，关税配额的实际保护水平之低显而易见，配额外的高关税保护形同虚设（施敏颖，2005）。

（2）进口许可证制度。加入世界贸易组织前，中国实行进口许可证制度，把粮油等重要农产品的配额全部赋予国营贸易企业——中国粮油进出口总公司，配额数量及其分配也不向社会公开。这种高度垄断的经营方式，极不利于市场竞争机制作用的发挥。加入 WTO 后，进口关税配额是根据申请者的申请数量、以往进口实绩、生产能力等条件进行公开分配。小麦、玉米、大米、豆油等的配额分为国营贸易配额和非国营贸易配额。国营贸易配额内的农产品，需通过国营贸易企业进口；非国营贸易配额内的农产品，可以通过国营贸易企业或有贸易权的非国营贸易企业进口。新的关税配额政策有利于打破垄断，引入竞争机制。垄断的打破在一定程度上避免了企业为获得关税减免而采取的"寻租"行为，有效增加了国内消费者和进口国外相关产品生产者的直接经济利益，关税减让也给中国粮食生产者带来了更大的外部竞争压力，这种压力在一定程度上也有利于我国粮食产业按照比较优势调整生产结构，加速技术创新、降低生产成本、提高竞争力。

（3）出口补贴。中国在 1986～1990 年曾经有专门针对农产品出口的补贴，但是，随着外贸体制的改革，在 1994 年外贸体制改革中已全部取消。目前中国国营贸易公司享受间接补贴，它们可以通过国内收购部门低价购买定购粮，然后以低于国内市场水平的价格在世界市场上出售；在 2001 年国家规定"结余的粮食风险基金，要用于陈化粮价差亏损补贴、粮食出口补贴和消化粮食财务挂账等方面的开支，不得挪作他用"（詹晶，2006）。但这些出口补贴政策也引起一些世界贸易组织成员国提出的合法性质疑。

（4）出口退税。1994 年，中国对农产品出口商品实行整体税负为零的零税率政策。1994～2003 年的 10 年间，根据中央财政承受力和国际经济形势的变化，出口退税率几经调整。在历次的出口退税政策调整中，涉及农产品出口退税税率的调整共有 5 次，1995～2003 年，农产品出口退税率从 3% 逐渐调高到 5%、13%；2003 年 10 月，中国对出口退税政策再次进行了改革，新政策于 2004 年 1 月 1 日起实行。新的出口退税政策将农产品及其相关产品的出口退税率的调整分成三类，其中一类是原有出口退税率为 5% 和 13% 的农产品以及原有出口退税率为13%的以农产品为原料加工生产的工业品，维持原有出口退税率不变。目前，中国农产品出口退税率实行"5%为主、13%为辅"的两档退税率，这使得大部分农产品的出口价格中包含尚未退还的间接税，增加了农产品出口成本，削弱了农产品出口的价格竞争力。2002年4月1日，国务院批准对大米、小麦和玉米实行零增值税税率政策，并且出口免征销项税。2005年新的出口退税政策又补充规定，对小麦粉、玉米粉等农产品的加工产品还提高了退税率，由5%调高到13%。在欧盟、美国等大部分发达国家，尽管对农产品也同对工业产品一样征收增值税，但在实际操作中，这些国家无一例外地都通过种种优惠措施使农民的税负接近于零。因此，相比之下，中国农产品的出口退税率明显偏低，不利于进一步扩大农产品的出口。其他鼓励措施还有免征铁路建设基金的政策等。

（5）国内补贴支持。与发达国家对农业给予巨额补贴的国内支持政策相比，中国农业国内支持总量水平相对较低。在"绿箱"政策方面中我国已实行的6项政策中，涉及农业补贴的政策主要有20项。一般政府服务主要涉及9项；粮食安全公共储备4项；国内粮食援助1项；自然灾害救济支付3项；环境计划下的支付2项；地区援助计划下的支付1项。另外未实施的6项。"绿箱"政策主要涉及公平性的农业补贴政策，中国"绿箱"政策的主要特点为：一是一般政府服务补贴、粮食安全储备补贴的比重最大。1996～1998年，属于该项目的支持水平年均达785.6亿元人民币（95亿美元），占"绿箱"政策补贴的52%。全国粮食储备的财政支出平均为383.8亿元，占"绿箱"支持的25.3%。二是自然灾害救济补贴、环境保护、地区扶贫和国内粮食援助的补贴水平偏低。1996～1998年，全国财政用于自然灾害救济、环境保护、地区扶贫和国内粮食援助的支付平均为44.27亿元、53亿元、90.0亿元和18.9亿元，占"绿箱"支持的2.9%、3.5%、5.95和1.2%。目前中国农业"绿箱"支持总量不仅低于大部分发达国家，甚至低于许多发展中国家（詹晶，2006）。"黄箱"政策方面，中国已实施的"黄箱"政策主要有两种：第一种是对粮食的政府定价收购及保护价收购；第二种是农业生产资料价差补贴。财政支出数据表明，中国对农业生产资料的价差补贴AMS为281亿元人民币（34亿美元），仅占农业总产值的1.4%。因此，中国农业的

"非特定产品支持"也不受世界贸易组织的约束和限制。目前中国"黄箱"政策补贴呈现出以下特征：一是粮棉等特定农产品在总体上仍然处于负保护状态；二是农业的国内支持仍有一定的补贴空间。需要指出的是，世界贸易组织《农业协定》规定，政府提供的价格支持应针对农产品生产者，而不是流通部门。因此，尽管今后价格支持在总量上有一定调控空间，但在支持结构及补贴目标上仍需作较大改革，应通过调整农产品价格支持目标，提高政府支持效率，保护农民利益。

（6）反倾销。1994 年制定的《中华人民共和国对外贸易法》中对反倾销问题作了规定，2004 年制定了专门的《反倾销条例》，在反倾销工作中已经初见成效，但目前实际应用还很少，相反，许多发展中国家运用这一规制手段较多。

5.1.4 中国转基因粮食贸易

5.1.4.1 粮食的转基因问题

转基因农产品（Genetically Modified Organism，GMO）是指利用基因工程技术改变基因构成的动植物、微生物产品。转基因农作物具有抗旱、抗霜、抗酷热、抗病虫害、耐除草剂、提高经济作物中淀粉和油的含量、改善口味、营养和颜色并延长其保存的时间等功能，对发展提高农作物产量、提高质量、减少化学肥料和杀虫剂的使用具有直接作用，因而受到生产者的欢迎。转基因粮食作物由于具有解决发展中国家的粮食缺乏、饥饿和营养不良问题的功能，所以也受到许多国家政府的支持。

自从 1983 年美国成功培植世界上第一例转基因植物以来，转基因技术的开发与应用经历了迅猛发展，目前全球已拥有 120 多种转基因植物，其中转基因大豆、玉米、油菜、棉花、西红柿等 51 种转基因作物已开始商品化生产。2001 年全球转基因作物种植面积超过 5000 万公顷，2002 年达到 5870 万公顷，比 1996 年的 170 万公项增加了 33 倍，其中转基因大豆、玉米、棉花和油菜的种植面积占 99% 以上。2002 年全球 99% 的转基因作物是种植在美

国（66%）、阿根廷（23%）、加拿大（6%）和中国（4%）（George E. C.，
2001）。据国际农业生物技术应用推广站（ISAAA）公布的《2008 全球商业
化生物技术/转基因作物种植情况》中反映 2008 年全年新增种植转基因作物
面积 1070 亿公顷，总面积达到了 1.25 亿公顷，占到了全世界耕地面积的
8%，全球转基因作物种植国家达到 25 个。2008 年，前三位分别是美国
（6250 万公顷）、阿根廷（2100 万公顷）和巴西（1580 万公顷）。中国全国
生物技术作物种植面积达 380 万公顷，在全球生物技术作物种植面积超过
100 万公顷的 8 个国家中排名第 6（Clive James，2009）。

由于转基因技术是人为地改变了生物经过数亿年进化而形成的稳定基因
结构，对于"转基因食品"的安全性一直存在争议。争议的焦点主要集中在
转基因食品对人类与环境的安全性。虽然迄今为止，尚未有充足的证据证明
转基因食品对人类与环境有明显不良影响，但也没有足够的证据证明其一定
不会产生不良影响。

5.1.4.2 转基因粮食的生产与贸易

全球被批准种植转基因作物的国家从 1996 年的 6 个增加到 2003 年的 18
个，再到 2008 年的 26 个，参见表 5 - 24 和图 5 - 28。从转基因作物的种植发
展速度上分析，2005 年转基因作物第一次达到 10 亿英亩用了 10 年的时间，
但到 20 亿英亩只用了 3 年的时间，专家预测到 2011 年将超过 30 亿英亩，
2015 年累计超过 40 亿英亩（16 亿公顷）。据 Cropnosis 公司的估计，2006 年
全球转基因作物已占全球农作物保护市场总价值的 16%，达到 61.5 亿美元，
其中转基因大豆 26.8 亿美元，占总量的 44%；转基因玉米 23.9 亿美元，占
39%（Clive James，2009）。

表 5 - 24　2005 ~ 2008 年各国转基因作物种植面积　单位：百万公顷

序号	国家	面积（百万公顷）				转基因作物
		2005 年	2006 年	2007 年	2008 年	
1	美国	49.80	54.60	57.70	62.50	大豆、玉米、棉花、油菜、南瓜、番木瓜、紫苜蓿
2	阿根廷	17.10	18.00	19.10	21.00	大豆、玉米、棉花

续表

序号	国家	面积（百万公顷）				转基因作物
		2005 年	2006 年	2007 年	2008 年	
3	巴西	9.40	11.50	15.00	15.80	大豆、棉花
4	加拿大	5.80	6.10	7.00	7.60	油菜、玉米、大豆
5	印度	1.30	3.80	6.20	7.60	棉花
6	中国	3.30	3.50	3.80	3.80	棉花、番茄、白杨、矮牵牛花、番木瓜、甜椒
7	巴拉圭	0.30	2.00	2.60	2.70	大豆
8	南非	0.50	1.40	1.80	1.80	玉米、大豆、棉花
9	乌拉圭	0.30	0.40	0.50	0.70	大豆、玉米
10	菲律宾	0.10	0.20	0.30	0.40	玉米
11	澳大利亚	0.30	0.10	0.10	0.20	棉花
12	西班牙	0.10	0.10	0.10	0.10	玉米
13	墨西哥	0.10	0.10	0.10	0.10	棉花、大豆
14	哥伦比亚	<0.10	<0.10	<0.10	<0.10	棉花、康乃馨
15	智利			<0.10	<0.10	玉米、大豆、油菜
16	法国	<0.10	<0.10	<0.10	<0.10	玉米
17	洪都拉斯	<0.10	<0.10	<0.10	<0.10	玉米
18	捷克	<0.10	<0.10	<0.10	<0.10	玉米
19	葡萄牙	<0.10	<0.10	<0.10	<0.10	玉米
20	德国	<0.10	<0.10	<0.10	<0.10	玉米
21	斯洛伐克	<0.10	<0.10	<0.10	<0.10	玉米
22	伊朗	<0.10	<0.10	<0.10	<0.10	水稻
23	罗马尼亚	0.10		<0.10	<0.10	玉米
24	波兰			<0.10	<0.10	玉米
25	布基纳法索				<0.10	棉花
26	埃及				<0.10	玉米

资料来源：Clive James（2005~2008）。

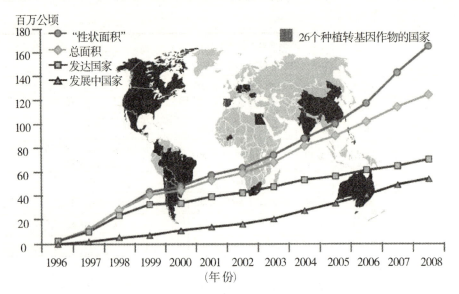

图 5 ~ 28　1996 ~ 2008 年全球转基因作物种植面积的发展状况

注：2007 ~ 2008 年 "明显" 增长 9.4%，即 1070 万公顷，相当于实际增长 15% 或 2200 万 "性状面积"。

资料来源：Clive James（2008）。

5.1.4.3　转基因粮食国际贸易管制的必要性

针对转基因粮食国际贸易的实际情况，笔者认为是否应该对转基因粮食的国际贸易进行管制应基于以下几点基本的判断：一是转基因粮食生产具有较高的经济效益，把转基因技术应用于粮食生产可以大幅度地提高粮食产量与劳动生产率。二是转基因无论在发达国家还是发展中国家均开始引起重视，并有越来越多的国家进行了种植，转基因粮食生产的迅猛发展必将影响粮食国际贸易的发展。三是转基因粮食及其产品的大规模的越境转移，到底会对人类健康、食品安全、生物多样性及生物安全、环境保护、可持续发展产生什么影响是一个重大课题，中国地域广阔，人口众多，粮食进出口量较大，政府不能轻视与忽略转基因粮食安全问题，而应密切关注。四是中国是转基因粮食的生产国与消费国，一方面，拥有部分转基因粮食的自主知识产权，生产并出口转基因粮食；另一方面，中国转基因技术相比发达国家还有差距，特别是产品种类偏少，竞争优势不明显。结论是，无论从安全角度、经济角度或是国家竞争角度，转基因粮食国际贸易的管制都是有必要性的，关键是如何在兼顾多方面利益的情况下，合理制定管制政策，科学地根据规则在发展中国转基因粮食生产、出口与提高粮食国际竞争力的同时尽量减少国际粮食产业转基因问题对中国的不良影响。

5.2　国外粮食国际贸易管制经验

5.2.1　美国

美国是世界上农业最发达的国家之一，粮食总产量约占世界粮食总产量的20%，包括主要粮食作物中的小麦、玉米与大豆；美国库存量约占世界库存总量的30%；出口量约占世界粮食出口总量的40%~50%。美国目前有600万人以农业为生，仅占总人口的2%，粮食基本生产单位是家庭农场，各种类型的大小农场有近200万个。美国具有得天独厚的粮食生产自然条件，耕地资源丰富，土质肥沃。主要作物为玉米、小麦、大豆、水稻等。美国粮食生产机械化和现代化水平高，生产效率高，粮食科研投入大，侧重于降低生产成本和提高单产，使其国际粮食市场保持良好的竞争力。美国的小麦近50%用于出口，稻谷近40%用于出口，每年有40%的粮食转为储备，控制着全球五大粮食跨国贸易公司，包括卡吉尔公司、康迪南特公司、路易特雷呼斯公司、邦奇公司、安特烈公司，它们的子公司分布于全球各地，对全球粮食市场具有重大影响力。

美国粮食产业政策的演变大致分四个阶段：第一阶段是基于1933年的《农业调整法》、《农业调整法案》（The Agricultural Ajustment Act），主要目标是支持农民收入。1953年6月美国参议院制定了食物援助法案——PL480（Public Law 480），此法成为此后近20年间美国向外输出粮食的依据。第二阶段是基于1996年的《农业完善与改革法》，主要目标是迎合国际市场开放，鼓励出口，结束了供给管制，取消了对农作物种植面积的多种限制，扩大了农业经营者的自主权。第三阶段是基于 2002 年修正的《农业法》，目的是限制进口，保持本国农业。第四阶段是基于 2007 年修正的《农业法》，目的是突出产业的市场导向。

美国粮食出口主要是依赖于其粮食的高竞争力，美国也是采用粮食援助计划出口粮食最多的国家，以调节其国内粮食的过剩，并达到一定的政治目的。由于美国是粮食的生产大国与出口大国，因此在国际贸易上具有大国效应。一是美国国内由于产业集聚而规模不断增大产生了具有一定垄断力的粮食生产与经营企业，并且由于"小集体"更具有力量、更愿意花费成本"游说"和"俘虏"政府以达到其利益目的，因此，美国近年来对粮食出口的支持政策有增无减，粮食产业的利益集团对政府政策的控制性在加强；二是美国政府一直将粮食作为一种"政治资源"，在国际政治谈判中充当实现政治目的的工具，大量的储备与雄厚的经济实力，使其能在一定程度上操控国际粮食市场供给量与粮价；三是美国巨额的粮食生产与出口量（参见 5.1.2 内容）使其在利益比较后更倾向于全球贸易自由化，在众多场合成为贸易自由化的拥护者，其真正目的在于利用开放的国际市场与其粮食产品的绝对竞争优势占据国际市场，获取利益，因此出口量是其实现利益的基本保障。

美国粮食的价格管制起源于 20 世纪 20 年代末和 30 年代，由于经济危机导致谷物价格降低到历史最低点，政府采取了提高关税壁垒、限制生产和价格支持等政策来提高农民收入。为了粮食相对价格不低于 1909～1914 年农业繁荣时期的"平价"（Parity Price）水平，罗斯福政府保证按"平价"买进农民生产的粮食与农产品。1973 年的《农业与消费者保护法案》用类似于差额支付办法代替"平价"收购。1977～1985 年通过《食物与农业法案》，采用目标价格、差额支付、政府直接收购来实现价格保护。1993 年美国积极倡导 GATT 达成《农业协议》，力图促进农产品贸易自由化。1996 年颁布 FAIR 法，该法在价格方面进行了多项重大改革，包括提出用 7 年时间使美国农业过渡到完全的市场经济。美国从 1996 年开始，取消了对农作物耕种面积的限制，完全放开了农业生产。2002 年颁布了《2002 农业安全和农村投资法案》（Farm Bill，2002），宣布大大提高农业补贴金额，总计达 1900 亿美元，10 年提高补贴67%，这与其倡导和承诺的准则均有相悖之处。

美国粮食的定价特点是采用市场定价机制，即通过大宗农产品期货交易市场的供求关系来决定粮食基准价格。美国的大宗农产品交易方式经历了即期现货交易—远期现货交易—交易所（场内）期货交易—场外期货交易的发展历程。经过长期的演变，美国大宗农产品交易形成了以期货交易为主、多种交易方式并存的市场体系。随着以期货交易为主的市场体系确立，期货市场逐渐成为农产品基准价格形成中心。以大豆为例，在芝加哥期货交易所，大豆期货交易是一个涉及金融企业、贸易加工企业和农场主等多个交易主体的有机体系。首先，美国农业部对外发布每年美国大豆主产区的生产情况预测和实际统计数据；其次，期货交易商根据发布的大豆生产信息进行期货买卖，形成大豆的期货市场价格；再次，贸易商则通过农产品期货价格来确定现货贸易合同中的价格，农场主则根据期货价格表现出的供求趋势确定第二年的生产安排。采取市场定价制的国家或地区通常也配套有粮价稳定政策。

美国国内粮食价格管制主要是：①确定最低保护价格。政府根据粮食的生产成本加适当利润确定保证价格，即粮食销售最低保护价格，价格补贴支出在政府农业预算中占相当大的比重，政府通过参照工业行业收入确定保证价格水平，政府把相当部分的国民收入从其他经济部门转移到了农业部门。②采用目标价格补贴。1970年实施的目标价格补贴的基本做法是：政府事先确定高于支持价格（即贷款利率，最低保护价）的目标价格，以此作为计算差价补贴的基础，在粮食收获后，如果生产者以低于目标价格的价格水平出售农产品，则可获得政府的差额补贴，其数额等于目标价格与市场价格或政府支持价格（贷款利率）这两种差额中的较高者。这种直接收入补贴措施填补了市场价格与目标价格之间的差额，从而保证了生产者的收入，此时的政府支持价格也就成为农产品的收入保障。1996年后，美国政府取消了农产品价格补贴，改为对农户直接的收入补贴，但仍保留了最低保护价的政策工具。③价格与谷物储备计划。自1977年起，美国就实行鼓励农民储存谷物的政策，其基本内容是：政府付给农民一定的储存费用，由农民储存其产品，并对谷物等农产品预先规定"释放价格"和"命令价格"。当市场上农产品价格低于"释放价格"时，农民不能随便出售；当市场价格高于"释放价格"

而低于"命令价格"时，政府不再支付储存费用；而当市场价格高于"命令价格"时，农民就必须在一定时间内出售其农产品，并归还贷款。谷物储备计划的实施既能通过支付储存费用来保护农民利益，又能缓解政府库存的压力，还可以调节粮食市场供求、平抑粮食市场的波动。

美国在乌拉圭回合谈判中承诺，从 1995 年起在 6 年内每年等量削减大米关税的 36%；小麦及麦种关税的 55%；对硬粒小麦最少削减 15%；玉米削减其饲料用谷物关税的 55% ~ 75%；削减大豆粕的关税 36%，大豆油关税的 15%。在出口补贴方面，美国承诺设立有补贴出口大米、小麦、玉米数量及出口补贴预算支出的上限，两项分别比 1986 ~ 1990 年基期的平均水平下降 21% 和 36%。到 2000 年有补贴的大米、小麦、玉米、植物油出口数量分别为 3.9 万吨、1452 万吨、156.1 万吨和 14.3 万吨，出口预算开支为 236.9 万美元、36381.5 万美元、4611.8 万美元和 148 万美元（李秉龙等，2008）。美国新农业法案中规定的各种直接支付率以及目标价格参见表 5 – 25。

表 5 – 25　美国新农业法案中规定的各种直接支付率以及目标价格

	直接支付率（美元/蒲式耳）	直接支付额（美元/公吨）	目标价格（美元/蒲式耳）		目标价格补贴额（美元/蒲式耳）	
	2002 ~ 2007 年	2002 ~ 2007 年	2002 ~ 2003 年	2004 ~ 2007 年	2002 ~ 2003 年	2004 ~ 2007 年
小麦	0.52	19.11	3.86	2.24	141.83	82.31
玉米	0.28	11.02	2.60	2.63	102.36	103.54
大豆	0.44	16.17	5.80	5.80	213.11	213.11
水稻	2.35	51.80	10.50	10.50	231.49	231.49
高粱	0.35	13.78	2.54	2.57	100	101.18
燕麦	0.024	1.65	1.40	3.92	96.45	270.06

注：水稻单位为美元/英担。

资料来源：www.usda.gov.

近几年来，美国政府尝试利用期权交易形式保护农产品价格，旨在改变过去直接补贴的老办法，利用市场承担和分散农产品的价格风险，维护农产品价格水平，稳定农民收入。

美国对于转基因生物的管理始于 20 世纪 70 年代中期，当时生物技术研究起步阶段。1976 年，美国国家卫生研究院颁布了《重组 DNA 分子研究准则》，规定从事重组 DNA 研究项目的审查、评价和监控主要由本单位生物安全委员会负责，并报国家卫生研究所备案。该准则是自愿准则，仅适用于美国的公立研究机构，旨在保护科研人员的健康和环境，将重组 DNA 实验按照潜在危险性程度分为生物安全 1 ~ 4 级，并设立了重组 DNA 咨询委员会、DNA 活动办公室和生物安全委员会等各类机构，负责为重组 DNA 活动提供咨询服务，确定重组 DNA 实验的安全级别并监督安全措施的实施等。1986 年美国政府颁布了《生物技术规范协调框架》，1992 年作了修订，该框架声明了生物安全管理的基本原则，并将基因工程工作纳入现有法规（如《联邦杀虫剂、杀菌剂、杀鼠剂法》、《有毒物质控制法》、《联邦食品、药物和化妆品法》、《联邦植物病虫害法》、《植物检疫法》等）中进行管理。框架还规定，美国农业部（USDA）、环保署（EPA）和食品与药物管理局（FDA）是农业生物技术及其产品的主要管理机构，它们根据各自的职能对基因工程工作及其产品实施安全性管理。1992 年，FDA 制定了《转基因作物食品管理条例》，认为只要生物技术公司生产的改良产品中，使用的转基因技术控制的蛋白质和酶不是新生成的，生物技术公司就无须获得生产许可证便可直接生产。2000 年 FDA 又公布了《转基因作物及食品管理新措施》，FDA 对一种新的转基因作物进行评估后，将把安全检测数据公布在网站上，供消费者查阅。FDA 认为，科学的评估结果表明美国销售的所有含生物技术成分的农产品具有与普通农产品一样的安全性，公众应该继续树立对转基因农产品的信心。FDA 认为，没有必要对转基因作物作额外的检测和强制对所有转基因农产品加贴标签。

5.2.2 日本

日本是世界第二经济大国，其 GDP 约占世界总量的15%，占亚洲总量的60%。2006 年其农业从业人口为 216 万人，占总劳动力的 3.4%。日本是一个典型的人多地少、耕地资源缺乏的国家，粮食自给率低，需要大量进口粮食。据统计 2005 年目标大米自给率为95%，小麦为14%，大豆为5%，玉米完全进口（聂振邦，2008）。

　　日本粮食产业政策的演变大致分三个阶段：第一阶段是基于 1942 年的《粮食管理法》，以第二次世界大战时粮食极端短缺为背景出台的，政府基本垄断了大米流通的全过程，强制收购所需大米，销售主要实行配给制，进出口完全由政府垄断。第二阶段是基于 1961 年的《基本农业法》，目的在于提高农业生产效率和提高农民收入，这一时期日本仍实行高度农业保护主义政策，但对国内粮食流通已放松管制，并采用补偿成本收入法制定收购价格，但对国际贸易仍用严格的进口限制和进口垄断来维护对国内农业生产的保护价格。这一阶段日本发生过三次（1967 年、1975 年、1984 年）大米过剩，1987 年日本实施了"稻田农业振兴计划"（实质上是一个限产计划），一方面实施国家适度限产；另一方面鼓励出口，调节国内市场。第三阶段是 1995 年实施的《新粮食法》，内容主要是关于粮食供需平衡及价格稳定。日本调整了本国粮食的基本政策，提出了农业的多功能性目标，依赖其强大的国力与居民购买力水平，降低国内粮食自给率，减少粮食生产，增加粮食储备量，通过国际贸易进口粮食获得比较利益。这一阶段总体上是鼓励进口，但对其主要口粮（大米）仍然保持高自给率。

　　日本粮食进出口数量管制上有几个特点：一是对大米进出口数量管制严格并保持一定的敏感性，如 2008 年日本对泰国实施的大米出口限制申请抗议。二是对小麦、玉米和大豆的进口实施鼓励，并放宽准入。第二次世界大战后美国对日本实行的小麦推广战略也促进了日本小麦进口量的增加。三是通过提高粮食储备量来应对世界粮食市场波动对国内粮食供给的影响。四是重视粮食进出口对国内粮食产业结构的调整。

　　日本是第二次世界大战后农业保护水平最高的国家之一。日本对国内粮食产业的保护措施之一是加强对粮食价格特别是大米价格的管制。第二次世界大战以后，日本的大米定价机制改革大致经历三个不同的阶段：一是初期的严格管制，由于当时国内粮食供应不足，日本采取了政府全量收购和销售大米的政策，米价由政府直接规定。二是 1967 年后，日本大米过剩，政府库存米激增，财政负担加重，日本粮食流通体制开始由全面管制向部分管制转换，开始实行自主流通米制度，允许大米在市场流通，自主流通大米价格通过市场供求关系来决定。三是 20 世纪 90 年代后，为了履行关贸总协定乌拉圭回合的农业协议，日本放宽了粮食市场管理，实行了以市场流通为主、部分管制的时期。目前，日本大米分成两类：一类是计划流通米；另一类是非计划流通米。计划流通米包含自主流通米和政府米，其中，自主流通米是大米市场流通的主体。政府米和自主米的定价机制迥异，日本对政府米实行管理价格制度，政府规定政府米的收购价格和批发价格，并由指定机构按这些价格进行收购和批发，销售价格由政府制定指导价格，零售商只能以低于政府指导价格销售。而对于自主米的价格，主要由市场供求关系决定。在 1990年开设大米交易所（大米价格形成中心）以后，由买卖双方在交易所公开竞争，形成批发价格。大米价格由买卖双方通过大米价格形成中心以招投标方式竞价交易形成，即大米批发业者从民间进口商购进大米必须通过竞标方式，凡标价最高者中标，政府依此确定大米的批发价和市场价，这使日本国内大米的市场销售价高于进口平均价，从而使粮食生产者获益。日本的这种粮食定价机制基本特点是市场作为基础性的定价机制，但是同时存在另外一种粮食供给制度，保证市场所定价格在一定幅度内波动（何予平，2008）。

日本粮食产业保护的一个主要政策是加强农业贴补。日本在 1986～1988年的 PSE 支持为 534 亿美元，相对量上，1986～1988 年的 PSE 为 67%（同期欧盟为 48%、加拿大为 41%、美国为 30%、澳大利亚为 11%、新西兰为5%），1991～1993 年降为 58%。在履行世界贸易组织协议过程中，日本采取欧盟类似的方法，改变财政扶持费用的用途，减少"黄箱"政策的费用和微量支持额。1995 年，日本将"黄箱"政策的费用支出降低到总支出的 52%，从而达到世界贸易组织规定的削减额度，但其突出了支持的重点，稻米在国内支持总额中占有 75%。其"绿箱"政策的支出总额 1995 年、1996 年、1997 年分为 32859 万美元、25019.80 万美元和 21611.70 万美元。20 世纪80 年代以来，日本每年农业补贴总额在 4 万亿日元以上，农民收入的 60% 来自政府的补贴。据经济合作与发展组织（OECD）的调查显示，2000 年日本对农业的补贴已经达到国内生产总值的 1.4%，而同期的农业产值只占1.1%。从 OECD 衡量农业保护程度的指标 PSE3 的总额来看，2003 年日本为447 亿美元，虽然低于欧盟的 1214 亿美元，但却高于美国的 389 亿美元；假如按人均水平比较，则日本人均 PSE 为 344 美元，超过欧盟的 303 美元，为世界最高；假如按 PSE 占 GDP 的比例比较，则日本为 1%，略低于欧盟的 1.2%，大大高于美国的 0.4%；假如按 PSE 占农业生产额的比例比较，则日本为 58%，不仅明显高于美国的 18% 和欧盟的 37%，而且远远超出了 OECD 平均的 32%（李秉龙等，2008）。由此可见，日本政府对农业的补贴堪称世界各国的最高水平。

在各国不断通过削减关税来减少农业保护的情况下，日本的农业保护仍然主要依靠高关税，如 1999 年 4 月，日本政府开始实行大米的关税化政策，特别是对配额外进口征收高额关税，使关税化后的进口大米价格高于国产大米的批发价格，使 2000 年日本大米的最低市场准入额从 75.8 万吨降低到 68.2 万吨。日本的关税是采用从价税，进口货物计价原则上采用交易价格，即 CIF 价。2004 年日本的农业保护总额为 52830 亿日元，其中 91% 是通过高关税提高进口价格实现的，远远高于同期美国的 35%、欧盟的 53% 和世界平均水平的 60%。日本关税税率是分别针对各类进口货物而规定的，有法定税率与协定税率两种，经过乌拉圭回合谈判，日本农产品平均关税虽下降为 64.9%，但仍然远高于欧盟的 15.7% 和美国的 10.9%。其中关税税率为 30%～90% 的农产品关税税号，日本为 111 个，少于欧盟的 313 个，略高于美国的 99 个；而税率为 100%～200% 的税号，日本有 138 个，而欧盟只有 31 个，美国只有 26 个。这使得日本的农产品进口关税呈现一种"金字塔"式的结构，即大部分品种的关税较低，但一部分高关税的品种却十分突出。根据日本农林水产省 2005 年 6 月按世界贸易组织新的从价税换算方式测算的结果，日本的精米关税为 778%，籼米关税为 560%，都大大超过迄今为止公布的大米关税 490% 的水平，至于魔芋，其关税甚至高达 1700%，为世界各国高关税之最。日本关税税率涉及 7000 多个货物品种，从总体上看，其进口农产品的关税税率较高（朱明德，2004）。

日本政府制定了《日本农业标准法》，并于 2000 年 4 月 1 日实施。认为消费者有权要求农产品生产者提供农产品转基因成分的信息，该法规要求标示转基因农产品的范围是：①被政府测评为安全的转基因作物制成的农产品和农产品配料；②主要由转基因作物制成的产品，重量上处在所有组成成分中的前三位，而且不少于 5%。要求标示的内容包括转基因作物的种类、测定产品中转基因作物所需的必要信息等。

日本农林省依据日本农林规格（JAS）制定了品质表述基本方案，该方案规定从 2001 年开始，农产品生产厂家应对其产品是否使用了转基因原料作出明确的表述。以大豆和玉米为主要原料生产的产品中有 24 种被列为标示对象，以后还会随着新的转基因作物品种的登场而作相应的调整，每年进行一次基准标识的重新审定。

5.2.3 欧盟

欧盟是多个市场经济国家的联盟，是世界上主要的粮食生产和消费区，截至 2006 年底，共有成员国 27 个，总人口 4.8 亿，农业人口占总人口的比重为 6.4%。2006/2007 年度欧盟粮食总产量为 32036 万吨，占世界粮食产量的 12%（聂振邦，2008）。

欧盟粮食产业政策的演变大致分三个阶段：第一阶段是 20 世纪 60 年代的起始阶段，当时只有 6 个成员国，是欧盟的前身——欧洲共同体，于 1962 年开始执行共同农业政策，主要目的是确保欧洲的农民收入与提高农业生产率，通过对粮食价格的干预，促进区域内交易（进口来自欧盟国家的粮食比进口来自外部的要合算），并设立出口返还体系鼓励出口。第二阶段是 20 世纪 80 年代，粮食产业前期鼓励政策使欧盟从粮食进口者变成了出口者，并拥有了 15 个成员国。在粮食行业里，其主要销路是动物饲料。欧盟由于粮食产业支持力度较大，粮食生产出现过剩，这一阶段开始鼓励粮食向世界出口，并推行休耕制度（按不同年份土地的休耕率在全部耕地的 5% ~15% 波动），控制粮食产量，降低支持价格水平。第三阶段是 20 世纪 90 年代，1999 年在德国柏林通过了《欧盟 2000 年议程》，要求对谷物和其他重要农作物的支持价格降低 15%，大幅度削减了谷物公共储备的数量，从 1993 年的 3000 万吨下降到目前不到 300 万吨的水平，促使区域粮食价格与国际市场价格一致。

欧盟是相对对粮食进出口数量放松管制的区域：一是由于欧盟粮食已供大于求，且区域内调节能力强，具有一定的市场资源和生产潜力；二是欧盟在政策上注重对各方面利益的保护与利益平衡，坚持对农户利益的保护与粮食供求的总体平衡；三是欧盟各国政策上具有一定的灵活性；四是进行进口数量限制或进口定额管理，主要是通过进口许可证制度来限制，或当国内价格低于参考价格时禁止进口。

1962 年形成欧洲共同体的农业政策实质上是一个以价格支持和出口补贴为基石的价格支持法案，其目标是均等农民和非农民收入，保持农产品价格高于市场均衡价格。同时，欧盟对各国的价格支持体制和关税壁垒进行协调，设置统一关税壁垒。从 1968 年开始，拉平各成员国所实行的政策价格水平。欧盟粮食政策价格包括有目标价格、门槛价格和干预价格，以干预收购的办法来调控内部市场，以征收进口税和实行出口补贴的措施来调控对外贸易。主要措施包括：①对内实行生产支持和补贴。通过信贷优惠政策、投资津贴和税收优惠支持粮食生产。②价格干预体制。这是欧盟的农业政策核心，以包括门槛价格（Threshold Price）、目标价格（Target Price）、干预价格（Intervention Price）等来稳定粮食价格。欧盟规定当内部市场的农产品价格跌至低于所规定的保证价格时，由政府按照保证价格收购、其差额部分由政府作为缴纳金支付给生产者。③实行出口补贴，设置贸易壁垒。一方面，实行出口补贴，以提高其农产品的竞争能力，扩大在国际市场上的占有份额；另一方面，对限制进口的农产品征收特别关税，不允许外部供给低于一定价格（门槛价格）进入国内市场，以避免国内市场农产品价格受国际市场价格的影响。④制定灵活政策，如实行非固定的关税制度和进口配额。目的是弥补门槛价与世界市场价格之间的缺口。

20 世纪 80 年代，欧盟主要农产品已实现自给有余，欧盟开始实施农产品非固定出口补贴制。迫于贸易压力，欧盟开始削减出口产品的补贴，调低门槛价格，有选择、有限度地开放农产品市场，但这些措施均以不能实质造成对欧盟农业生产的冲击为限。

20 世纪 90 年代后，欧盟把发展农业的出发点调整为实现粮食生产与消费、供给与需求的平衡。改革的主要内容包括：降低出口补贴，减少市场支持价格，使内部市场价格更接近于世界市场价格；把对生产的补贴转移到对收入的补贴，对因目标价格的降低所引起的农民收入损失采取向农民提供直接补偿予以弥补。

根据乌拉圭回合谈判协议，欧盟通过调整共同农业政策，充分利用了世界贸易组织允许的"绿箱"政策，而同时"蓝箱"政策支出趋于稳定，属于"黄箱"政策的微量支持额、AMS 总量也有明显的下降，参见表 5 - 26。欧盟改革后，其生产者补贴等值也有所下降，但对不同的产业其支持力度及变化程度有所不同，参见表 5 - 27。

表 5 - 26　欧盟共同农业政策支持量

年份	1995	1996	1997	1998
国内支持总量	116537. 70	114606. 10	100698. 20	100698
"绿箱"政策	24188. 50	26597. 70	20474. 90	20475
"蓝箱"政策	26850. 00	25847. 60	23040. 10	23040
微量支持额	1063. 10	914. 50	612. 10	612
AMS 总量	64436. 00	61264. 40	56571. 10	56561

资料来源：http：//europa. eu. int。

表 5 - 27　欧盟主要粮食品种的生产者补贴等值（PES）　　　　单位:%

年份	小麦	玉米	水稻	油籽	欧盟平均 PES	PES 占 GDP	每个全日制农民获得 PES 绝对值（美元）
1986 ~ 1988	54	51	57	70	46	2. 29	11000
1991 ~ 1993	56	54	49	69	47	1. 50	17000
1996 ~ 1998	46	34	27	48	39	1. 14	17000

资料来源：OECD（1999）。

表 5 - 28　欧盟 1995 ~ 1999 年补贴承诺与实际运行情况

年份		1995	1996	1997	1998	1999	1995 ~ 1999
全部 WTO 成员	承诺额（万美元）	21036	19800	17432	15757	13223	87248
	实际运用（万美元）	7112	7472	5606	6513	6360	33063
	利用率（%）	0. 34	0. 38	0. 32	0. 41	0. 48	0. 38
欧盟	承诺额（万美元）	15361	13820	11372	10254	8857	59664
	占全部 WTO 成员承诺的比例（%）	0. 73	0. 70	0. 65	0. 65	0. 67	0. 68
	实际运用（万美元）	6385	7062	4945	5968	5985	30345
	占全部 WTO 成员承诺的比例（%）	0. 90	0. 95	0. 88	0. 92	0. 94	0. 92
	实际利用率（%）	0. 42	0. 51	0. 43	0. 58	0. 68	0. 51

资料来源：http：//europa. eu. int。

从国内支持使用量占承诺量的比例来看，欧盟常年在60%以上，参见表5-28。这一水平仅低于韩国（80%）和日本（70%），但远远高于美国、澳大利亚（26%左右）等国家。欧盟虽然已逐步把与产量挂钩为主的直接补贴转向不挂钩的单一农场支付补贴，以减少长期以来由于对生产者的非市场价格激励而造成的生产过剩和库存过量问题。但总体上改革的力度有限，也与其自身倡导的公平贸易与市场开放等相悖。

欧盟的粮食行业管理也有可值得借鉴的经验。欧洲粮食行业的最高决策机构是欧盟委员会，与之有关的机构有各国政府部门、谷物行业管理局、农业生产者、储藏部门、转运企业、金融机构、加工企业和期货市场。在各成员国里由代表欧盟委员会的公共机构负责发放补贴、控制、管理。干预储存和征税，并且一般情况下还要协助做好行业的组织工作，粮食行业的组织机构主要指像法国的全国谷物行业管理局（ONIC）等机构。它们主要承担两个任务：一是通过向农民发放补偿性质的援助和粮食出口补贴（补偿世界市场上和欧盟内部价格方面的差价）或者当粮价下跌超过了欧盟的干预价格时，以国家干预的方式收购粮食来确保粮食市场的管理；二是为粮食业的各类从业团体服务，既保证大家能确切地了解各个粮食市场的情况，也和每一个各类从业团体一起为促进本国粮食企业的活力和发展而努力。在法国有一个密集的由全国谷物行业管理局承认的储存部门，它们的地位是合作社性质或私营企业。在英国，收获物的流通是通过粮商直接进行的。提供金融支持，法国全国谷物行业管理局对储存部门提供担保，给农民提供优惠贷款等。另外，还有一些在工业领域再投资的私人企业，如法国粮食行业联合会下属的金融机构的强大的后勤支持（刘中蔚，1999）。

20世纪70年代，欧洲一些国家就开始对转基因产品的生产进行规范。1990年，欧盟通过了世界上第一个有关管理基因工程实验和转基因生物的区域性专门立法，即《关于封闭使用基因修饰微生物的90/2191EEC指令》和《关于向环境有意释放基因饰变生物的90/220/EEC指令》。为执行这两个指令，欧盟成员国分别起草通过了相应的国内法，如德国1990年6月颁布了《基因工程法》，法国颁布了《1992年7月13日92-654号关于控制使用和传播基因饰变生物及修正1976年7月19日92-654号关于环境保护设置分类法》。英国 1990 年制定了《环境保护条例》，适用于与转基因生物有关的活动，1992 年又修订颁布了《基因饰变生物（封闭使用）法规》和《基因饰变生物（有意释放）法规》。从 20 世纪 90 年代初转基因产品初涉市场后，欧盟便开始着手建立较为完善的转基因产品管理体系。1990 年，欧盟颁布了一个有效期为 10 年的转基因管理条例，并于 1991 年正式实施。根据该条例，欧盟陆续批准了 16 种转基因产品可以合法地进入欧洲市场。1997 年欧盟通过了《新食品法》，规定在其境内上市的转基因农产品（包括转基因农产品或含有转基因成分的农产品）必须加贴 GMO 标签，标签内容包括：来源、过敏性、伦理学考虑、不同于传统产品的地方（成分、营养价值和效果等）。1998 年，欧盟又增补了标签指南，规定来自转基因豆类和玉米的农产品（尚不包括食品添加剂，如大豆卵磷脂）必须加贴标签。后来，对规定又作了多次修订，其中最主要的修订发生在 2001 年。2000 年欧盟在《官方公报》上发布了 50/2000 号文件，对某些转基因农产品的标签作出了强制性的规定。2002 年，欧盟成立了"欧盟食品独立权力机构"出台的《食品安全白皮书》要求从 2005 年 1 月 1 日起在欧盟销售的食品必须具备可追溯性，不具备可追溯性的食品禁止进口。

欧盟成员国对转基因产品的态度较为保守。以"绿色和平组织"为代表的环保主义势力对欧洲政坛影响力不断增大，使欧洲非常关注转基因带来的可能危害。实际上，由于公众对转基因产品的安全性心存疑虑以及自身经济利益的考虑，欧盟自 1998 年 10 月开始便不再批准新的转基因产品上市，也长时间不签发转基因食品的许可证，这种行为相当于形成了贸易壁垒，阻止转基因食品贸易进口。以美国为首的转基因产品大国已经就欧盟禁止进口转基因产品向世界贸易组织多次提起申诉。

欧盟迫于各方压力，2001 年 7 月，欧盟委员会提出了有关转基因的两项立法建议，以统一欧的转基因管理体系。2002 年 1 月，欧盟委员会又通过一项法规，要求凡是含有 1% 以上转基因 DNA 或蛋白质的产品上市都必须实行许可和标签制度。2003 年 7 月 2 日，欧盟通过了关于转基因产品的新规定，允许转基因产品在保证可追踪性的前提下在欧盟市场出售。新规定的主要内容是：在欧盟市场上出售的转基因产品，包括食品和饲料，如果其转基因成分的含量超过 0.9%（原来的比例是 5%），就必须贴上有"本产品产自转基因生物"字样的标签，注明产地、成分及销售情况，并且这些信息至少要保留五年时间。例如，如果一种饼干包含了转基因豆粉，那么饼干的标签上就应该注明"该产品含有用转基因大豆生产的豆粉"。这被认为是世界上最严格的转基因产品规定。从 2004 年 4 月 18 日开始，欧盟关于在市场上出售转基因成分超过一定比例的产品必须贴上标签的新规定开始生效。这被认为是欧盟在解除对转基因产品的禁令方面迈出实质性的一步（王娜，2006）。

5.2.4　澳大利亚

澳大利亚人口稀少，只有 2000 万人左右，粮食消费量有限，而其又是农业生产大国，因此，澳大利亚农业是典型的出口导向型。澳大利亚主要粮食作物是小麦、大麦、燕麦、黑麦、荞麦、大米和玉米等，小麦、大麦的产量分别占总产量的 70% 和 20%。粮食总产量占世界的 3% 左右，由于人口较少，澳大利亚的粮食 60% 用于出口，小麦和大麦的出口量分别占贸易量的 8% 和 15%，排在美国、加拿大、欧盟之后居第四位。稻谷产量较低，一半以上用于出口，大豆需要进口。

澳大利亚的粮食产业具有以下基本特点：①在 1989 年前，小麦局作为一个独立的国际性谷物销售机构运作，拥有国内小麦销售的垄断地位，独家管理小麦出口许可证，是澳大利亚唯一出口小麦供应商。1989 年出台《小麦销售法》后，澳大利亚政府修改了政策，将小麦出口经营权授予一些企业或商业，以此引进竞争，打破垄断，进一步增加在国际贸易中的谈判地位，尽可能争取理想的销售价格，提高农场主的收入，但出口小麦的主要经营者仍是小麦局。②澳大利亚实施统一开放的粮食流通体制。一方面，对小麦的出口适当控制；另一方面，严格控制出口小麦的质量，确保小麦在国际市场上的品质声誉。③粮食价格由市场决定，国内粮食与国际粮价非常密切，很大程度上是由国际市场供求关系决定的。政府一般不会给予价格保护。

就小麦而言，澳大利亚 80% 左右的小麦用于出口。由于小麦的收购和销售由澳大利亚小麦局专营，小麦价格包括小麦生产者的销售价格和小麦局的销售价格。生产者的小麦销售价格经过两步得出：第一步是确立最低保证价格。在收获前小麦局宣布各等级小麦的初步最低保证价格（GMP），农民上缴小麦后不久即可从小麦局收到预付款，款项为初步 GMP 的 90%。收获之后，当国家的作物规模和上市潜力能较为准确地评估时，小麦局确定正式最低保证价格。第二步是根据市场情况，确定最终的成交价格。如果世界小麦价格低于正式 GMP，政府补足正式 GMP 和预付款之间的差额，生产者获得高于世界小麦价格的收益。如果世界小麦价格高于 GMP，在小麦出售后，小麦局将对生产者进一步支付剩余款项。但是，需要从这些款项中扣除小麦储藏和处理费、铁路运费、小麦局的运作费用和小麦研究征税等支出。在小麦销售价格方面，小麦的出口价格和国内市场销售价格略有不同。一是出口市场价格。澳大利亚小麦的出口价格由小麦局根据竞争者的价格、世界小麦和其他谷物总的供需情况、美国谷物期货市场的每日运转状态以及政治和经济因素确定。小麦局为全部可提供的等级小麦开价，设立的价格包括现货价格以及当月和未来五个月的期货价格，允许购买者以给定的价格购买未来发货的小麦。二是国内市场价格。向制粉业者出售供个人消费的小麦价格由小麦局依照小麦上市法中的公式按季度确定。小麦价格根据变动的出口市场的平均价格计算，计算因子包括前一季度注册的出口平均价和季度前的出口价。这一价格还包括服务费，涵盖了小麦局储藏和处理所需的费用。工业用和饲料用的小麦价格每日由小麦局根据其商业判断确定。

由于粮食机构垄断了市场经营，政府统筹定价机制逐渐遭到粮食生产者的反对。目前，澳大利亚小麦局的小麦采购和国内上市的垄断权已经终止，生产者已经可以直接与制粉业者和其他国内终端使用者谈判出售他们的小麦。同时，AWB 有私有化的倾向，AWB 的股份有转入小麦生产者手中的趋势。在加拿大，粮食机构的垄断地位也在下降，2002 年前后，CWB 的上市方式在加拿大国内和美国的小麦利益者中引起很多争论。一些农民特别是西部加拿大小麦生产者协会所代表的农民进行了艰苦游说试图终止 CWB 的垄断权力，不过没有成功（何予平，2008）。

1998 年，澳大利亚在其食品标准法典中增添了有关转基因技术生产的食品标准 AI8，要求所有转基因技术生产的农产品在澳大利亚销售时，均要经澳大利亚和新西兰食品机构（ANZFA）评定并列入标准。标准中规定了转基因技术生产处理后的农产品如与原农产品不是"本质上相同"或含有新的遗传物质时，要在标签上注明。生产转基因农产品的企业必须向 ANZFA 申请，澳大利亚和新西兰食品标准评议会（ANZFSC）用 6 个月的时间审批，再经过 12 个月评估，此后还需过 3 个月的时间才能将申请通过的食品列入法规中。该标准从 1999 年 5 月 13 日起实施。标准列出了已经有关机构按当局批准的安全性评估标准对其审批后获准通过的转基因农产品。标准还就转基因农产品的标签作出了明确的规定：由转基因技术生产的农产品或农产品成分含有新的遗传物质或遗传物质被改变，且其特性、性质与原农产品不是本质上相同时，必须在标签上注明来源及修饰后的特性。转基因农产品即使与传统农产品本质上相同，也要进行标识，包括餐馆、外卖快餐、学校食堂、宴会、机场、医院等部门销售的所有农产品。标准要求，如果生产者知道农产品中含有转基因成分，则要在标签上标明；如果生产者对农产品成分不确定，标签上必须指出农产品可能含有转基因成分。

5.3　中国粮食国际贸易管制原则

中国粮食国际贸易管制的原则是基于中国粮食国际贸易管制战略目标而制定的。

5.3.1　安全性原则

粮食国际贸易管制目标之一是保障国内粮食的需求，补充国内粮食的供给不足，而其最低的要求是保证国内粮食的安全需求量，因此粮食安全原则要求政府对粮食安全保持足够的敏感性，能建立科学的粮食安全预警系统，并将进出口政策与安全预警系统配套，在必要时采取必要的出口管制政策。

数量管制上，要保障国内粮食的最基本供给。在世界粮食危机或粮食供给紧张状况下，而国内的粮食自给率不高时，控制粮食出口是必要的。这里需要判断的是：①是否会发生世界粮食危机？从本书第 4 章的结论来看，近期世界发生粮食危机的可能性不大，但可能性不大，并完全等于不可能或绝对不会发生。世界人口特别是发展中国家的人口还趋于上升阶段，虽然发达国家的人均粮食消费有所下降，但发展中国家的人均粮食消费随着经济的增长还趋于上升阶段，世界粮食的总供给增幅有限，这些影响因素再加之个别跨国公司可能乘人之危地采用囤积、霸市行为和个别政府为了其政治目的可能采用的限制与禁运行为，都会给世界粮食安全性问题蒙上阴影，都可能成为世界粮食危机的触发器。②中国是否会发生粮食危机？从预测情况看，中国近 20 年发生粮食危机的可能性也不大。但由于粮食生产受自然条件一些不确定性因素的影响，粮食生产与供需波动无论是在中国国内还是在全球范围均是存在的，这种波动虽然在一般情况下不表现出具有很强的同步性，但一旦发生同步，供给短缺的效应就会迅速放大，国内粮食的库存会迅速被消化掉。最为关键的是，在没有政府出口数量管制的情况下，国际高粮价会吸引粮食经营者尽量扩大出口，从而进一步加剧国内粮食库存的下降与市场供给的紧张甚至社会的动荡。

粮食安全一方面表现为数量安全，另一方面表现为价格安全，即让所有人有能力（在市场经济环境下有购买力）获得必要的粮食最低消费量。粮食价格波动是引起国内生活资源价格波动和物价波动的关键因素，因此控制国内物价水平非常重要。在自由贸易情况下，国内粮价与国际粮价存在着密切相关性，因此控制国际贸易粮价对稳定国内粮价也十分重要。在本章 5.1.3 中论述到中国国内粮食价格与国际粮食价格波动不存在很强的同步性，这一方面说明中国在保证国家粮食安全的前提下可适度利用国际市场调节粮食国内供给；另一方面也说明目前中国粮食国际化程度还相对有限。国际经验表明，在国内市场向国际市场开放时，政府合理管制国际贸易粮食价格是十分必要的。

5.3.2 经济可行原则

数量管制是保护国内粮食产业的手段。在世界粮食市场供给大量过剩的情况下，为了争夺国际市场和保护本国生产者利益，一些粮食主产国经营者会采用倾销政策，以较低的供给价格向各国倾销粮食。像美国、欧盟这些国家，政府为了平衡不同产业利益群体的利益，不惜运用巨额财政补贴支持国内农业发展及保护农业生产者的利益，而农业的大量补贴在大多数情况下必须通过出口销售才能实现，因此，粮食出口成为这些发达的粮食生产国粮食企业实现其利益的必由之路。在没有政府进口数量管制的情况下，粮食倾销将导致国内粮食的过剩与价格下降，当国内粮食生产缺乏比较优势而在市场销售上又缺乏竞争优势时，大量的进口必然会导致"谷贱伤农"，直接损害粮食生产者利益，导致粮食产业的萎缩。因此适度控制粮食的进口数量，保护国内粮食生产者利益和稳定国内粮食生产是数量管制的目标之一。另外，从产业发展的角度，粮食的适度进口可调节国内粮食供给的品种，更好地满足消费者的需求，也能使国内粮食产业趋向于投入产出更高的品种种植。因此，有目的地管制粮食进口数量和品种十分必要。

数量管制的经济可行原则要求政府在出口数量管制下设置进口数量的底限，配合关税政策调节进口数量。在制定政策时考虑平衡生产者与消费者的利益，在促进国内粮食发展的同时兼顾消费者的福利水平和国内产业结构的调整目标。

5.3.3 利益均衡原则

无论是关税或是补贴，其实质均是国家通过政策干预实施利益的格局调整，这种利益的调整必须兼顾各方利益的均衡。对于粮食生产者而言，生产补贴是直接的受益者，但如果在粮食已供大于求的情况下，没有足够的出口量或储备吸纳量，会导致其粮价下降而影响其最终收益。因此，生产补贴的同时应注重国内粮食供给总量和市场价格的控制。进出口的关税虽然会部分地增加政府的财政收入，但主要的目的是控制进出口粮食的数量。当国际粮价大大高于国内粮价时，没有直接限制数量会导致国内粮食的大量外流，一方面会影响国内消费者利益，使国内消费者承受高物价；另一方面会导致国内财政补贴收益外流，不仅不能从国际贸易中获益，还会使国内承担大量的财政损失，大部分利益可能落入到国内外粮食贸易商手中。因此，在这种情况下设置出口关税既能有效地控制贸易数量，也能增加政府收入。相反，当国内粮食价格大大高于国际粮价情况下，中国的市场具有大量吸纳国际粮食的能力，为防止国外粮食的大量销售，甚至是倾销，应合理设置进口税，以保护国内粮食产业者的利益，增加财政收入。同时，财政用于补贴粮食产业的量也与生产者、消费者及其他行业有关，国家应综合考虑国力、国家发展战略、产业发展战略及农村发展战略进行合理设计。

5.3.4 国家利益原则

国家的管制体制与一切政策是为国家利益服务的，政府代表国家公共利益进行国际贸易管制，其根本目的在于维护本国利益的最大化。政府管制战略始终是实现国家利益的手段。在国家干预市场，调整产业结构，规范微观主体行为，维护市场秩序，保护和促进粮食产业发展的过程中要始终以国家利益为基本尺度。需强调的是"国家利益"不完全等同于"社会利益"，这是因为两者涵盖的"公益"区域面。本书中大部分所指的"公益"是指国家范围的"公益"，即等同于"国家利益"。"国家利益"包含了国家政治、经济以及国民等社会各方面的诸多利益，但并非全球范围内的"社会利益"，两者既有联系又有区别。

政府作为国家公共利益最大化代表，对国内粮食市场，政府角色符合公共利益假说，认为促进国内市场的竞争可优化国内资源配置，提高经济效益，促进国家福利增长并趋向最大化，因此应选择偏向放松管制的政策思路。当然管制要求政府把握适度、得当。"适度"是一个高度抽象的、弹性的标准，一则，正如第2章论述到的，政府干预既有弥补市场失灵产生效率损失积极的一面，也有由于政府决策者"有限理性"和利益集团"寻租"产生的效率损失消极的一面。当政府干预能以最低的效率损失挽回最大的效率损失时，就是最佳的、最理想的政府干预，即政府的适度干预。二则，虽然自由贸易的主张已具有充分的理论依据，并被国际社会所推崇，但无论是发达国家还是发展中国家，均在实施贸易保护主义的政策。在国际市场，世界贸易组织等多边的国际贸易组织试图促进贸易自由化，而事实上，各国政府与世界贸易组织等国际组织的关系更多地符合公共选择理论假说，国际贸易规则更集中地体现了少数国家的利益，并非体现公平。因此，中国政府也应以本国政治与经济利益为出发点，适度加强管制，争取国家利益最大化。但由于政府的国际贸易管制涉及国际间关系，在中国加入世界贸易组织和全球经济日益开放和一体化的形势下，过度的政府干预也会影响中国自身的利益与发展。政府管制应把握"管制"与"放松管制"的度，并为实现战略目标服务。

因此，政府应区分内外市场管制决策标准，对内适度放松管制，促进市场化与竞争，优化资源配置；对外适度强化管制，争取国家利益最大化。如对内粮食补贴政策设计应有利于公平竞争；对外关税设计与品质标准设计应以国家利益为标准；应积极参与国际管制的谈判与制定，争取获得更多的话语权，为政府管制政策制定奠定理论基础。

5.3.5　国际准则原则

世界贸易组织的《农业协议》中规定，各成员国必须进行非关税化措施关税化行为，并对进口配额有限制。中国加入世界贸易组织后，需要遵循其有关规定限制。中国加入世界贸易组织后的农产品关税配额承诺及配额内税率参见表 5 - 29。中国加入世界贸易组织后的农产品关税承诺参见表 5 - 30。另外，中国政府也要利用世界贸易组织的有关规则保护中国粮食产业的利益，抵制其他国家与国外粮食经营者制定和采用的不合理政策与行为。《农业协议》规定，"黄箱"政策中的综合支持量必须以 1986 ~ 1988 年的平均水平为基础，自 1995年开始，发达国家在 6 年内逐步削减 20%，发展中国家在 10 年内逐步削减 13%。这意味着中国未来要实行价格保护也必须遵循这些准则。

表 5 - 29　中国加入 WTO 的粮食关税配额承诺及配额内税率一览表

商品名称	最初配额量（万吨）	最初配额税率（%）	最终配额量（万吨）	最终配额税率（%）	执行期（年份）	国营贸易比例（%）
小麦	788.40	1	963.60	1	2004	90
大米	517.50	1 ~ 10	720	1 ~ 10	2004	71 ~ 60
玉米	332.50	1 ~ 9	532	1 ~ 9	2004	50

续表

商品名称	最初配额量 （万吨）	最初配额 税率（%）	最终配额量 （万吨）	最终配额 税率（%）	执行期 （年份）	国营贸易 比例（%）
豆油	211.80	9	538.70	9	2005	42~10

资料来源：《中国加入世界贸易组织法律文件（第152号减让表）》，法律出版社，2002。

表5-30 中国加入 WTO 协议中主要农产品关税减让幅度

商品名称	加入之日的约束税率（%）	最终约束税率（%）	执行期（年份）
小麦	74	65	2004
大米	74	65	2004
玉米	74	65	2004
大豆	3		

资料来源：《中国加入世界贸易组织法律文件（第152号减让表）》，法律出版社，2002。

世界贸易组织现有的原则与规则大多是针对既有的贸易产品和贸易争端制定的，在处理转基因农产品等新生事物的贸易纠纷时，由于新技术、新产品层出不穷，世界贸易组织在强调原则下，力图增强适应性。对于转基因农产品贸易规制的基本原则：一是安全性原则。世界贸易组织应鼓励转基因技术的拥有方，同时也是转基因农产品的出口方，首先在其境内自行推广转基因农产品的生产，尤其是销售。二是非歧视的市场准入原则。WTO 成员方在转基因农产品的市场准入标准上应实行国民待遇最惠国待遇（包括在关税同盟或自由贸易区的成员与非成员间）。若一种转基因农产品已在境内获准销售，则对该产品的进口不能实行限制，否则属于贸易保护行为，违反 WTO 国民待遇准则。三是贸易逐步自由化原则。由于转基因农产品具有巨大的竞争优势，尤其是成本优势，必将对进口方的农业形成较大的冲击，因此为了避免进口方因利益突然受损而抵制新规则的制定和实施，转基因农产品贸易应遵循逐步自由化原则，使进口方有时间针对新形势作出调整，这样既能平衡进出口双方的利益，又能确保转基因农产品贸易的稳定性和可预见性。四是鼓励国际间技术合作与转让原则。对新技术缺乏足够的了解以及对技术垄断的担忧是进口方抵制转基因产品的重要原因。国际技术合作与转让能使参与方拥有足够的信息对新技术进行风险评估，并摆脱对技术垄断的担忧，在一定程度上保障了各方的经贸利益，从而减少贸易争端的诱因。五是例外原则。

5.4　中国粮食国际贸易管制政策建议

5.4.1　强化粮食安全管制，提高粮食国际市场竞争力

中国粮食国际贸易在数量管制上，应以保障国家粮食安全为基础，以产业结构调整与增强出口竞争力为辅助目标，以粮食产业多功能化发展为指导，应区分品种、区分情况地制定管制政策。一是粮食供不应求时，以保障粮食安全为根本，设立国际贸易安全预警，并根据粮食安全程度确定管制策略，当粮食进出口贸易会严重影响粮食安全时，应运用特殊的政策，如出口禁运、征求出口关税等。二是粮食供求基本保持平稳时，要运用战略性进口策略，重点之一是通过国际间粮食产业内交易，调整和提升国内产业结构；重点之二是通过适度进口，适当减少耕地占用，实现农业的多功能化；重点之三是适度进口一定量的粮食，调节国内粮食短期性的供给不足；重点之四是合理利用国际粮食粮价低廉时适度放宽进口量，分享国际收益。三是粮食供大于求时，或个别品种供大于求的情况下，可采用战略性出口贸易策略，重点在于突出培育优势产品的国际竞争优势，获取国际市场，提高国际市场占有率，提高产业国际竞争力，从而在国际贸易中获得更主动的地位，也为国内粮食的供求调节增加更强的弹性度。

加强粮食安全预警系统的建设，特别是在一般粮食安全预警系统的基础上，加强粮食产业的信息化建设，加强粮食国际贸易安全预警系统的建设。只有相对准确、及时地掌握国内与国际粮食市场的关键供求信息，才能更好地预测产业发展与市场变化动向，制定合理的政策，并科学地引导市场行为主体进行生产、购买与经营决策。

粮食属于"敏感性商品"，虽然国际贸易粮食数量管制方式与方法受 WTO 规则的限制具有较大局限性，但不排除在特殊的情况下利用"例外规则"使用

特殊的管制政策，如在粮食供给短缺或价格波动幅度较大时采用限制出口政策。在一般情况下，粮食作为政治手段采用禁运方式进行数量管制会受到国际社会的限制，但一些国家均采用的是 WTO 许诺范畴下的配额关税在一定程度上起到管制国际贸易数量的作用。而我国由于粮食生产与消费基数较大，配额确定以生产与消费基数为基础，进口量一般远低于进口配额，目前的配额内关税税率较低，配额后高关税没有用武之地，因此起不到实质的保护作用。

粮食国际竞争力是决定国外粮食是否能挤占中国粮食市场的根源性问题，也是决定中国粮食产品能否进入国际市场的关键，因此，中国粮食国际贸易数量管制方法中最为积极的行为是提高中国粮食的国际竞争力。由于粮食的品质与价格是构成竞争力的核心要素，因此提高粮食品种的良种率和降低生产成本是关键。在粮食国际竞争力培育上，要加快优势粮食产品的培育与产业基地的建设，基地建设不仅需要在粮食品种与种植技术上加强科研投入，提高粮食品质；而且还要在粮食生产与经营上下工夫，扩大生产规模，降低生产成本，提高粮食价格竞争优势。另外，要突出重点，对进出口量较大的粮食品种加以重点关注，集中力量培养其国际竞争力水平，如中国稻谷生产在国际市场上具有一定的竞争力，且是本国居民的主要口粮，一旦受到外来市场冲击将会危及国家粮食安全，因此，需要进一步加大力度改善产品结构，开拓国际市场，扩大出口，增加国际市场的数量调节弹性。

5.4.2 完善关税保护手段，加大财政支持力度

在价格管制上，以稳定国内粮价为目标，一方面应注重关税品种与税率的合理设计；另一方面应注重补贴方式的合理选择和补贴量的合理设计与控制。在 WTO 规定的框架范围内，尽量争取对本国利益的保护。

关税是 WTO 的合法调控和保护手段，合理利用关税是保护本国粮食产业的重要手段。中国政府应吸收国际经验，以本国利益最大化和粮食安全为制定管制政策的出发点。当国内粮食供给不足时，采用高出口关税、低进口关税或免进口关税政策，以达到限制出口鼓励进口的目的。若存在国际粮价过高而影响进口数量或国内粮价时，政府采用补贴进口以降低进口粮价，避免

进口高价粮食带动国内粮价过度上涨，保障进口商利益。当国内粮食供过于求时，则采用高进口关税、低出口关税、出口退税或免出口关税政策，以达到限制进口鼓励出口的目的。当国内粮价高于国际粮价而限制出口时，政府采用出口补贴政策，降低出口价格，保障进口商利益和农民收入。由于补贴与关税税率受 WTO 国际规则的限制，因此，中国粮食国际贸易价格管制要根据我国的实际情况，遵循粮食安全、利益均衡和遵循国际准则的原则，价格管制的具体措施应根据国际环境变化而变化。总体上，中国应进一步完善关税保护手段，加强国内价格管理，建立粮食价格调控体系。

中国政府应充分发挥关税灵活多变的特点，用好"关税减让表"，确定合理的关税税率和关税结构，采用多种计征标准（如法定税率、优惠税率、特惠税率、特别税率等），用足关税约束例外法则，建立包括季节税、反倾销税、复合关税、紧急关税等特殊关税制度，使关税多样化，也可对那些进口价格或进口数量水平超过了预先设置标准的粮食品种征收报复性关税，提高关税的保护水平，同时完善关税征收手段与国际税务法规，充分利用政策，建立科学、规范的出口退税保障机制，强化对粮食出口退税管理。

从国际经验上看，扶持粮食产业发展的最佳投入点是加强国家对粮食产业科研与基础设施的投入。因此，中国政府在国内扶持政策上，一方面要加强对市场秩序的建设与维护，注重市场体系的建设，尽可能建立公平竞争的环境，促进国内竞争，适度放松管制；另一方面要利用 WTO 规范许可下的"绿箱"政策，加大对粮食产业的支持力度，加大政府粮食产业发展过程中的公共产品投入，提高粮食生产过程的基础设施保障程度，降低粮食生产风险度，在兼顾环境与可持续发展前提下，充分开发粮食生产潜力，保障国内粮食的生产量与自给率。

今后，中国在粮食产业扶持政策上：一是提高粮食科研和技术推广的投资强度，为提升粮食竞争力提供技术支撑，包括良种引进、良种繁育、品种改良、精细耕作、栽培管理、病虫害防治等；二是进一步健全和完善粮食产业科学技术推广体系建设，提高技术推广应用效益；三是加强农村教育投入，提高农民的整体素质；四是提高基础设施建设的投资强度，为提升中国粮食竞争能力提供市场保障。

5.4.3 加强粮食品质管制制度建设，重视转基因粮食管制

国际贸易粮食品质管制政策的运用具有较强的灵活性，是中国加强对外粮食国际贸易的重要手段。政府应制定与国际标准接轨的粮食安全卫生和质量等级标准，并根据国际市场情况，及时调整标准，建立与完善粮食生产与贸易的质量保障体系，特别是进口粮食的质量标准和质量安全监测体系，完善质量管理过程。

随着转基因产品越来越多，中国应该在遵循转基因框架下积极采取应对措施，制定出既符合转基因规则又有利于保障中国利益的管制制度，完善有关转基因粮食贸易规则，保障中国粮食安全，为解决转基因粮食产品贸易摩擦提供依据。一是要进一步完善制度法规，需要进一步加强对转基因粮食产品贸易管制准则与法规的研究，注意合理遵守 TBT 协议和 SPS 协议，避免引起不必要的贸易纠纷。二是要有效地利用技术贸易壁垒措施保护本国的利益，在特定的情况下合理利用规则实施粮食国际贸易管制。三是学习和借鉴国外先进的检测技术和管理经验，开展风险评估、安全性评价等手段，加强对出入境转基因粮食的监督管理。四是要深入研究转基因粮食产品国际贸易相关的游戏规则，利用《卡塔赫纳生物安全议定书》的预防原则和提前知情同意程序等规则，建立健全预先审批制度和转基因标识制度，防止外国公司倾销转基因粮食，合理保护中国的粮食产业和生态环境。

5.4.4 善于利用 WTO 规则，积极参与规则制定

在国际贸易自由化的环境下，我们一方面必须遵循国际规则，另一方面需要精通和主动利用规则保护本国利益。从粮食国际贸易争端的案例来看，虽然粮食进出口争端数量还不多，但有逐年上升的趋势。当国际市场粮食供给趋紧、国际粮价大幅波动时，会导致一些粮食企业与国家政府市场操纵行为。因此，中国政府采用适度的国际贸易管制政策时，不仅在于促进本国粮食产业的健康发展，而且要预防和合理应对非正常情况下国外企业与他国政

府的一些恶意行为。

在以往的国际标准制定中，政策往往是参与制定国受益更多。国际贸易的许多标准也往往是由几个少数大国发起并制定的，不可避免地倾向于更多地考虑参与制定者的利益。中国作为 WTO 的新成员，应积极参与新一轮多边谈判，以争取最大利益。

5.5　本章小结

管制研究的目的是为了制定管制政策，本章结合中国粮食国际贸易具体情况，借鉴国外成功经验，有针对性地对中国粮食国际贸易管制具体情况，提出相关的政策建议，以期为政府管制的相关政策作参考。管制遵循安全原则、经济可行原则、利益均衡原则、国家利益原则和国际准则原则。主要结论：①国际贸易管制是贸易保护主义思想的体现，在自由贸易思潮和 WTO 环境下，管制政策的选择是多目标利益均衡的结果。②政府应区分内外市场管制决策标准，对内适度放松管制，促进市场化与竞争，优化资源配置；对外适度强化管制，争取国家利益最大化。③具有大国效应的中国粮食国际贸易其进口数量管制是在粮食安全底线强管制前提下的适度放松管制。

中国粮食国际贸易在数量管制上，应以保障国家粮食安全为基础，以产业结构调整与增强出口竞争力为辅助目标，以粮食产业多功能化发展为指导，区分品种地制定管制政策。在价格管制上，以稳定国内粮价为目标，一方面应注重关税品种与税率的合理设计；另一方面应合理选择补贴方式的设计与补贴量的控制，在 WTO 规定的框架范围内，尽量争取利益保护。在品质管制上，不仅要强调对粮食一般品质的质量管制，制定合理的品质管制标准与制度，而且要灵活运用技术与绿色壁垒手段保护本国利益，特别是在对转基因粮食管制上，应采用标签制度加强管制。

6 结论与展望

6.1 总结

本书是从如何达到粮食国际贸易管制目标和提高管制效益入手，在研究中强调以下几点：一是系统设计的思想，以战略目标作指导，研究粮食国际贸易的管制总量；二是结合中国实际情况；三是从理论上推断每一种方法对福利目标的影响情况。

由于粮食国际贸易管制问题是一个交叉学科的问题，涉及的相关理论较多，体系也较庞大。本书采用理论上的规范研究与实践中的实证研究相结合的方法，创新性地构建了中国粮食国际贸易管制的整体体系，并在借鉴国外成功经验基础上结合中国实际情况，对粮食国际贸易中最为关键的三个要素：数量、价格和品质的管制方法与策略进行了具体研究。

本书的主要结论是：

（1）无论是理论推导还是实践探索，都从多个方面论证了粮食国际贸易政府管制的必要性与重要性。从粮食产业的自身特点而言，研究表明粮食产业具有资源依赖性、弱质性和公益性的特点，粮食安全是公共产品，也是国家战略性产品，需要政府参与管制管理其外部性问题。从粮食的国际贸易特征上看，由于各国政府均将粮食作为战略物资，因此会从政治的角度干预国际贸易。而国际贸易市场总是与国内市场有着密切的关系，这就决定了政府应有足够的能力控制国内的粮食市场供给量与价格，确保粮食安全。各国的经验也表明，各国政府均有粮食贸易管制的制度，甚至许多国家均采用高度垄断的管制方式，完全由国家独家垄断经营国内的特别是国际粮食交易。另外，政府管制的理论有一些很好地解释了粮食国际贸易管制存在的缘由；另一些则可有效地指导粮食国际贸易管制的政策的制定，指导实践。

（2）从粮食产业的国内市场情况与国际市场情况分析中，可得出一些基本的判断：一是粮食的国际贸易政策与国内与国际贸易市场的状况密切相关。二是从总体趋势上分析，中国粮食总产量呈上升趋势，但由于受耕地数量的限制增幅相对有限，增长的动力主要依赖于技术的进步与结构的合理调整。三是从历史情况来看，中国粮食生产存在着周期性的波动，但波动周期与幅度由于受多重因素的影响存在着不确定性。四是粮食产量的波动是影响粮食市场供给的一个重要因素，余缺可以通过储备粮和进出口进行调节。五是在粮食消费上，我国居民对大米与小麦存在较强的需求刚性，替代性较差，而玉米的需求量随着畜牧业发展增长速度较快。六是中国粮食在供求平衡上也存在着波动，但大部分情况是供大于求，市场的供求变化对粮食价格会产生连带影响，也会由此影响消费者和生产者的利益。七是从总体上，中国粮食市场一直保持较高的自给率，大于95%这一政府管理目标，供求状况基本平稳，主要口粮特别是大米的自给率水平更高。八是从未来粮食市场的发展趋势上看，中国可适度利用国际粮食市场，提高进口粮食数量，适度降低粮食自给率，中国的粮食适度进出口既不会对中国粮食安全问题构成威胁，更不会对世界粮食市场造成危机。九是从世界粮食市场的供求状况来看，目前世界粮食的基本稳定，粮食的出口国比较集中，而粮食进口国比较分散，世界各国粮食的自给率总体呈下降趋势，主要是出口国种粮积极性不高，而进口国则由于资源因素、比较利益和贸易自由化变得更为依赖于国际市场的供给。粮食国际市场生产的集中度决定了粮食国际贸易容易受少数国家政策的影响，粮食消费市场的分散性又决定了国际粮食市场容易形成卖方市场，这在一定程度上增加了粮食进口方的风险。十是国际市场粮食波动与中国粮食市场波动并不具有很强的同步性，随着国际市场开放度会不断加大，国力与居民购买力水平将主要决定中国在国际粮食市场上的可获性。虽然世界粮食市场是中国可用的市场资源，但作为中国政府如何良好地利用以保证国家利益最大化和国民福利水平的提高是需要进一步研究的。

（3）随着国际贸易自由化程度的加快，粮食的世界贸易面临着新的局势。中国加入 WTO 后，不得不放弃原有的政府管制模式。WTO 制定了一系列成员国需要遵守的规范与准则。面对新的世界粮食贸易形势，我们必须研究 WTO 规则，并在其框架的规则下选用新的管制方法。从总体上看，WTO 有三大基本的规则：一是市场准入公平规则；二是非关税措施关税化；三是削减进口关税。WTO 还对国内支持的形式与数量作了规定。中国加入 WTO，一方面带来了更多参与国际市场活动的机会，使粮食产业能更合理地利用国际市场调节国内供给，促进优势粮食出口；另一方面也带来了威胁，中国只有提高本国粮食产业的国际竞争力才能真正掌握利用国际市场的主动权。

（4）粮食国际贸易管制战略目标受制或服务于产业发展战略、国家安全战略、国家外贸战略，也受国家政治体制和社会制度的影响。中国国家粮食产业发展的战略目标为：合理利用资源，发展产业优势，提高产业效率，保障粮食安全。这决定了中国粮食既要立足于国内产业的发展，又要适度地利用国际资源。中国粮食国际贸易战略目标是：立足国内、适度进口、扩展优势、发展外贸。在战略思路上，既不推崇完全的自由贸易主义思想，也不推崇完全的贸易保护主义思想，采用相机而择的观点，根据战略需要，合理选择对产业的保护与市场开放。中国粮食国际贸易管制目标：促进中国粮食产业发展，维护中国粮食国际市场秩序，保障国家粮食安全，促使国家公共利益最大化。这一目标也确定了中国粮食国际贸易管制问题的研究体系与研究内容。

（5）在基于国家公共利益最大化假设之下，利用管制经济学研究方法，构建福利分析模式，利用经济学管制分析方法，分析各种管制方法的福利影响及方法的适用性。不同的方法，其适用环境、成本与效果是不同的，利用其分析结果，确定管制策略。中国粮食国际贸易管制策略是根据管制战略与管制方法结合中国具体情况而确定的。制定时需考虑以下五个要素：一是有助于战略目标的实现；二是管制方法的合理运用；三是遵循世界贸易组织等机构制定的国际规则；四是结合中国的具体情况；五是综合权衡政治与经济、长期与短期、生产者与消费者、垄断大企业与粮食生产农户、环境保护与生产发展、国际合作与国际竞争、财政收入与财政支出、粮食产业与其他产业等相关关系与利弊得失。政府应在综合考虑上述要素基础上，相机而择灵活地选择管制策略。

（6）结合中国粮食国际贸易具体情况，借鉴国外成功经验，有针对性地对中国粮食国际贸易管制具体情况，提出相关的政策建议，以期为政府管制相关的政策作参考。中国粮食国际贸易在数量管制上，应以保障国家粮食安全为基础，以产业结构调整与增强出口竞争力为辅助目标，以粮食产业多功能化发展为指导，区分品种地制定管制政策。在价格管制上，以稳定国内粮价为目标，一方面应注重关税品种与税率的合理设计；另一方面应合理选择补贴方式的设计与补贴量的控制，在 WTO 规定的框架范围内，尽量争取利益保护。在品质管制上，不仅要强调对粮食一般品质的质量管制，制定合理的品质管制标准与制度，而且要灵活运用技术与绿色壁垒手段保护本国利益，特别是在转基因粮食管制上应采用标签制度加强管制。

总之，本书在假设政府以本国国民福利最大化为目标的基础上，从理论与实践两条线索展开研究，首先是相关的理论研究，遵循经济学理论研究的基本范式，采用规范分析方法，提出研究问题，在收集大量国内外文献的基础上，确定研究问题的科学意义，深度发掘粮食国际贸易管制研究中的空白点。在此基础上，对粮食国际贸易政府管制的理论体系进行梳理，确立粮食国际贸易政府管制问题研究的理论基础与研究路径，分析粮食国际贸易政府管制的成因，在对中国粮食国际贸易政府管制环境分析基础上，从战略体系的角度，确立了中国粮食国际贸易管制的战略目标，构建了中国粮食国际贸易管制的基本框架。利用经济学分析方法进一步探讨粮食国际贸易数量管制、价格管制与品质管制的方法及不同情形下的福利影响，并以制定相机而择的决策方式确定中国粮食国际贸易管制策略。其次是实践探索，通过对中国粮食产业环境、粮食国内市场状况、粮食国际贸易环境、WTO 相关规则等内容研究，为制定中国粮食国际贸易管制战略奠定基础。本书应用前述理论，在对中国目前粮食国际贸易数量、价格与品质基本状况与管制政策基本情况分析基础上，进一步吸收外国政府的管制经验，结合管制战略目标，提出具有针对性的中国粮食国际贸易政府管制政策。

本书的创新之处有：①国际贸易管制是贸易保护主义思想的体现，在自由贸易思潮和 WTO 环境下，管制政策的选择是多目标利益均衡的结果。②政府应区分内外市场管制决策标准，对内适度放松管制，促进市场化与竞争，优化资源配置；对外适度强化管制，争取国家利益最大化。③具有大国效应的中国粮食国际贸易其进口数量管制是基于粮食安全底线高度管制前提下的适度放松管制。

本书未对粮食国际贸易的垄断企业管制问题和"政府俘虏"问题展开研究，在粮食的品质管制方法上仅限定于讨论转基因粮食的管制问题。粮食国际贸易政府管制问题上，还有像如何实施政策、评价管制效果、提高管制效益等问题都需要作进一步研究。

6.2 展望

粮食国际贸易政府管制问题是一个较为庞大的体系，本书研究并未就此结束，受到研究时间的限制，仍然有许多问题需要进一步拓展研究，一些本书研究中没有考虑的要素需要纳入研究框架。未来进一步深化和扩展有：一是对粮食国际贸易垄断企业的管制；二是可构建相关模型对管制与效率进行验证与评价。粮食国际贸易管制问题无论在产业经济学、国际贸易理论还是管制经济学方面均有一些新的研究课题，本书对粮食国际贸易政府管制问题进行了有益的尝试，为建立和健全中国粮食国际贸易管制政策提供了依据。

主要参考文献

［1］安玉发．世界主要农产品贸易格局分析．北京：中国农业出版社，2004：47

［2］财政部．确保粮食安全　财政任重道远．http://www.mof.gov.cn/czzz［2008.12.2］

［3］蔡派．中国粮食生产国内支持政策研究［博士学位论文］．武汉：华中农业大学，2007

［4］陈芬森．国际农产品贸易自由化与中国农业市场竞争策略．北京：中国海关出版社，2001：93

［5］陈富良．放松规制与强化规制：论转型经济中的政府规制改革．上海：上海三联书店，2001

［6］陈富良．企业行为与政府规制．北京：经济管理出版社，2001

［7］陈富良．规制政策分析：规制均衡的视角．北京：中国社会科学出版社，2007

［8］陈新民．德国公法学理论基础（上册）．济南：山东人民出版社，2001：18

［9］揣小伟，黄贤金，钟太洋．基于休耕的我国耕地保有量初探．北京：中国土壤学会第十一届全国会员代表大会暨第七届海峡两岸土壤肥料学术交流研讨会论文集，2008：404～409

［10］丁声俊，朱立志．世界粮食安全问题现状．中国农村经济，2003．（3）：71～80

［11］丁声俊．国外关于食物安全的论述及代表性定义．世界农业，2006（2）：4～6

［12］董国辉．劳尔·普雷维什经济思想研究．天津：南开大学出版

社,2003

[13]樊纲. 渐进改革的政治经济学分析. 上海:上海远东出版社,1996

[14]高峰,王学真,羊文辉. 农业投入品补贴政策的理论分析. 农业经济问题,2004(8):49～52

[15]谷文艳. 世界粮食供求状况及未来走势综述. 国际资料信息,2005(11):1～11

[16]顾海兵. 2030年中国粮食产需研究. 理论与改革,2008(4):102～103

[17]郭克莎. 对中国外贸战略与贸易政策的评论. 国际经济评论,2003(9～10):31～34

[18]郭志斌. 论政府激励性管制. 北京大学出版社,2002

[19]国家发展和改革委员会. 国家粮食安全中长期规划纲要(2008～2020年)[R]. 中央政府门户网站 http://www. gov. cn[2008. 12. 13]

[20]国家粮食局调控司. 关于我国粮食安全问题的思考. 宏观经济研究,2004(9):6～9

[21]国土资源部报告. 中国10年耕地减少了1.2亿亩. http://news. xinhuanet. com/house/2006-03/16/content_4308627. htm[2006. 09. 16]

[22]国土资源部报告:2009中国国土资源公报[EB/OL]. http://www. mlr. gov. cn/zwgk/tjxx/201004/t20100409_144471. htm,2010[04. 10]

[23]国务院. 中华人民共和国农业法. http://www. gov. cn/ziliao/flfg/2005－09/12/content_30998. htm[2008. 12. 2]

[24]郭天财. 2002/2003年度世界和中国小麦生产与进出口形势分析,麦类作物学报,2003,23(2):1～2

[25]韩俊. 中国食物生产能力与供求平衡战略研究. 北京:首都经济贸易大学出版社,2010:92

[26]何秀丽,张平宇,刘文新. 东北地区粮食单产的时序变化及影响因素分析. 农业现代化研究,2006(5):360～363

[27]贺德先. 世界小麦产销与贸易形势动态分析及小麦生产发展战略研究. 河南农业大学学报,2009(4):220～226

[28]胡代光. 凯恩斯主义的发展和演变. 北京:清华大学出版社,

2003:17~21

[29]胡靖.入世与中国渐进式粮食安全.北京:中国社会科学出版社
2003:394

[30]黄红.对蛛网发散模型理论在中国农业应用上的思考.农业经济,
2006(3):28~30

[31]黄黎慧,黄群.我国粮食安全问题与对策.粮食与食品工业,2005
(5):13~15

[32]黄佩民,俞家宝.2000~2030年中国粮食供需平衡及其对策研究.管
理世界,1997(2):153~159

[33]黄少安,郭艳茹.对英国谷物法变革(1815~1846)的重新解释及对
现实的启示.中国社会科学,2006(3):50-61

[34]减旭恒,王立平.规制经济理论的最新发展综述.产业经济评论,
2004(1):1~27

[35]江海潮,王海云,陈虹英.中国粮食问题研究综述.全国商情(经济
理论研究),2007(1):3~5

[36]姜长云.关于我国粮食安全的若干思考.农业经济问题,2005(2):
44~48

[37]蒋乃华.价格因素对我国粮食生产影响的实证分析.中国农村观察,
1998(5):14~20

[38]瞿商,杨祖义.粮食安全与中国耕地关系的动态调整——基于
1980~2004年中国虚拟耕地及其贸易的研究.当代中国史研究,2009(2):69~76

[39]瞿商.中国粮食国际贸易和性质的历史分析.中国经济史研究,2006
(3):20~28

[40]柯炳生.加入WTO对我国农业的影响.粮食经济研究,2002(1):12

[41]柯炳生.我国粮食自给率与粮食贸易问题.农业展望,2007(4):3~5

[42]冷崇总.粮食价格波动的供求分析.价格月刊,1997(12):18~21

[43]冷崇总.我国粮食价格波动问题研究.新疆农垦经济,2008(5):4~11

[44]李秉龙,乔娟,王可山.WTO规则下中外农业政策比较.北京:经济
管理出版社,2008:92~98

[45]李根信,孙晋忠. 论中国的出口管制政策. 国际问题研究,2007(3):11~27

[46]李国祥,陈劲松. 粮食增产与粮食安全. 中国农村经济,2001(4):10

[47]李录堂,薛继亮. 世界粮食安全变化趋势和预测. 上海大学学报(社会科学版),2009(5):29~36

[48]李晓玲. WTO 框架下的农业补贴纪律. 北京:法律出版社,2008:1~20

[49]联合国粮农组织(FAO):作物前景与粮食形势. www. fao. org/giews/chinese/cpfs/index. htm

[50]梁子谦. 中国粮食安全研究. 北京:中国财政经济出版社,2007:126

[51]廖卫东,龙晓柏. WTO 框架下农业补贴支持政策的效应分析和政策取向. 农业现代化研究,2002(4):278~281

[52]林琳,唐晓鹏. 西方激励性规制理论述评. 经济问题探索,2004(2):38~40

[53]林志玲. 农业的弱质性及保护对策. 法制与社会,2009.1:286~287

[54]刘克春. 国家粮食专项储备的公共产品属性与宏观调控. 商业经济与管理,2002(10):29~31

[55]刘卿. 美国出口管制政策改革及前景. 当代世界,2011(3):36~38

[56]刘中蔚. 欧盟粮食政策的回顾与展望. 世界农业,1999(12):14~15

[57]龙方. 新世纪中国粮食安全问题研究. 北京:中国经济出版社,2007:50

[58]吕飞杰等. 农产品中长期发展展望:预测模型与政策分析. 见:刘江. 21 世纪中国农业发展战略. 北京:中国农业出版社,2000:562~588

[59]麻宝斌. 公共利益与政府职能. 公共管理学报,2004(1):86~96

[60]马文杰,冯中朝. 粮食综合生产能力与耕地流失的关系研究. 农业现代化研究,2005(5):353~357

[61]马文杰. 我国粮食综合生产能力研究. [博士学位论文]. 武汉:华中农业大学,2006

[62]马有祥. 国际农业贸易自由化研究[博士学位论文]. 武汉:华中农业大学,2005:4

[63]聂振邦．世界主要国家粮食概况．北京:中国物价出版社,2003;153

[64]聂振邦．现代粮食流通产业发展战略研究．北京:经济管理出版社,2008;97

[65]裴建锁．人力资本与粮食产量关系初探．农业系统科学与综合研究,2006(4);242

[66]戚聿东．中国经济运行中的垄断与竞争．北京:人民出版社,2004

[67]乔娟．中国大豆国际竞争力研究[博士学位论文]．北京:中国农业大学,2004;23

[68]曲振涛,杨恺钧．规制经济学．上海:复旦大学出版社,2006;1~30

[69]商业部当代中国粮食工作编辑部．当代中国粮食工作史料(内部发行),1989;315

[70]沈明明．"新世界观"的新视角——再论马克思的"社会"范畴．福建论坛,2004(4);58~61

[71]施敏颖．我国农产品进口保护的经济学分析,国际贸易问题,2005(2);22~25

[72]市场快讯．世界粮食市场概况．中国农业,2002(7);35

[73]宋华．英国自由贸易政策的形成及其影响．辽宁师范大学学报(社科版),2006(3);75~77

[74]宋士云．简论政府对粮食价格波动的干预．农业经济,1998(8);7~8

[75]孙学顺．关于粮食补贴方式改革的调查与思考．http://www. sannong. gov. cn/ztjc/lsaq/200305200133. htm[2008. 12. 3]

[76]孙娅范,余海鹏．价格对中国粮食生产的因果关系及影响程度分析．农业技术经济,1999(2);36~38

[77]田银华,曹休宁．产业规制与产业政策理论．北京:经济管理出版社,2008

[78]汪森军,冯晶．关于里昂惕夫之谜解释的综述．浙江社会科学,2003(1);71~79

[79]王保树．论反垄断法对行政垄断的规制．中国社会科学院研究生院

学报,1998(5):49~61

　　[80]王东京. 储备粮食不如储备休耕. 中国经济新闻网—中国经济时报,2009

　　[81]王奉省. WTO 农业协议下的中国农业[博士学位论文]. 济南:山东大学,2008:11~19

　　[82]王宏广等. 中国粮食安全研究. 北京:中国农业出版社,2005:5~17

　　王俊豪,鲁桐,王永利. 我国农产品进口保护的经济学分析,世界经济,1998(4):25~28

　　[83]王俊豪. 英国政府管制体制改革研究. 上海:上海三联书店,1998

　　[84]王俊豪. 中国政府管制体制改革研究. 北京:经济科学出版社,1999

　　[85]王俊豪. 自然垄断产业的政府管制理论. 杭州:浙江大学出版社,2000

　　[86]王俊豪. 政府管制经济学导论. 北京:商务印书馆,2001

　　[87]王俊豪. 管制经济学原理. 北京:高等教育出版社,2007

　　[88]王俊豪. 中国自然垄断产业民营化改革与政府管制政策. 北京:经济管理出版社,2002

　　[89]王俊豪. 中国垄断产业结构重组、分类管制与协调政策. 北京:商务印书馆,2005

　　[90]王俊豪. 中国垄断性产业管制机构的设立与运行机制. 北京:商务印书馆,2008

　　[91]王礼力. 论农业的外部性与农业政策目标. 陕西农业科学,1998(3):39~41

　　[92]王美青等. 浙江省粮食单产影响因素分析. 中国农学通报,2006(8):617~620

　　[93]王娜. 国际法对转基因产品国际贸易的管制[博士学位论文]. 中国政法大学,2006:90~98

　　[94]王瑞英. 粮食价格波动因素分析. 内蒙古科技与经济,1999(5):15~16

　　[95]王晓曦,王修法,温纪平等. 世界小麦产量及加工业发展概况. 粮食

加工,2008(4):11~13

[96]王晓晔,陶正华.WTO 的竞争政策及其对中国的影响——兼论制定反垄断法的意义.中国社会科学,2003(5):49~61

[97]温思美.农产品国际贸易.北京:中国农业出版社,2002

[98]温铁军.中国50年来6次粮食供求波动分析.山东省农业管理干部学院学报,2001(1):7~9

[99]吴志华.中国粮食安全研究述评.粮食经济研究,2003(1):48~61

[100]肖国安,王文涛.粮食供求波动的轨迹、走势及其平抑措施.湖南科技大学学报(社会科学版),2005(3):72~78

[101]肖国安,周成文.粮食价格的波动及其平抑.上海经济研究,1995(5):14~15

[102]肖国安.中国粮食安全研究.北京:中国经济出版社,2005

[103]肖兴志.自然垄断产业规制改革模式研究.大连:东北财经大学出版社,2003

[104]肖兴志.公用事业市场化与规制模式转型.北京:中国财政经济出版社,2008

[105]谢地.政府规制经济学.北京:高等教育出版社,2003:5~10

[106]谢彦明,高淑桃.粮食单产影响因素的计量分析.新疆农垦经济,2005(12):5~8

[107]谢永江.WTO 规则视阈下的我国政府规制.http://www.xslx.com/htm/mzfz/fxtt/2003-11-14-15371.htm[2006.11.14]

[108]辛向阳.西方学者关于政府职能的主要理论.国外社会科学,2009(4):69~73

[109]徐泉.美国贸易保护主义政策嬗变的法律分析.西北师大学报(社会科学版),2003(4):115~120

[110]徐祥临.农业是弱质产业不是传统观念.理论前沿,2007(18):1

[111]许立新.我国对外贸易管理与出口管制法律制度.中国对外贸易,2000(1):52~53

[112]严士清,徐敏.粮食产量与耕地面积间的动力学方法分析.农机化

研究,2005(2):60~62

　　[113]杨鹅飞,洪民荣等.WTO 法律规则与中国农业.上海:上海财经大学出版社,2004:42

　　[114]杨建文.政府规制:21 世纪理论研究潮流.上海:学林出版社,2007:15

　　[115]姚建华,朱卫平.加大人力资本投资是促进农村经济发展的关键.江苏商论,2004(4):129~130

　　[116]尤利群,范秀荣.粮食产业特征的经济学分析.生产力研究,2009(22):172~174

　　[117]尤利群,范秀荣.我国粮食安全的战略体系分析.生产力研究,2009(20):5~7

　　[118]尤利群,范秀荣.粮食禁运的福利及政策效应分析.财经论丛,2009(5):6~12

　　[119]尤利群.WTO 粮食国际贸易争端的起因与利益影响.经济问题,2009(11):39~41,52

　　[120]于立,肖兴志.规制理论发展综述.财经问题研究,2001(1):17~24

　　[121]于立.产业经济学:理论与实践问题研究.北京:经济管理出版社,2000

　　[122]于立等.产业组织与政府规制.大连:东北财经大学出版社,2006

　　[123]于良春.反行政性垄断与竞争政策的若干思考.见:于良春.反行政性垄断与促进竞争政策前沿问题研究.北京:经济科学出版社,2008:17~35

　　[124]余道先,刘威.战略性贸易政策理论的产生、发展及研究展望.当代经济研究,2009(4):12~18

　　[125]余晖.政府与企业:从宏观管理到微观管制.福州:福建人民出版社,1997

　　[126]曾庆芬.农业的弱质性与弱势性辨析.云南社会科学,2007(6):94~97

　　[127]詹晶.我国农产品贸易保护政策研究[博士学位论文].华中科技大

学,2006:90~95

[128]占飞燕. 社会性规制理论综述. 湖北行政学院学报,2007 (3):259~261

[129]张红凤. 西方规制经济学的变迁. 经济科学出版社,2005

[130]张红霞,赵丽娜. 国际贸易理论的演进与发展趋势研究. 山东理工大学学报(社会科学版),2008(6):5~10

[131]张汉林. 农产品贸易争端案例. 北京:经济日报出版社,2003. 56~81

[132]张士功. 耕地资源与粮食安全[博士学位论文]. 北京:中国农业科学院,2005

[133]张昕竹,让·拉丰,安·易斯塔什. 网络产业:规制与竞争理论. 北京:社会科学文献出版社,2000

[134]张昕竹. 中国规制与竞争理论和政策. 北京:社会科学文献出版社,2000

[135]郑少锋,邵建成. 主要粮食作物生产成本影响因素分析. 中国农学通报,2003(5):115~119

[136]郑少锋. 主要粮食作物经济效益影响因素分析. 农业技术经济,2002(2):28~32

[137]中国国情专题库. 中国粮食总产量50150万吨,粮食储备远高于安全线. http://www. china. com. cn/aboutchina/txt/2008 - 02/18/content_10078563. htm[2008. 2. 8]

[138]中国科学院国情分析研究小组. 农业与发展:21世纪中国粮食与农业发展战略研究. 沈阳:辽宁人民出版社,1997:8~15

[139]中国科学院国情分析研究小组. 生存与发展. 胡鞍钢、王毅执笔,北京:科学出版社,1989:30

[140]中国商务部. 中国对外经济统计年鉴. 北京:中国商务部出版社,2009

[141]中华人民共和国国务院新闻办公室. 中国的粮食问题白皮书,(北京:1996. 10.)http://www. people. com. cn/GB/channel2/10/20000908/224927.

html［2000. 12. 29］

　　［142］钟甫宁,朱晶,曹宝明. 粮食市场的改革与全球化:中国粮食安全的另一种选择. 北京:农业出版社,2004:32

　　［143］钟雪梅. 产业内贸易理论研究的综述. 现代经济信息,2008(8):71~72

　　［144］朱光亚. 跨世纪科学技术发展趋势概述. 上海:上海科技教育出版社,1999:21

　　［145］朱泽. 中国粮食安全问题:实证研究与政策选择. 武汉:湖北科学技术出版社,1998:47

　　［146］朱钟棣,郭羽诞,蒋振中. 国际贸易教程新编. 上海:上海财经大学出版社,1999

　　［147］［日］丹宗昭信,厚谷襄儿. 现代经济法入门. 谢次昌译. 北京:群众出版社,1988:171

　　［148］［日］金泽良雄. 经济法概论. 满达人译. 兰州:甘肃人民出版社,1985:45

　　［149］［日］植草益. 微观规制经济学. 朱绍文等译. 北京:中国发展出版社,1992:1~2

　　［150］［日］植草益. 日本的产业组织. 锁箭等译. 北京:经济管理出版社,2000

　　［151］［美］Clive James. 2006 年转基因作物商业化的全球态势. 生物技术通报,2007(2):159~162

　　［152］［美］Clive James. 2008 年全球生物技术/转基因作物商品化发展态势. 中国生物工程,2009(2):6~8

　　［153］［美］Clive James. 2008 年全球转基因作物种植面积达 1. 25 亿公顷. 武丽辉译. 农药科学与管理,2009(5):49~50

　　［154］［美］丹尼尔·F. 史普博. 管制与市场. 余晖等译. 上海:上海三联书店、上海人民出版社,1999:38~45

　　［155］［美］丹尼尔·耶金,约瑟夫·斯坦尼斯罗. 制高点——重建现代世界的政府与市场之争. 段宏等译. 北京:外文出版社,2000

[156][美]罗杰·弗朗茨.X 效率:理论、论据和应用.费方域等译.上海:译文出版社,1993

[157][美]缪尔森.诺德豪斯.经济学(第 17 版).萧琛译.北京:人民邮电出版社,2003

[158][美]乔治·施蒂格勒.产业组织和政府管制.潘振民译.上海:上海三联书店,1989

[159][美]琼·罗宾逊,约翰·伊特韦尔.现代经济学导论.陈彪如译.北京:商务印书馆,1982

[160][美]西奥多·舒尔茨.经济增长与农业.郭熙保译.北京:北京经济学院出版社,1992:39

[161][美]小贾尔斯·伯吉斯.管制和反垄断经济学.冯金华译.上海:上海财经大学出版社,2003:323

[162][美]约翰·肯尼思·加尔布雷思.富裕社会[M].赵勇译.南京:江苏人民出版社,2009

[163][德]弗里德里希·李斯特.政治经济学的国民体系.陈万煦译.北京:商务印书馆,1997

[164][德]马克思,恩格斯.马克思恩格斯全集:第 30 卷(上).中共中央编译局编译.北京:人民出版社,1995b:237

[165][德]马克思,恩格斯.马克思恩格斯选集:第 1 卷.中共中央编译局编译.北京:人民出版社,1995a:143

[166][德]马克思,恩格斯.马克思恩格斯全集:第 1 卷.北京:人民出版社,1956:487

[167][德]马克思,恩格斯.马克思恩格斯全集:第 25 卷.中共中央编译局编译.北京:人民出版社,1974:432

[168][德]马克思,恩格斯.马克思恩格斯全集:第 3 卷.中共中央编译局编译.北京:人民出版社,2002:189

[169][德]马克思,恩格斯.马克思恩格斯全集:第 4 卷.中共中央编译局编译.北京:人民出版社,2002:166～170

[170][法]卢梭.社会契约论.何兆武译.北京:商务印书馆,1980:35

[171][英]边沁．道德与立法原理导论．时殷弘译．北京：商务印书馆，2000：58

[172][英]大卫·李嘉图．政治经济学及赋税原理．周洁译．北京：华夏出版社，2005

[173][英]马歇尔．经济学原理(上、下卷)．朱志泰，陈良璧译．北京：商务印书馆，2005

[174][英]托马斯·孟．英国得自对外贸易的财富．李琼译．北京：华夏出版社，2006

[175][英]亚当·斯密．国民财富的性质与原因研究．郭大力等译．北京：商务印书馆，1972：1～25

[176][英]亚瑟·赛斯尔·庇古．福利经济学．何玉长，丁晓钦译．上海：上海财经大学出版社，2009

[177][英]约翰·梅纳德·凯恩斯．就业、利息和货币通论(重译本)．高鸿业译．北京：商务印书馆，1999

[178][苏]列宁．列宁选集：第4卷．中共中央编译局编．北京：人民出版社，1996：48

[179][以]赫尔普曼，[美]克鲁格曼．市场结构和对外贸易．尹翔硕，尹翔康译．上海：上海三联书店，1993

[180][希腊]亚里士多德．政治学．吴寿彭译．北京：商务印书馆，1996：138～148

[181]Alberto Valdes. 1981. Food Security for Developing Countries. Ed；Western View Press：10

[182]Alexander Hamilton. 1791. Report on Manufactures. http：//www. libertynet. org/edcivic/hamilton. html. http：//en. wikipedia. org/wiki/Report_on_Manufactures#Economic_plan

[183]Alfred E Kahn. 1970. The Economics of Regulation：Principles and Institutions. Volume I，John Wiley & Sons，Inc

[184] Alfred Marshall. 1890. The Principles of Economics. Publisher/Edition. London：Macmillan and Co. ，Ltd

[185] Anderson, Jock R. , and James A. Roumasset. 1996. Food Insecurity and Stochastic Aspects of Poverty. Asian Journal of Agricultural Economics, Vol. 2:53 ~ 66

[186] Ardakani, Yazdani, Gilanpour. 2009. Studying the Effects of Non-Tariff Barriers on the Export of the Main Agricultural Products of Iran. American Journal of Applied Sciences, 6(7):1321 ~ 1326

[187] Arye L. Hillman. 1989. The Political Economy of Protection. Harwood Academic Publishers Avinash K. Dixit and J Stiglitz. 1977. Monopolistic Competition and Optimum Product Diversity. MIT Press

[188] Avinash K. Dixit and Victor Norman. 1980. Theory of International Trade. London: Cambridge University Press

[189] Baldwin R. E. 1976. Trade and Employment Effects in the US of a Multilateral Tariff Reduction. Journal of American Economics Review, Vol. 66, No. 2

[190] Baldwin, Robert E. 1970. Non-tariff Distortions of International Trade. Washington, D. C. : The Brookings Institution:143

[191] Baron David, Myerson Roger. 1982. Regulating a Monopolist with Unknown Costs. Econometrica, Econometric Society, Vol. 50(4):911 ~ 931

[192] Baumol W. J. , Klevorick A. K. 1970. Input Choices and Rate of Return Regulation: an Overview of the Discussion. Bell Journal of Economics and Management Science, Vol. 1(2):169 ~ 190

[193] Baumol, Panzer, Willig. 1982. Contestable Markets and the Theory of Industry Structure. New York: Harcourt. Brace Jovanovich, Inc

[194] Bertil Ohlin. 1933. Interregional and International Trad. Harvard University Press

[195] Bouis, Howarth. 1994. The Effects of Income on Demand for Food in Poor Countries: Are Our Food Consumption Databases Giving Us Reliable Estimates ?. Journal of Development Economics, Vol. 44:119 ~ 126

[196] Brander James, Spencer Barbara. 1985. Export Subsidies and International Market Share Rivalry. Journal of International Economics, Vol. 18:83 ~ 100

[197] Brander James, Spencer Barbara. 1986. Strategic Trade Policy and the

New International Economics. MIT Press

[198] Bruce M. Owen, Ronald Braeutigam. 1978. Regulation Game: Strategic Use of the Administration Process:1 ~ 271

[199] Bruno S. Frey, Hannelore Weck – Hannemann. 1995. Are Incentive Instrument as Goodas Economists Believe? Some New Considerations. Kluwer, Boston/London/Dordrecht, Public Economics and the Environment in an Imperfect World: 173 ~ 186

[200] Caves R. E., Frankel J. A., Jones R. W. 1993. World Trade and Payments. Harper Collis College Publishers

[201] Chung, Kimberly. 1997. Identifying the Food Insecure: The Application of Mixed-method Approaches in India. International Food Policy Research Institute (Washington, DC)

[202] Daniel F. Spulber. 1989. Regulation and Markets. The MIT Press, Vol. 1

[203] Daniel Yergin, Joseph Stanislaw. 1998. The Commanding Heights – The Battle Between Government and the Marketplace. The Quarterly Journal of Austrian Economics, Vol. 2, no. 1 (Winter 1999):79 ~ 83

[204] David Hume. 1752. Political Discourses. http://books. google. com. hk/books? id = aMs9AAAAc AJ&printsec = frontcover&dq. [2009 – 10 – 25]

[205] David Hume. 1778. The History of England from the Invasion of Julius Caesar to the Revolution in 1688. 6 vols. http://books. google. com. hk/books? id = aMs9AAAAcAAJ&printsec = frontcover&dq. [2009 – 10 – 25]

[206] David Richardson J, Edward M Grahm. 1997. Global Competition Policy. Oxford University Press

[207] Diewert W. E., Fox K. J. 2000. Incentive Indexes for Regulated Industries. Journal of Regulatory Economics, No. 17:5 ~ 24

[208] Djankov S. 2002. The Regulation of Entry. Quarterly Journal of Economics, Vol. 117:1 ~ 37

[209] Eaton Jonathan, Gene M. Grossman. Optimal Trade and Industrial Policy under. Oligopoly. Quarterly Journal of Economics, Vol. 101:383 ~ 406

[210] Ezekiel, Mordecai. 1938. The Cobweb Theorem. Quarterly Journal of Economics, Vol. 52:255 ~ 280

[211] FAO. 1974. Food Security. Policy Brief Issue 2. http://www. fivims. org/index. php? option com_content&task = blogcategory&id = 20&Itemid = 37. 2008 – 12 – 13

[212] FAO. Production – ProdSTAT – Crops. http://faostat. fao. org/site/570/default. px# ancor. 2009 – 10 – 25

[213] FAO. 2009 (a). The State of Food Insecurity in the World. http://www. fao. org/docrep/012/i0876e/i0876e00. htm. 2010 – 4 – 13

[214] FAO. 2009 (b). Crop Prospects and Food Situation. No. 4 November 2009. http://www. fao. org/docrep/012/ak340e/ak340e00. htm. 2009 – 11 – 20

[215] FAO. 2009 (c). 迈向 2050 年的全球农业. http://www. fao. org/fileadmin/templa. 2009 – 10 – 13

[216] FAO. 2009 (d). 粮食展望 1995 ~ 2009 (6). http://www. fao. org/giews/chinese/fo/index. htm. 2009 – 10 – 13

[217] FAO. 2010. Crop Prospects and Food Situation. No. 4 November 2010. http://www. fao. org/giews/chinese/fo/index. htm. 2010 – 11 – 20

[218] Feddersen J, Gilligan W. 2001. Saints and Markets:Activities and the Supply of Credence Goods. Journal of Economics & Management Strategies,10:149 ~ 171

[219] Franz R. S. 1988. X-Efficiency:Theory, Evidence and Applications. Kluwer. Academic Press

[220] Fraser R. W. 1991. Price Support Effects on EC Producers. Journal of Agricultural Economics. No. 42(1):1 ~ 11

[221] Fritz Machlup. 1943. International Trade and the National Income Multiplier. Augustus M Kelley Pubs;New issue of 1943 edition (1965):1 ~ 251

[222] Fujita, M. , P. Krugman. 2004. The New Economic Geography:Past, Present and the Future. Papers in Regional Science, Vol. 83(1):139 ~ 164

[223] Gardner B. 1990. The Economics of Agricultural Policies. McGraw Hill: New York:190

[224] Gary S. Becker. 1983. A Theory of Competition Among Pressure Groups for Political Influence. The Quarterly Journal of Economics, Vol. 98, No. 3:371 ~ 400

[225] George C. Eads. 1979. Owen and Braeutigam's The Regulation Game: Strategic Use of the Administrative Process. Bell Journal of Economics, Vol. 10, issue 1:391 ~ 394

[226] George E. C. 2001. Global Foods, Local Tastes and Biotcchnology. The New Legal Architecture of International Agriculture Trade:7 Colum. 1. Eur. L. 423

[227] George J. Stigler, Claire Friedland. 1962. What Can Regulators Regulate? The Case of Electricity. Journal of Law and Economics, Vol. 5:1 ~ 16

[228] George J. Stigler, Spring. 1971. The Theory of Economic Regulation. The Bell Journal of Economics and Management Science, Vol. 2, Issue1 :3 ~ 21

[229] George J. Stigler. 1968. The Organization of Industry. Chicagl: Homewood, Ill. :Richard D. Irwin

[230] Goiter, Harry, Sheldon, Ian M. 2000, Issues in the Administration of Tariff Rate Import Quotas in the Agreement on Agriculture in the WTO: An Introduction. Agricultural and Resource Economics Review, Vol. 29(1):54 ~ 57

[231] Grubel H. G. , Lloyd P. J. 1975. Intra-industry Trade: the Theory and Measurement of International Trade in Differentiated Products. New York:John Wiley

[232] Guzman, Andrew T, Beth Simmons. 2005. Power Playsand Capacity Constraints:The Selection of Defendants in WTO Disputes, the University of Wisconsin

[233] Harrod R. F. 1939. An Essay in Dynamic Theory. The Economic Journal, Vol. 49, No. 193:14 ~ 33

[234] Harrod R. F. 1942. International Economics. Cambridge Press

[235] Harvey Leibenstein. 1966. Allocative Efficiency vs. "X-Efficiency". The American Economic Review, Vol. 56, No. 3:392 − 415

[236] Heckscher Eli F. 1919. The Effect of Foreign Trade on the Distribution of Income. Ekonomisk Tidskrift, Vol. 2:1 ~ 32

[237] Helpman E. 1981. International Trade in the Presence of Product Differentiation, Economies of Scale, and Monopolistic Competition: A Chamberlin-Heck-

scher-Ohlin Approach. Journal of International Economics, Vol. 11:305 ~ 340

[238] Helpman E. 1999. The Structure of Foreign Trade. Journal of Economic Perspectives. Spring :121 ~ 144

[239] Helpman, Lihanan, Paul Krugman. 1985. Market Structure and Foreign Trade: Increasing Returns, Imperfect Competition, and the International Economy. The MIT Press:193 ~ 195

[240] Hettich, Stanley L. , Winer. 1988. Economic and Political Foundations of Tax Structure. American Economic Review. Vol. 78, issue 4:701 ~ 712

[241] Hillman A . L. 1989. The Political Economy of Protection. New York: Harwood Academic Press

[242] Hillman J. S. 1996. Non Tariff Agricultural Trade Barriers Revisited. International Agricultural Working Paper, No. 96:2

[243] Hollis B. Chenery. 1979. Structural Change and Development Policy. New York: Oxford University Press, Chapters 1 ~ 3

[244] Honma M. , Hayami Y. 1986. Sturcture of Agricultural Protection in Industrial Countries. Journal of International Economic. No. 20:115 ~ 130

[245] James Landis. 1938. The Administrative Process. New Haven Press

[246] James Mc Cauley Land. 1938. The Administrative Process. H. Milford. Yale University Press

[247] Jean Jacques Laffont, Jean Tirole. 1993. A Theory of Incentives in Procurement and Regulation. The MIT Press

[248] Jean Jacques Rousseau. 1762. The Social Contract Or Principles of Political Right. Translated by G D H Cole, public domain. Html Mark-up: for marxists. org by Andy Blunden. http://www. marxists. org/reference/subject/economics/rousseau/social-contract/ ,2007 – 10 – 20

[249] Jeremy Bentham. 1789. Introduction to the Principles of Morals and Legislation. Publisher/Edition. Oxford: Clarendon Press

[250] John Bell. 1993. Public Interest: Policy or Principle, Roger Brownsword ed Law and The Public Interest, Franz Steiner Verlag Stuttgart. 23

[251]John Kelineth Galbraith. 1958. Affluent Society. Columbia University Press

[252]John Maynard Keynes. 1936. The General Theory of Employment, Interest, and Money. the King's College Press

[253]John Stuart Mill. 1848. Principles of Political Economy. London:J. W. Parker

[254]Joseph E Stiglitz, Andrew Charlton. 2006. Fair Trade for All: How Trade Can Promote Development Oxford University Press

[255]Kaldor, Nicholas. 1934. A Classificatory Note on the Determinateness of Equilibrium. The Review of Economic Studies, Vol. 1:122~136

[256]Keith E Maskus, John S. Wlson. 2001. Quantifying the Impact of Technical Barriers to Trade:Can It Be Done? The University of Michigan Press

[257]Kim Anderson, Yujiro Hayami. 1988. The Political Economy of Agricultural Protection. Boston:Allen and Unwin

[258]Laffont J. J. ,Tirole J. 1993. A Theory of Incentives for Procurement and Regulation. MIT Press, Introduction. MA:1~705

[259] Lancester K. 1980. Competition and Product Variety. Journal of Business. 53(3):79~102

[260]Lester R. Brown, September, 1994. 2030, Who Will Feed China? World Watch, No. 10

[261]Mancur Olson. 1965. The Logic of Collective Action. Harvard University Press

[262]Martin Loeb, Wesley A. Magat. 1979. A Decentralized Method for Utility Regulation. Journal of Law and Economics, Vol. 22. No. 2:399~404

[263] Mary E. Burfisher. 2003. Agricultural Policy Reform in the WTO. New York:Nova Science Publishers Inc

[264] Maxwell et al. 1999. Alternative Food Security:Revising the Frequency and Severity of Coping. Food Policy, No. 24:411~429

[265] Maxwell, S. 1996. Food Security:a Post-modern Perspective. Food Policy, Vol. 21(2):515~531

[266]Meier K. J. 1985. Regulation:Politics, Bureaucracy and Economics. New York:St. Martins Press

[267] Mitinick E. M. 1980. The Political Economic of Regulation. New York: Columbia University Press

[268] Moon Don. 2006. Equality and Inequality in the WTO Dispute settlement (DS) System: Analysis of the GATT/WTO Dispute Data. International Interaxtions, Vol. 32(3):201~228

[269] Muth J. F. 1961. Rational Expectations and the Theory of Price Movements. Econometrica,29(6):315~335

[270] Nerlove M. 1956. Estimates of the Elasticities of Supply Selected Agriculture Commodities. Journal of Farm Economics, Vol. 38:496~509

[271] Paul R. Krugman 1979. Increasing Returns, Monopolistic Competition, and International Trade. Journal of International Economics, No. 9:469~479(a)

[272] Paul R. Krugman 1979. Scale economies, Product Differentiation, and the Pattern of Trade. American Economic Review. Vol. 70, No. 5:950~959(a)

[273] Paul R. Krugman. 1981. Intra – industry Specialization and the Gains from Trade. Journal of Political Economy. Vol. 89, No. 5:959~973

[274] Paul R. Krugman. 1986. Strategic Trade Policy and the New International Economics. The MIT Press

[275] Paul R. Krugman. 2000. Where Is the New Economic Geography? Oxfordand NewYork: Oxford Press

[276] Peltzman. 1976. Toward a More General Theory of Regulation. Journal of Law & Economics, University of Chicago Press, Vol. 19. No. 2:211~240

[277] Posner R. A. 1974. Theories of Economic Regulation. Bell Journal of Economics, Vol. 5. No. 2:335~358

[278] PUBLIC LAW 107 – 171—MAY 13,2002. 107th Congress. Farm Security and Rural Investment Act of 2002. http://frwebgate. access. gpo. gov/cgi – bin/getdoc. cgi? dbname = 107_cong_public_laws&docid = f:publ171. 107. pdf. 2009 – 9 – 10

[279] Raúl Prebisch. 1962. The Economic Development of Latin America and its Principal Problems. Economic Bulletin for Latin America, Vol. 7, No. 1:1~10

[280] Ricci, Umberto. 1930. Die Synthetische ökonomie von Henry Ludwell

Moore. Zeitschrift für National ökonomie,1:649～668

[281] Richard M. Ebeling. 2000. Gottfried Haberler: A Centenary Appreciation. The Treeman Volume: 50 Issue: 7 http://www. the freemanonline. org/columns/Gottfried - haberler - a - centenary - appreciation/# 2009 - 9 - 10

[282] Robert E. Lucas Jr. 1967. Adjust Costs and the Theory of Supply. The Journal of Political Economy, Vol. 75, Issue4, Part1:321～334

[283] Samuelson P. A. 1954. The Pure Theory of Public Expenditure, Review of Economics and Statistics, Vol. 36

[284] Savadogo K. and H. Kazianga. 1999. Substitution Between Domestic and Imported Food in Urban Consumption in Burkina Faso: Assessing the Impact of Devaluation. Food Policy,24:535～551

[285] Schultz, Henry. 1930. Der Sinn der Statistischen Nachfragen. Ver öffentlichungen der rankfurter Gesellschaft fur Konjunkturforschung, Heft 10, Bonn: Kurt Schroeder Verlag

[286] Shephers W. G and Wilcox C. 1979. Public Roward Business. Hornewood II, Irwin:2～3

[287] Shikha Jha, P. V Srinivasan. 1999. Grain Price Stabilization in India: Evaluation of Policy Alternatives. Journal of Agricultural Economics, Vol. 21:93

[288] Smith Adam. 1904. An Inquiry into the Nature and Causes of the Wealth of Nations. London: Methuen and Co. , Ltd. , ed. Edwin Cannan, Fifth edition. First published:1776

[289] Stolper, Wolfgang and Paul A. Samuelson. 1941. Protection and Real Wages. Review of Economic Studies,9:58～73

[290] Timothy Josling, March. 1980. Developed-Country Agricultural Policies and Developing Country Supplies: The Case of Wheat. IFPRI, Research Report 14

[291] Tinbergen J. 1930. Bestimmung und Deutung von Angebotskurven, Ein Beispeil, Zeitschrift fürNational ökonomie, Vol. 1:669～679

[292] Viscusi W . K, Vernon J. M. , J. E. Harrington Jr. 1995. Economics of Regulation and Antitrust. The MIT Press:295

[293] Vogelsang, Finsinger. 1979. A Regulatory Adjustment Process for Optimal Pricing by Multiproduct Monopoly Firms. Bell Journal of Economics, Vol. 10, No. 1:157 ~ 171

[294] Vogelsang. 1988. A Little Paradox in the Design of Regulatory Mechanisms. International Economic Review. No. 29:467 ~ 476

[295] Vogelsang. 2002. Incentive Regulation and Competition in Public Utility Markets:A 20-Year Perspective. Journal of Regulatory Economics, Vol. 22:15 ~ 27

[296] Vyas, V. S. 1990. Food Policies and Food Security in Asia, with Particular Reference to South Asia. In D. S. Tyagi and Vi. S. Vyas, (ed.), Increasing Access to Food-The Asian Experiences, Sage Publications, New Delhi

[297] Wassily W Leontief. 1953. Domestic Production and Foreign Trade:The American Capital Position Re-examined. Proceedings of the American Philosophical Society, Vol. 97:332 ~ 349

[298] Zarrilli, Simonetta. 1999. WTO Agreement on Sanitary and Phytosanitary Measures:Issues for Developing Countries. South Centre, Geneva